起步的十年

茅盾在商务印书馆

钟桂松 著

商务印书馆启事用笺

图书在版编目(CIP)数据

起步的十年:茅盾在商务印书馆/钟桂松著.—北京:商务印书馆,2017
ISBN 978-7-100-12705-9

Ⅰ.①起… Ⅱ.①钟… Ⅲ.①茅盾(1896—1982)—生平事迹 Ⅳ.①K825.6

中国版本图书馆 CIP 数据核字(2016)第 254320 号

所有权利保留。
未经许可,不得以任何方式使用。

起步的十年
——茅盾在商务印书馆
钟桂松 著

商 务 印 书 馆 出 版
(北京王府井大街36号 邮政编码100710)
商 务 印 书 馆 发 行
北京新华印刷有限公司印刷
ISBN 978-7-100-12705-9

2017年1月第1版　　开本 880×1230 1/32
2017年1月北京第1次印刷　印张 14⅝
定价:88.00元

 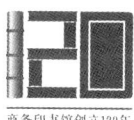

目录

自序 / 001

第 一 辑

第一节 / 002
从阅卷员到《小说月报》主编
——茅盾的编辑生涯

第二节 / 046
中共中央联络员
——茅盾的革命活动

第三节 / 093
从幕后到台前
——茅盾与商务的罢工运动

第四节 / 121
偷取天火给人间
——茅盾的翻译贡献

第五节 / 142
也是一种进步
——茅盾与创造社的论战

第 二 辑

第六节 / 180
伯乐张元济

第七节 / 215
师傅孙毓修

第八节 / 250
所长王云五

第九节 / 279
难忘的那些领导、同事、朋友

第 三 辑

第十节 / 306
年轻时的朋友周作人

第十一节 / 354
年轻时的偶像胡适

附录：茅盾在商务印书馆年表 / 378

主要参考书目 / 451

后记 / 457

自序

商务印书馆,在茅盾一生中至关重要。

没有商务印书馆这个平台,就没有革命家沈雁冰,也没有文学巨匠茅盾,更没有他为中国革命和人类文化做出的重大贡献。没有在商务印书馆工作和学习的十年,就无法想象后来的沈雁冰(茅盾)。

20世纪一二十年代的东方大都市上海,因为有世界三大出版机构之一的商务印书馆而成为中国文化出版重镇。辛亥革命,特别是五四运动之后,商务印书馆以开放的姿态学习和借鉴世界知名文化企业的管理理念,包容和涵养了各种先进文化,传承和发展了祖国优秀文化遗产。一大批精英人物走进商务印书馆,如陈云、沈雁冰、叶圣陶、郑振铎、胡愈之、周建人,以及后来在不同政治道路上奔波的王云五、王世杰、谢冠生等,他们在张元济麾下,成长为20世纪星光璀璨的精英群体。

茅盾(1896—1981)姓沈,名德鸿,字雁冰,浙江桐乡人。茅盾是他的笔名。1916年8月27日,20岁的茅盾从水乡小镇乌镇来到大都市上海。第二天上午,他走进位于河南路的张元济先生的办公室,从此成为商务印书馆的一名员工,一干就是十年。初到商务印书馆,茅盾在函授学社从事阅卷工作。初出茅庐的他给张元济先生写了一封信,陈述了自己对商务印书馆刚刚出版不久的《辞源》的看法。这封信至今没有找到,但茅盾的工作岗位却因为这封信发生了戏剧性的变化——开始与国文部的孙毓修先生合作译书,从此,在商务印书馆这一文化圣地顺风顺水,干得有声有色。同时,茅盾在商务印书馆博览群书。据说,除了上班,其余时间他都在商务印书馆的图书馆——涵芬楼读书。通过日积月累,本来学术基础已经非常扎实的青年茅盾,很快在五四运动的时代洪流中脱颖而出,从给学富五车的前辈如孙毓修、王西神当助手,到自己独当一面——主编《小说月报》,与郑振铎、叶圣陶等一起,擎起中国新文学的大旗,和落后腐朽的旧文学进行坚决的斗争。

与此同时,十月革命之后的世界进步潮流也深刻地影响了茅盾。五四运动前后,茅盾开始大量撰写社会革命和妇女解放的文章，自觉接受马克思主义思想，并很快成为坚定的马克思主义者。善于发现革命者的陈独秀先生在读过茅盾的一些文章之后，就引以为同志，并很自信地预计茅盾、俞秀松等人会很快加入中国共产党。[1] 果然，1920年10月，茅盾就加入了上海共产主义小组，成为中国共产党最早的党员之一。事实上，商务印书馆是中国共产党成立后开展活动的一个重要基地。茅盾立足商务印书馆，以积极的态度和国际化的理论视野，为建立伊始的中国共产党翻译现代的建党学说和实务理论。后来党的建设实践证明，当时茅盾的翻译工作贡献是值得肯定的。同样，因为茅盾有商务印书馆这一工作平台，中共中央指派他为党中央的联络员，负责党中央与全国各地党组织的联络。茅盾做了五年的联络员，直到离开商务印书馆，期间没有发生一点差错，为党的初期建设贡献了自己的聪明才智。

总之，在商务印书馆的十年间，茅盾不仅完成了从一位进步青年到一位马克思主义者的蜕变，而且完成了从一位童话作者到一位马克思主义文艺理论家的转变，同时从一位普通的助理编辑迅速成长为具有现代编辑知识和丰富编辑经验的编辑大家。可以说，茅盾在商务印书馆的成长道路是值得研究和挖掘的。

有些往事也很有意思。1920年7月8日，编译所事务部部长江经畲在请张元济核拨茅盾的翻译稿费时，向张元济汇报了

---

1. 参见张国焘：《我的回忆》，现代史料编刊社1989年3月版第一册，第97页。

茅盾的工作情况——"办事精神尚好",但"外间译件不少","恐不免有分心之处";为了便于督促,编译所将茅盾原来在"四部丛刊"的办公位置挪到五楼,"夹在端六、经宇二座位之间,较易稽察。此后成绩或可稍佳"。在内部管理的细微处,可见茅盾的工作环境及当局之用心。但是往事并非全部如此。商务当局连办公座位这样的细节都会考虑到,那么,对茅盾入党后利用商务资源为刚起步的中国共产党的发展提供条件,不可能没有觉察,但是商务当局明显采取了容忍的态度;茅盾利用商务的阵地高举新文化的大旗,与旧文化进行斗争,与新文化的不同观点进行论争,作为商务高管的张元济、高梦旦等人不是不清楚,更是采取了包容的态度。后来在五卅运动中,商务高管还悄悄地自掏腰包支持茅盾等职工办报,揭露"五卅"真相。甚至,茅盾带领商务印书馆的工人进行罢工斗争,商务当局也不以为忤。罢工结束后,茅盾的工作和生活也并未因此受到影响,而且就在罢工运动的第二年,茅盾离开商务印书馆时,商务还给予了茅盾丰厚的退职金,并将商务的股票送给茅盾,感谢他十年来为商务印书馆做出的贡献。

茅盾与商务印书馆的关系是一个充满想象和诱惑的课题,也是一个与世界和时代紧密相连的课题。期待这部书的出版可以起到抛砖引玉的作用,以后有更多关于茅盾与商务印书馆关系的研究成果问世,这是作为本书作者的我所期望的。

第一辑

第一节 / 002
从阅卷员到《小说月报》主编
——茅盾的编辑生涯

第二节 / 046
中共中央联络员
——茅盾的革命活动

第三节 / 093
从幕后到台前
——茅盾与商务的罢工运动

第四节 / 121
偷取天火给人间
——茅盾的翻译贡献

第五节 / 142
也是一种进步
——茅盾与创造社的论战

第一节 从阅卷员到《小说月报》主编——茅盾的编辑生涯

茅盾从 1916 年 8 月进入商务印书馆,到 1926 年 4 月与商务印书馆正式解除雇佣关系,整整十年时间,茅盾将自己 20 岁到 30 岁的青春年华奉献给了商务印书馆。期间,茅盾虽然将大量时间和精力投身于中共革命事业,"从事与商务印书馆的方针不相合拍的政治活动"[1],但茅盾的主要角色仍然是商务印书馆编译所的一位编辑,主要工作仍然是从事杂志、书籍的编辑。茅盾从助理编辑开始,很快承担起全国大型文学杂志《小

---

1. 〔法〕戴仁:《上海商务印书馆(1897—1949)》,李桐实译,商务印书馆 1996 年版,第 35 页。

说月报》的主编工作；辞去《小说月报》主编之后，又以高级编辑的身份做着自己喜欢的又编又译又注的工作。十年编辑生涯，茅盾所做编辑工作无论是从质还是从量上来看，都十分可观。当时商务印书馆人才工作的体制和机制，同样值得研究和思考。

1916年深秋，因为一封给领导的建议信，茅盾的工作岗位调整到国文部，跟孙毓修先生合作译书，编译国外的生活常识读物。20岁的茅盾精力充沛，孙毓修"懒得再译了"的书稿《人如何得衣》交到茅盾手里，一个半月的时间竟全部译好。这本薄薄的小书是茅盾翻译的第一本书，虽然仅有七万余字，但在茅盾编辑出版的数以百计的图书中，功居第一。茅盾自己对此书印象也很深刻，在其回忆录中有专门的记叙。

在翻译完《人如何得衣》之后，茅盾根据孙先生的安排，又译了《人如何得住》《人如何得食》。[1] 这衣、住、食三部书，"内容是自古以来，世界各地各民族之衣、食、住即穿衣、吃饭、住房之原料、制作方法及风俗习惯等"，原著者卡本脱是美国人。这位在世界文坛上毫无名气的卡本脱先生自己都不会想到，这样的生活常识读物会成为异国文学巨匠的开手之作。

---

1. 出版时更名为《衣食住》（三册）。

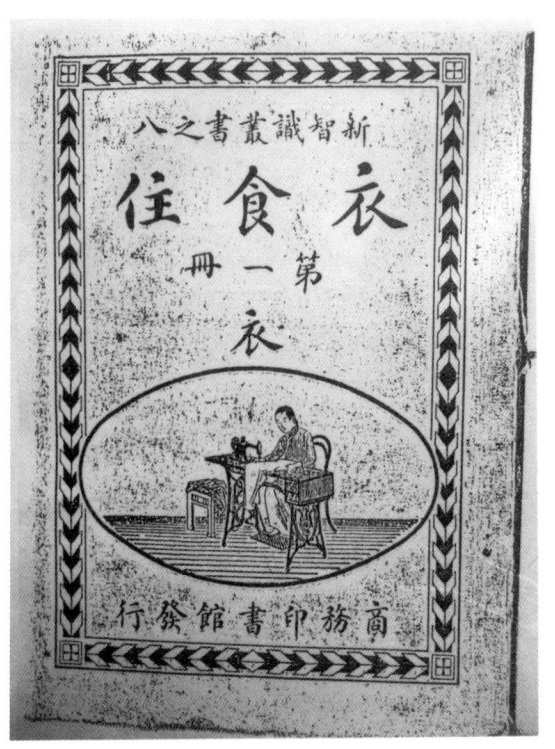

图 1-1 《衣食住》第一册书影

但是,孙毓修先生当时就看到了茅盾的才华。孙先生是南菁书院出来的知识分子,对年轻人的文学才华是能够洞见的。因此到 1916 年年底,孙毓修与茅盾商量,来年除了看《衣食住》的校稿之外,还有什么选题可做。茅盾知道孙先生是中国童话的开山祖师,自己读小学时作文比赛得了冠军,奖品就是孙毓修的《无猫国》，这部童话曾风行一时。[1]（不过，茅盾晚年写回忆录时，却忘了孩提时代看过孙先生的童话故事，说自己童年时，孙毓修编的童话尚未出版。[2]）茅盾有心和孙先生学习编写童话，便建议孙先生主持编写童话或少年丛书。但是，孙毓修却不这样想。对孙先生来说，他早已占据童话领域的制高点，不大想"炒冷饭"；他此时想的是如何发挥茅盾这个年轻人的长处，和他一起策划更有意义的选题。于是，孙毓修在深思熟虑后，语重心长地对茅盾说，"我们要编一本开风气的书，中国寓言；此事须要对古书有研究的人，你正合式"[3]。茅盾听了孙先生的想法，很是感动，自然欣然同意。在茅盾看来，借此他"可以系统地阅读先秦诸子、两汉经史子部之书"，何乐而不为？

开风气之先，是商务印书馆的历史传统。当年出版《辞源》，茅盾称其为"开风气之先"，现在孙毓修先生要编"开风气之先"的《中国寓言》。于是，孙毓修与茅盾开始策划编写

---

1. 茅盾在1938年5月出版的第68期《宇宙风》上发表《我的小学时代》一文，曾说："那时的小学校每月有考试。单试国文一题，可郑重其事地要出榜，而且前几名还有奖赏，无非是铅笔之类。暑假年假大考自然也有奖赏，那就丰厚一点，笔墨等文具之外，也有书，——下学期用的教科书。可是有一次却奖赏了两本童话，《无猫国》和《大拇指》，我于是知道有专给小孩子看的'闲书'。不过我那时因为已经看了《西游记》《三国演义》等旧小说，习惯于大人的事情，对于《无猫国》之类并不怎样感到兴趣。这两本童话就送给了弟弟，他看着书中的图画，母亲讲给他听。"
2. 参见茅盾：《我走过的道路》（上），人民文学出版社1981年10月版，第110页。
3. 茅盾：《我走过的道路》（上），人民文学出版社1981年10月版，第116页。

计划，计划出"初编""续编"和"三编"，可谓雄心壮志。所以，茅盾在翻译了几本通俗生活著作之后，并没有沿着这个方向走下去。而是转向历史，编写《中国寓言》。

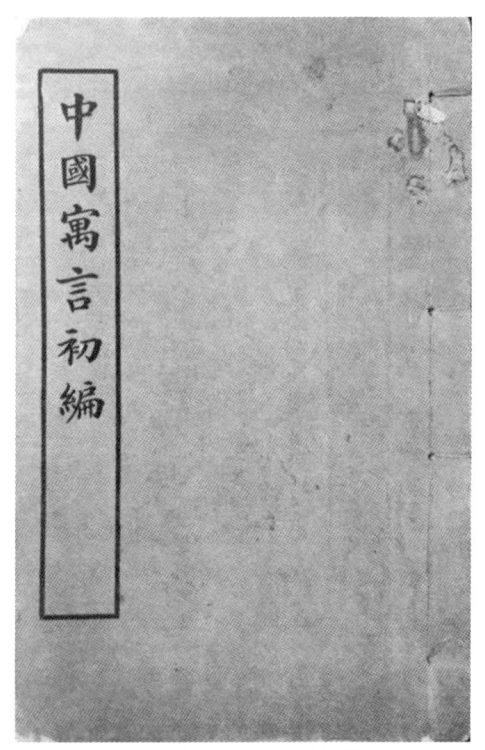

图 1-2 《中国寓言初编》书影

《中国寓言初编》是茅盾编辑生涯中最早编纂的一部作品集。茅盾从先秦诸子及经史子部中辑录寓言 125 则，分为四卷，于 1917 年 10 月由商务印书馆出版单行本，署名"桐乡沈德鸿",书前有孙毓修用骈体文写的序。这部寓言集虽是初编,但亦有规模,这里不妨将四卷的《中国寓言初编》目录摘录如下,可见一斑:

卷一:

苛政比虎　　五十步笑百步
治室与玉　　宋人揠苗
月攘邻鸡　　齐人妻妾
冯妇搏虎　　与少望奢
鸣将惊人　　曲突徙薪
卜式牧羊　　橘化为枳
张罗者　　　楚人两妻
管庄刺虎　　曾参杀人
江上处女　　扁鹊之言
郑贾买朴　　画蛇添足
鹬蚌相争　　桃梗土偶相语
狐假虎威　　狗恶人言
宋人名母　　树杨拔杨
南辕北辙　　求千里马
忠信致答

卷二：

宥坐之器　　楚弓楚得
徙宅忘妻　　释古行今
孔子劝学　　佣书掣肘
阳桥　　　　反裘负刍
蒙鸠射干　　长生之术
鳏鱼　　　　鸡有五德
以明扶明　　束蕴请火
不忘故　　　屠牛吐之智
学如炳烛　　市人逐兔
舌存齿亡　　惠子堕水
枭将东徙　　衣味譬治

卷三：

信子而疑邻　　战胜而肥
远水不救近火　鲁人之越
可必不可必　　宋人燕石
伯乐教人　　　三虱相讼
海中大鱼　　　就虫自杀
炀灶　　　　　三人成虎
郑人饮酨　　　郑人买履
宋人酤酒　　　社鼠

楚人矛楯　　宋人守株
叶公好龙　　墨悲染丝
蛙之多言　　弓矢相成
嫁女饰媵　　买椟还珠
学以砺身　　君盂民水
以鱼喻君　　燕雀之智
逐臭之夫　　契舟求剑
没人之子　　掩耳盗钟
哭母夸孝　　求栋得榖
鬻母行义　　长人知天
周人不遇　　无钱之市

卷四：

杞人忧天　　国氏善盗
海上鸥鸟　　佝偻丈人承蜩
狙公赋芧　　纪渻论鸡
尹氏治产　　燕人还国
愚公移山　　夸父逐日
杨朱治术　　野人献曝
宋人刻楮　　邻人送妻
牝牡骊黄　　歧途亡羊
杨布易衣　　伐梧作薪

亡铁疑邻	齐人攫金
不龟手药	虚舟
臧谷亡羊	丑女效颦
神龟曳尾	鹓鶵腐鼠
鲁侯养鸟	祝宗说彘
材与不材	蛮触相争
封人论政	车辙涸鲋
屠龙之技	楚人献雉
不孝为孝	对牛操琴

《中国寓言初编》是茅盾在商务印书馆出版的第一部作品，但是，这部作品由于出版较早，一般读者很难见到。直到21世纪，才被人民文学出版社收入2006年3月出版的《茅盾全集·补遗》（下）中，新世纪的读者得以一见其内容。[1] 2014年又被收入黄山书社《茅盾全集》第34卷。

一方面，茅盾从浩如烟海的古籍中，撷取了世人顾名思义但不知其本原的寓言故事，恢复了它们完整的面貌。另一方面，茅盾在原文中做了夹注，或读音注解，或名词解释。在原文后面，茅盾写了一些评语，或感慨，或告诫，或针对主题进行入木三分的评论。这里不妨选几则茅盾撰写的寓言评语。如

---

1. 编者韦韬先生在"出版说明"中写道，"1917年初版的《中国寓言初编》，是刊印出版的茅盾最早的一部作品。"

《五十步笑百步》这则寓言中，茅盾评语："人之自谓仁至义尽，胜于世俗所为。而实效不著者，皆行有未至耳。亦自反而已矣。"《治室与玉》这则寓言中，茅盾评语："是非之心，人皆有之。蔽于物欲。则是非有时而不明。孟子此喻，借宾定主，单刀直入，足令人言下恍然。"《宋人揠苗》中，茅盾评语："人贵有志，有志矣，又应得人指导。无志则有田不耘。无人指导则揠苗助长，误入歧趋。"《月攘邻鸡》中，茅盾评语："知过非难，改过为难。过之所以难改，皆缘畏难而苟安。"《张罗者》中，茅盾写道："天下事多成于有意无意之间。"《鹬蚌相争》中，茅盾评道："争无为之意气，终于两败俱伤者。观此可恍然也。"等等。

现在看来，当初孙毓修先生给茅盾定下的这个选题，因为茅盾这些精彩的评语而确确实实做到了"开风气之先"。从1917年10月初版，到1919年11月，《中国寓言初编》已经第三次印刷，可见其受欢迎的程度。

然事有意外，《中国寓言》只有一个美丽的开头，原来设想的"续编""三编"并未能实现，仿佛冥冥之中，这部寓言集注定和茅盾日后若干创作的命运一样——如《霜叶红似二月花》《走上岗位》等，由于种种原因而成为缺憾。

《中国寓言》没能继续编下去，原因是《教育杂志》《学生杂志》《少年杂志》的编辑朱元善先生了解茅盾的才华后，向编译所领导高梦旦提出，希望茅盾协助他编《学生杂志》。起初，孙毓修不同意，认为销量不错的《中国寓言》还要继续编下去，不肯放茅盾走。后来高梦旦从中协调，决定让茅盾半天帮助朱元善审阅《学生杂志》来稿，半天和孙毓修编纂《中国寓言》。实际上，孙先生并没有让茅盾继续编纂《中国寓言》，而是让他帮助编写儿童读物。由此，茅盾的编辑生涯出现编辑与编写齐头并进的状况，这让20岁出头的茅盾有了多方面施展才能的机会。

《学生杂志》创刊于1914年7月，按茅盾后来的说法，"《学生杂志》是个五花八门、以供给中学生课外知识为主的刊物。它有社论式的短论，内容一贯鼓励学生埋头读书，将来为祖国效力。有'学艺'栏，介绍外国的科学知识。有不立栏名，但经常有的数学和几何的难题解答示范。有'技击'栏，讲解如何锻炼身体的武术，附有很多演习武术的拳脚姿势的插图。还有世界和中国的每月大事记"[1]。平心而论，朱元善所编《学生杂志》导向正确，内容十分切合青少年的实际，知识性和趣味性也很浓郁。而朱元善请茅盾来协助编辑《学生杂志》，主要是让茅盾审阅自然来稿。茅盾记得这些稿件大都"来自全国各地的中学校、初级师范学校或者甲种蚕桑、甲种工业学校（程度和现在的中专相近）的学生们"，内容驳杂，程度不一，因此，审稿的工作量不小。所幸当年茅盾年轻，审阅、编

---

1. 茅盾：《我走过的道路》（上），人民文学出版社1981年10月版，第122页。

辑这些稿件对他来说绰绰有余。当时,"勇于趋时"的朱元善受《青年杂志》等的影响,布置茅盾为《学生杂志》写一篇社论,要求内容"不同以往"。这就是后来发表在1917年十二月号《学生杂志》上的《学生与社会》。这是茅盾在编辑工作中撰写的第一篇体现自己思想的论文。当时,朱元善对这篇文章大加赞赏,并要求茅盾继续写这方面的社论。后来,茅盾又写了《一九一八年之学生》,发表在1918年的一月号上。在这篇文章中,茅盾极力倡导"个性之解放""人格之独立"等观点。晚年茅盾回忆此事时说,那时思想影响最大,"促使我写出这两篇文章的,还是《新青年》"[1]。可见,当时茅盾已经开始接受新思想。

同时,朱元善作为前辈对青年茅盾十分关照。1918年,朱元善准备在《学生杂志》上刊登一些有益于青少年身心健康的小说,并将此事交给茅盾去落实。茅盾找到美国洛赛尔·彭特(Russell Bond)的科普小说《两月中之建筑谭》,按照朱元善的指点,请自己在南京读书的胞弟沈泽民去翻译,而他自己则用骈体在开头写了"疏林斜阳,数声蝉唱,绿水青草,两部蛙歌,……"等一段文字。《两月中之建筑谭》在《学生杂志》上连载了八期,后来,沈泽民又将《理工学生在校记》译出来,交给朱元善,这篇小说很快也在《学生杂志》上发表。当时,

---

1. 茅盾:《我走过的道路》(上),人民文学出版社1981年10月版,第128页。

商务印书馆的《学生杂志》规定，学生投稿被录用之后，用商务的书券代替稿费。商务的这一做法一举两得，既可以节省稿费，又推销了自己出版的图书。沈泽民翻译这些作品时，还是在校生，按规定，也只能用书券代稿费。但是朱元善想出一个办法——以茅盾与沈泽民合译的方式署名，这样，朱元善就可以给茅盾兄弟俩付稿酬。直到晚年，茅盾还记得朱元善当时的友好关照。

在商务印书馆的编辑生涯中，茅盾同样得到了孙毓修的关照。当时，孙毓修让茅盾放下《中国寓言》的选编，腾出手来协助他编童话。茅盾后来回忆，所谓编写童话，就是"从外国的童话和中国的传奇中选一些故事，用白话文改写"。当时，孙毓修正在为商务印书馆搜集古籍，编写童话的任务渐渐交给茅盾，自己则偶尔编写一些童话给青年茅盾做个示范。茅盾记得孙先生编写的童话《玄奘》非常漂亮："童话和少年丛书都是孙毓修早期在商务编译所首创的两门儿童与少年读物，此时他仍偶而为之，例如他当时编写的《玄奘》，可以说是内容翔实，深入浅出，既宜于少年阅读，也使成年人增加历史知识。许多读过《西游记》的人知道历史上的'唐僧'是怎样一个人，不知他曾为中国和印度古代的交流，作出了重大的贡献。"此外，编译所能译能写的年轻人也不少，他们看编写童话可以增加收入，也跃跃欲试向孙毓修投稿，但孙先生常常将他们拒之门外。而茅盾编写的童话，孙先生则格外看重。因此，茅盾的稿费收入渐渐超过每月30元的工资收入。后来孙毓修对茅盾的童话作品更是有稿必用，这有意无意间帮助茅盾改善了生活。

茅盾再创作的童话最早是1918年6月发表的《大槐国》，产量一度很高，主要集中在1918年和1919年。在商务印书馆的十年间，茅盾编写和编译的童话目录如下：

《大槐国》—《童话》第一集第六十九编—1918年6月初版

《千匹绢》—《童话》第一集第七十编—1918年7月初版

《负骨报恩》—《童话》第一集第七十一编—1918年7月初版

《狮骡访猪》及《狮受蚊欺》《傲狐辱蟹》《学由瓜得》《风雪云》—《童话》第一集第七十四编，以《狮骡访猪》作书名—1918年8月初版

《平和会议》及《蜂蜗之争》《鸡鳖之争》《金盏花与松树》《以镜为鉴》—《童话》第一集第七十五编，以《平和会议》作书名—1918年9月初版

《寻快乐》—《童话》第一集第七十六编—1918年11月初版

《驴大哥》—《童话》第一集第七十九编—1918年11月初版

《蛙公主》—《童话》第一集第八十编—1919年1月初版

《兔娶妇》及《鼠择婿》《狐兔入井》—《童话》第一集第八十一编，以《兔娶妇》作书名—1919年1月初版

《怪花园》—《童话》第一集第八十二编—1919年1月

初版

《书呆子》—《童话》第一集第八十三编—1919年3月初版

《树中饿》—《童话》第一集第八十五编—1919年4月初版

《一段麻》—《童话》第一集第八十四编—1919年5月初版

《牧羊郎官》—《童话》第一集第八十六编—1919年4月初版

《海斯交运》—《童话》第一集第八十七编—1919年7月初版

《金龟》—《童话》第一集第八十八编—1919年10月初版

《飞行鞋》—《童话》第一集第八十九编—1920年10月初版

《十二个月》—《童话》第三集第二编—1923年1月初版

这些童话篇幅都不长,但出版后一版再版,有的在二三年之间,出到五版,可见其受欢迎的程度。其实,茅盾编写和编译的童话之所以得到孙毓修的肯定和重视,受到读者的欢迎,与他认真的态度是分不开的。据金燕玉研究,茅盾的每篇童话都有来源和出处,如《大槐国》源于《唐人传奇·南柯太守传》,《千匹绢》《负骨报恩》源于《太平广记》《古今小说》,

《牧羊郎官》源于《史记·平准书》和《汉书·公孙弘卜式儿宽传》，《狮骡访猪》《狮受蚊欺》源于《伊索寓言》，《傲狐辱蟹》源于日本民间故事，《兔娶妇》源于挪威民间故事，《鼠择婿》源于突尼斯民间故事，《金龟》源于印度寓言，《十二个月》源于捷克斯洛伐克的民间故事，《驴大哥》源于格林童话……这足以说明茅盾的童话再创作，采撷材料的面十分宽广。同时，从这些童话的内容看，我们也能感受到作者真诚向善的用心，比如《蛙公主》《平和会议》《蜂蜗之争》《鸡鳖之争》《金盏花与松树》《以镜为鉴》等，都是教孩子要守信用，正确处理人与人之间关系的；《狮骡访猪》则提醒孩子不要被坏人利用；《大槐国》《傲狐辱蟹》《寻快乐》《狐兔入井》《一段麻》《海斯交运》《金龟》等，都是教孩子要谦虚谨慎、勤奋节俭，不要沾染骄傲、贪财、爱讲废话、见异思迁等毛病；而《学由瓜得》《风雪云》《鼠择婿》《兔娶妇》等，故事本身都蕴含朴素的唯物主义思想和辩证观点，让孩子们从中领悟社会规律。《牧羊郎官》《狮受蚊欺》等充满爱国主义思想，《书呆子》《驴大哥》《飞行鞋》等都旨在激励少年儿童读书求知、自强不息；《怪花园》《十二个月》主要反映真善美与假恶丑的主题。总之，茅盾编写和编译童话认真负责的态度，闪耀着编辑职业道德的光芒。对这样一位知识渊博而又有职业操守的年轻人，孙毓修先生的欣赏和关照也是自然的事。

1919年年初，商务印书馆管理层决定重新启动"四部丛刊"的搜集、出版工作,张元济主持选编工作,孙毓修是具体操办人之一。对孙毓修来说,这是一件值得努力和追求的大事,而且古籍整理和出版本来就是他的专长。孙毓修专门挑选茅盾作为他搜集古籍的助手,在1919年春节前,和茅盾一起去南京的江南图书馆选书,并让茅盾帮助他抄录登记选好的古籍目录,负责他们两个人出差的后勤事务。孙毓修和茅盾第二次去南京,已是春暖花开的4月。第三次去南京,孙毓修带了另一位得意门生姜殿扬给选定的古籍拍照,茅盾则留在上海负责审查把关送回来的照片底片。如有差错,一方面可以在底片上修饰,另一方面可以让姜殿扬在南京重新拍照。茅盾称自己担当的这个工作为"四部丛刊"的总校对。

"四部丛刊"是商务印书馆编辑出版的第一部大型丛书,初编于1919年至1922年出版,共323部,2100册,按传统的经、史、子、集四部编排。后来,商务印书馆多次再版和续编,为中华传统文化的传承做出了巨大的贡献。

1919年11月,身兼《小说月报》《妇女杂志》主编的王莼农[1]找到茅盾,请茅盾到他那里帮助编辑《小说月报》新辟的"小说新潮"栏目。但是,茅盾了解得知这一栏目专登翻译的

---

1. 即王蕴章(1884—1942),莼农为其字,号西神,江苏无锡人。光绪二十八年(1902年)举人。曾任上海沪江、南方大学教授,上海正风文学院院长。工书,法"二王",擅欧体,工铁线篆。通诗词,擅作小说,为鸳鸯蝴蝶派主要作家之一,颇负时誉。

西洋小说和剧本,并不考虑发表原创作品,便推辞说手里事太多,抽不出时间。而王莼农对此并不以为然,还声明已向孙毓修和朱元善打好招呼。后来,茅盾去和孙毓修、朱元善核实,两位先生都表示确有此事,并暗示茅盾,王莼农是不得已而为之,这样的"半革新"是商务印书馆高层的意思,他们对《小说月报》的现状不满意。

于是,茅盾开始在《小说月报》的阵地一角——"小说新潮"栏目进行有关新文学的尝试。也许是职业精神使然,茅盾接手"小说新潮"栏目的编辑任务之后,就写了《"小说新潮"栏预告》和《"小说新潮"栏宣言》。其中,"预告"刊于1919年12月25日《小说月报》第十卷第十二号,向世人宣示:"要使东西洋文学行个结婚礼,产出一种东洋的新文艺来!"还说:"现在新思潮一日千里,小说是传布新思潮的先锋队,本社同人见时势已到了,敢不尽力传布吗?"而在刊载于1920年1月25日《小说月报》第十一卷第一号的《"小说新潮"栏宣言》中,茅盾提出:"最新的不就是最美的、最好的。凡是一个新,都是带著时代的色彩,适应于某时代的,在某时代便是新;唯独'美''好'不然。'美''好'是真实(Reality)。真实的价值不因时代而改变。……我们是想把旧的做研究材料,提出他的特质,和西洋文学的特质结合,另创一种自有的新文字出来。"因为茅盾的参与,《小说月报》的"小说新潮"专栏出现了新气象。在1920年这一期的《小说月报》上,还有一篇茅盾的《新旧文学平议之评议》。这篇文章提出"为人生"的文艺思想,他说:"我以为新文学就是进化的文学,进化的文学有三件要素:一是普遍的性质;二是有表现人生、指导人生的能力;三是为平民的非为一般特殊阶级的人的。唯其是要有普遍性的,所以我们要用语体来做;唯其是注重表现人生、指导人生的,所以我们要注重思想,不重格式;唯其是为平民的,所以要有人道主义的精神,光明活泼的气象。"茅盾观点鲜明、文字活泼,文章洋溢着青年知识分子的青春活力,让人耳目一新。

也许王莼农先生觉得,拉茅盾过来编辑一个小专栏有点大材小用。所以,他向茅盾约稿,让他写些关于妇女解放的文章。于是,在中国共产党成立前,茅盾撰写了百余篇关于妇女解放的文章,如《解放的妇女与妇女解放》《妇女解放问题的建设方面》等,在《妇女杂志》等刊物上发表。妇女解放问题从来就是一个革命课题,这类文章的写作也让茅盾的思想向革命道路又迈进了一步,这些文章也成为中国共产党创始人之一的陈独秀观察茅盾思想的一个窗口,这是当时向茅盾约稿的王莼农没有想到的。

参与《小说月报》的部分编辑工作,茅盾本人觉得是个机遇,而且是个重要的历史节点。他晚年在回忆录中说:"《小说月报》的半革新从一九二〇年一月出版那期开始,亦即《小说月报》第十一卷开始。这说明:十年之久的一个顽固派堡垒终于打开缺口而决定了它的最终结局,即第十二卷起的全部革新。我偶然地被选为打开缺口的人，又偶然地被选为进行全部革新的人，然而因此同顽固派结成不解的深仇。"[1] 确实如此，无论是商务印书馆的历史上，还是中国文学史上，无疑都要写上茅盾革新《小说月报》"小说新潮"栏目和全面革新《小说月报》这两个历史性贡献。

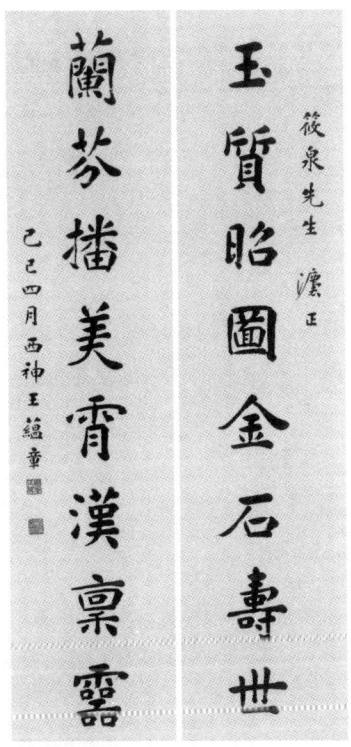

图1-3　王莼农书法

联语：玉质昭图金石寿世　兰芬播美霄汉禀灵

---

1. 茅盾：《我走过的道路》（上），人民文学出版社1981年10月版，第155页。

虽然在协助编辑《小说月报》"小说新潮"栏目的过程中，茅盾的编辑思想、编辑想法让人眼前一亮，但毕竟"小说新潮"只是阵地一角，依然无法扭转《小说月报》整体走下坡路的颓势。《小说月报》发行量每况愈下，到1920年十月号，仅存2000份。

《小说月报》不仅销量下降到难以维持的程度，而且内容已经与时代脱节，与新文化运动以来，尤其是五四运动以来的形势，形成强烈反差。这让商务高层坐不住了。高梦旦和张元济先后到北京，向新文化人士请教发展之策。他们见了蒋百里、郑振铎等新文化运动中人，才知道自己身边的沈德鸿已经在新文化界崭露头角，在各大报刊上发表了不少倡导新思想、新文化的文章。于是，商务当局决定由茅盾接替王莼农，担任《小说月报》和《妇女杂志》的主编。后来，高梦旦等人找茅盾谈话，茅盾表示只能担任一个杂志的编辑工作，不想接手《妇女杂志》。商务当局同意他只担任《小说月报》的主编后，问他下一步的计划，茅盾表示要先了解一下，再制订编辑方针方案。几天后，茅盾正式向商务当局提出革新《小说月报》的三项条件：

一、杂志现存稿子（包括林译）全不能用。

二、原来的四号字印刷全部改用五号字印刷。

三、馆方应给予全权办事的权力，不能干涉杂志主编的编辑方针。[1]

这三项条件看似简单，其实蕴含了茅盾政治和办刊的智慧。据茅盾估计，王莼农原来买下的稿子足够刊物用一年的。现在将这些旧稿全部封存，意味着商务会损失一大笔费用。而革新后的《小说月报》用新稿，自然还要再支出一大笔稿费。更重要的是，旧稿都是当时"礼拜六派"文人的文章，革新《小说月报》，旧稿一篇不用，意味着与旧文学的决裂。这是一个新文化战士的基本立场。此外，四号字改五号字，无形中扩充了刊物容量，增加了刊物发稿量，不露声色地扩大了新文学的阵地。至于授予主编全权办事的权力，不得干涉其编辑方针，这是革新《小说月报》的前提，但作为条件提出来，却显示了茅盾的智慧。现在来看，茅盾革新《小说月报》时提出的三项条件，在中国现代编辑史上应该是很经典的一个案例。

据说高梦旦与陈慎侯[2]听了茅盾提出的三项条件后，当场拍板同意。他们也明白茅盾提出这三项条件的用意和分量，决策的果断证明了商务当局求新求变的决心。所以，平心而论，当年茅盾之所以能够成功革新《小说月报》，是与商务印书馆当局

---

1. 参见茅盾：《我走过的道路》（上），人民文学出版社1981年10月版，第161页。
2. 陈慎侯（1885—1922），即陈承泽，慎侯为其字，福建闽侯人。曾中乡举，后游学日本，习研法政及哲学。毕业归国后任商务印书馆编译员及《民主报》《时事新报》《独立周报》和《法政》《甲寅》《东方》《学艺》等杂志编辑。毕生致力于国文法的研究和字典的编纂工作，著有《国文法草创》等。

的开放包容和锐意进取分不开的。

从 1920 年 11 月初开始,茅盾从王莼农手里接任《小说月报》主编后,迅速擎起新文学的大旗。此时,茅盾已加入中国共产党,既要参加党的活动,又要革新《小说月报》,其繁忙程度可想而知。同时,茅盾又遇天赐良机——郑振铎、耿济之、瞿世英、许地山、周作人、蒋百里、郭绍虞、孙伏园等拟组织发起成立文学研究会。这些人都是新文化运动的倡导者,不少还是新文学作家。而就在文学研究会筹备之际,大家决定充分利用革新后的《小说月报》作为代会刊,并热情邀请茅盾以发起人之一的身份加入文学研究会。在这些成员的支持下,革新后第一期《小说月报》如期与世人见面。从此,《小说月报》成为中国新文学运动主要阵地之一,而茅盾本人也成为中国新文学史上第一个文学团体——文学研究会的中坚力量。[1]

有了《小说月报》这一阵地,借着文学研究会的东风,茅盾很快在《小说月报》的《改革宣言》中提出了自己的文学主张:"今日谭革新文学非徒事模仿西洋而已,实将创造中国之新文艺,对世界尽贡献之责任:夫将欲取远大之规模尽贡献之责任,则预备研究,愈久愈博愈广,结果愈佳,故不论如何相反之主义咸有研究之必要。故对于为艺术的艺术与为人生的艺

---

[1] 文学研究会于 1921 年 1 月 4 日在北京成立,是新文学运动中成立最早、影响和贡献最大的文学社团之一。发起者包括周作人、朱希祖、蒋百里、郑振铎、耿济之、瞿世英、郭绍虞、孙伏园、沈雁冰、叶绍钧、许地山、王统照 12 人。

术，两无所祖。""就国内文学界情形言之，则写实主义之真精神与写实主义之真杰作实未尝有其一二，故同人以为写实主义在今日尚有切实介绍之必要；""……一国之文艺为一国国民性之反映，亦惟能表见国民性之文艺能有真价值，能在世界的文学中占一席地。对于此点，亦甚愿尽提倡之责任。"[1]这些观点，成为茅盾编辑《小说月报》遵循的指导思想，从中也可以看出茅盾本人高远的文学志向和不俗的文学旨趣。

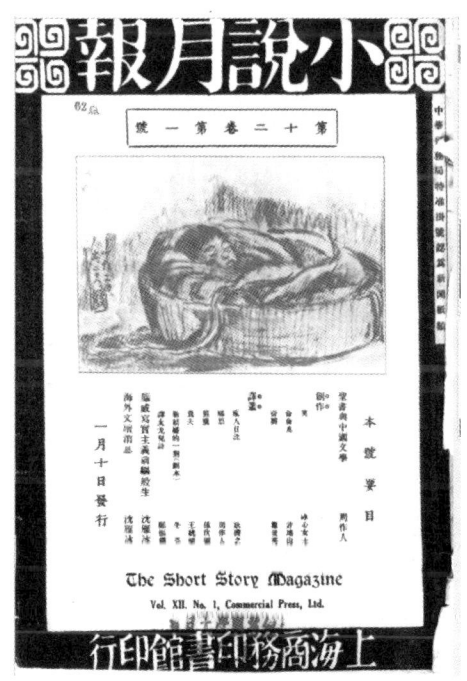

图1-4 革新后第一期《小说月报》封面

---

1. 以上均见1921年1月《小说月报》第十二卷第一号。

从 1921 年到 1922 年，茅盾共编了二卷二十四期《小说月报》以及《俄国文学研究》等号外，在很短的时间内为新文学的发展开辟出一条路来，使《小说月报》由旧文学的堡垒变为新文学的阵地，断了旧文化的传播，为新文化的弘扬树起了一面旗帜。从而，使商务印书馆创办的《小说月报》为中国新文学的发展立下不朽的功勋。

图 1-5　法国印象派画家德加的代表作《跳舞》

茅盾在《小说月报》的革新过程中体现出的编辑特点主要有：

一是注重引进西方艺术和西方文学，作为中国新文学创作的借鉴。《小说月报》从第十二卷第一号起，所有的插图都是西方著名画家的作品。如革新后第一期选用了法国印象派画家德加（Edgar Degas）的《跳舞》《浴女》《洗衣人》；第二期选用了德加的《跳舞女的头的研究》《浴后》和《浴盆之中》；第三期选用了法国画家保罗·阿尔伯特·贝纳尔（Paul Albert Besnard）的《欢乐之岛》和瑞士画家阿诺德·勃克林（Arnold Böcklin）的《黄泉之岛》（*Die Toteninsel*，通常译为"死岛"）；第四期选用了法国画家弥爱（Millet）的《晚祷》《饲》；第五期选用了法国画家莫奈（Monet）的《左拉夫人像》《乱党的枪毙》；第六期选用了英国画家曼任斯奇（B.Meninsky）的《母与子》以及美国画家玛莱·加萨脱（Mary Cassatt）的同名画《母与子》；等等。茅盾开始革新《小说月报》后，不遗余力地介绍西方艺术，为中国艺术向西方学习提供了大量重要参考。同时，在担任《小说月报》主编的两年时间里，茅盾非常注重西方国家乃至弱小民族文学作品的译介。从革新后第一期开始，杂志专门设置"译丛"栏目，第一期发表了耿济之翻译的俄国作家郭克里（N.Gogoli）[1]的《疯

---

1. N.Gogoli，今译果戈里。

人日记》，周作人翻译的日本加藤武雄的《乡愁》，孙伏园翻译的俄国托尔斯泰的《熊猎》，王剑三翻译的波兰高米里克基的《农夫》、爱尔兰夏芝的《忍心》，还有茅盾自己翻译的挪威般生（Björnson）[1]的剧本《新结婚的一对》、沈泽民翻译的俄国安得列夫的剧本《邻人之爱》以及郑振铎翻译的印度太戈尔（Tagore）[2]的诗歌。这些翻译作品所占杂志的篇幅非常之大。

《小说月报》是五四运动之后介绍外国文学作品最充分的一份杂志。西方文学的大量引进，使《小说月报》倡导新文学的起点达到了一定的高度。可以说，它为新文学的发展打开了一扇窗户，新鲜"空气"得以进来，为新文学建设提供了大量可资参考的材料。

二是注重新文学创作以及新文学理论建设。筹备革新第一期《小说月报》时，茅盾原本觉得上海没有什么搞创作的人，担心创作的作品太少。后来文学研究会横空出世，给茅盾解决了这一难题，文学研究会成员以及围绕文学研究会的一众人士，成为《小说月报》的创作主力。茅盾晚年给重印的《小说月报》写序时说："1921年，我接编并全部革新了《小说月报》，两年后由郑振铎接编，直到终刊。这十一年中，全国的作家和翻译家，以及中国文学和外国文学的研究者，都把他们

---

1. Björnson，今译比昂松。
2. Tagore，今译泰戈尔。

的辛勤劳动的果实投给《小说月报》。可以说,'五四'以来的老一代著名作家,都与《小说月报》有过密切的关系,像鲁迅、叶圣陶、冰心、王统照、郑振铎、胡愈之、俞平伯、徐志摩、朱自清、许地山等。"[1] 因为时代关系,茅盾这里"漏写"了一个人,他就是周作人。茅盾刚接手《小说月报》时,周作人给过茅盾很大支持。革新后第一期《小说月报》的第一篇文章就是周作人的《圣书与中国文学》,虽然这篇文章与新文学的宗旨拐了几个弯才有些联系,但此时的周作人在新文学界的名气如日中天,排在革新后杂志的打头,实际上也是一种号召。所以,讲到《小说月报》革新,周作人是一个无法绕开的存在。第二期以茅盾自己的论文《新文学研究者的责任与努力》开篇,又编发胡愈之的《新文学与创作》、郭绍虞的《谚语的研究》两篇论文,同时推出叶绍钧的两篇小说《一个朋友》《低能儿》以及庐隐的《一个著作家》。革新后的《小说月报》洋溢着强烈的新文学色彩,同时新文学的追求也日趋成熟。如第十三卷第一号有爱罗先珂著、鲁迅译《世界的火灾》作为"专著",紧接着是谢六逸的《西洋小说发达史》,然后是冰心、叶绍钧、耿济之、希真[2]、沈泽民、耿式之的创作或译文,此外还有朱自清、徐蔚南、梁宗岱、朱湘、汪静之等当时响当当的新文学作

---

1. 茅盾:《〈小说月报〉影印本序》,书目文献出版社1981年4月版,第1页。
2. 沈雁冰的笔名之一。

家、诗人的作品，可谓新文学作家作品、理论研究文章琳琅满目。其实，当时编辑第十三卷第一号时，茅盾一度想卸掉《小说月报》主编的担子，后来在高梦旦的支持和鼓励下决定再干一年，于匆忙中完成了本期的编辑，却依然能保持其鲜明的新文学色彩。

三是注重编辑创新。从茅盾主编《小说月报》开始，杂志出现了一个新的栏目——"海外文坛消息"，很有点文坛新闻的意味。消息信息量大，时效性强，篇幅可长可短，篇目可多可少，特别适合月刊杂志。从1921年1月至1924年6月，茅盾共为《小说月报》编写"海外文坛消息"二百余则，对扩大新文学工作者和读者的视野起到积极的作用。茅盾对自己这个创新也十分看重，亲自从《泰晤士报》《纽约时报》上找内容编写，即使卸任《小说月报》主编之后，依然包揽了"海外文坛消息"的选编工作。

四是审美眼光独到，所选作品不少成为现代文学史上的名篇佳作。办刊物能否推出名篇佳作，主要取决于主编的审美眼光和魄力。茅盾做主编的两年间，《小说月报》刊载的可圈可点的作品不少，如许地山的《命命鸟》，冰心的《超人》《遗书》，落华生的《妇人镇》《换巢鸾凤》《空山灵雨》，朱自清的《别》《台州杂诗》，汪静之的《七月的风》，鲁迅的《端午节》《社戏》等，都是现代文学史上耳熟能详、为人们津津乐道的作品。茅盾经手编辑的这些传之久远的作品，是杂志编辑史上的一个高度、一个标杆。

《小说月报》的革新虽然取得了世人瞩目的成就，其革新方向也符合时代发展的规律，但是，即使是在刚受过"五四"洗礼的上海，此次革新依然在舆论上受到负面攻击，而且攻击的言语十分刻薄。这也反映了当时新旧文学、新旧思想的斗争十分尖锐和激烈。

首先是来自商务印书馆内部保守势力的反对。有一件事给茅盾留下了深刻的印象。商务的杂志每一期出版后都要给领导层赠送，革新后的《小说月报》也不例外。茅盾对第一期的成功还是充满信心的，但他却无意间发现，赠送给总管理处陈叔通先生的杂志被原封不动地退了回来。显然，陈先生连看都没看，抱着本能的抵触情绪拒收。这件事给茅盾的刺激很大。他知道自己将刊物办好了，也会得罪馆内的保守势力。况且之前就封存了鸳鸯蝴蝶派文人的稿子，断了他们的财路，这得罪的不是一两个人，而是一个派别、一个阵营。

但是，保守派的否定也阻挡不住新文化阵营的欢呼，陈望道以"晓风"的笔名，在报纸《民国日报·觉悟》上撰文，肯定革新后的《小说月报》，称其"已经伐毛洗髓，容光焕发"，"换了个灵魂"。《时事新报》副刊《学灯》的主编李石岑读了革新后第一期《小说月报》后，"欣喜若狂"，并在此后的《学灯》上连续发表文章，介绍革新后的《小说月报》。后来，茅盾以回信的方式在《学灯》发表文章，除了感谢李石岑的肯定和赞美外,也表达了办好《小说月报》的决心。表示要"以现在的精神继续做去,眼光注在将来,不做小买卖,或者七年八年之后有点影响出来"。

革新后《小说月报》的销量从上年末的 2000 册,一下子上升到 5000 册,商务印书馆各地分馆还纷纷要求下期多发。到 1921 年年底时,《小说月报》销量已上升到 10000 册。[1] 这也让商务馆内的一些保守势力无话可说。

杂志销量从 2000 册到 10000 册,个中酸甜苦辣的况味,也是茅盾最清楚。茅盾在回忆录中对受到保守势力攻击的往事,没有过多披露。但是在 1921 年 9 月 21 日给周作人的一封信中,茅盾吐露了内心深处的苦恼:"《小说月报》出了八期,一点好影响没有,却引起了特别的意外的反动,发生了许多对于个人的无谓的攻击,最想起来好笑的是因为第一号出后有两家报纸来称赞而引起同是一般的工人的嫉妒;我是自私心极重的,本来今年揽了这捞什子,没有充分时间念书,难过得很,又加上这些鸟子夹搭的事,对于现在手头的事件觉得很无意味了。我这里已提出辞职,到年底为止,明年不管。"茅盾讲的也是事实,当时一些老读者给茅盾来信,说《小说月报》过去

---

[1] 据茅盾回忆:"改组的《小说月报》第一期印了五千册,马上销完,各处分馆纷纷来电要求下期多发,于是第二期印了七千,到一卷末期,已印一万。"参见茅盾:《我走过的道路》(上),人民文学出版社 1981 年 10 月版,第 168 页。

"堪为中学教科书，如今实在是废纸"。还有人来信指责《小说月报》印这些"看不懂的小说"，还说在国家危亡之秋，"哪有心情看小说消遣"。可见茅盾风光背后的压力。

因为主管领导高梦旦的支持和鼓励，1922年，茅盾继续承担《小说月报》的编辑工作。但是此时商务印书馆的内外环境似乎更糟糕。首先，高梦旦编译所所长的职务由新来的王云五先生接任，而王云五虽然年轻，也不是守旧的人，与胡适关系很好，但与茅盾、郑振铎这些新青年并不能算是志同道合。

1922年7月，茅盾在《小说月报》上发表《自然主义与中国现代小说》一文，点名批评《礼拜六》杂志，《礼拜六》杂志向商务印书馆表示抗议，引起新上任的王云五的关注。王云五让茅盾就此事向《礼拜六》杂志道歉，茅盾则拿出当初商务答应过的让他担任《小说月报》主编的三项条件，抗议王云五干涉他的编辑方针。王云五自觉理亏，不与茅盾正面冲突，却让人在背后悄悄审查茅盾发排的稿子。茅盾发现后，认为当局已经有违初衷，这样的环境下继续主持《小说月报》已经无法实现自己当初的志向，于是提出辞去《小说月报》主编。其实，现在猜想起来，茅盾辞去《小说月报》主编的一个深层次的原因，是茅盾当时一心想做职业革命家。但是，商务内部的人事变化，以及对茅盾的文学倾向和改革锐气的不支持，不可否认的是其辞去主编一职的主要原因。

1922年下半年，一些老派文人对一年前痛失地盘的怨恨依然耿耿于怀，为了打击茅盾等新文学革命者、抹杀《小说月报》革新的成绩，一有机会便讽刺、挖苦，甚至进行人身攻击，可谓无所不用其极。就在茅盾向王云五抗议后不久，1922年9月21日的《晶报》发表署名"星星"的文章，题目是《商务印书馆的嫌疑》，竭力贬低茅盾《自然主义与中国现代小说》的斗争意义。文章说："有人说，这是文学家的新旧之争，依我说，这话太高尚了罢！只不过是生活问题，换言之即饭碗问题而已。"认为茅盾是为了自己的"饭碗"而与"礼拜六"旧派文人进行斗争的，抹黑茅盾与"礼拜六派"斗争的意义，用心险恶。在发表这篇文章的一个月前，即8月12日，《晶报》发表了文章《小说迷的一封书》，作者全盘否定革新后的《小说月报》，认为革新后的《小说月报》连废品收购都不要，所以作者为处置《小说月报》而产生"麻烦"，其讽刺挖苦到了无以复加的地步。文章写道：

怎么处置呢，我拿了这月刊，去到收旧书的小店里，问他们可要收买？他们说，如有十卷以前的，都可以收的，我说，前十卷是我最要好的朋友，我岂肯出卖呀。他们又说，如其这一卷，同前十卷一样，我们也可以要。我说，要是一样，我也不来卖了。我想这月刊是卖不成了。无精打采，夹了它，踱了回来。刚走到门口，一看，隔壁酱鸭店，正在拿了旧的报纸，包那切成块的酱肉酱鸭呢。我想有了，这才可以废物利用的了，递到这店里，把这本月刊，递给那老板，说是送他包酱鸭的。那老板接过去，打开了书，并不看，凑在鼻上，闻了闻，摇摇头，说道："谢谢你先生，纸倒是上好的洋纸。可惜印的字，太臭了些，包起食物来，有点不大好呢。"我愕了愕，接回了书，叹了口气，转身走到屋里，想总要想个处置这月刊的法子。左想也想不出，右想也想不对。我用的小童说，可以拿它拆开来揩汗罢。我说，胡说，中国还没有到这个揩汗的程度呢。[1]

用如此刻薄的语言攻击一个刊物，恐怕在中国期刊史上也是少有的。

茅盾在对商务印书馆进行抗议的同时，利用其他媒体如《时事新报》的副刊《文学旬刊》《学灯》等阵地，与旧文化展开更尖锐激烈的斗争，进一步捍卫"五四"以来的新文化成果。

1922年十二月号的《小说月报》编发后，编辑工作移交新主编郑振铎。十二月号最后一页刊有公告："本刊自明年起，改出郑振铎君编辑；并此附告。"紧接着茅盾发表一则启事："雁冰启事：我这里已收到的许多不识面的朋友们给我的信，因为

---

1. 转引自李频：《编辑家茅盾评传》，河南大学出版社1995年2月版，第331页。

大半是关于投稿处置的询问，都已交郑振铎君了，他一定不久就有满意的答复给列位。恐劳盼望，特此申明。"

两年的《小说月报》编辑生涯，茅盾尽管经历了风风雨雨，却有辛苦也有收获，有烦恼也有喜悦。卸去《小说月报》主编后的一段时间，茅盾继续为郑振铎提供"海外文坛消息"。茅盾发现，商务当局对他客气起来了，他们竭力挽留茅盾在编译所工作，具体做什么工作由茅盾自己提出，并表示一定尊重他的意见。后来的事实证明，商务是做到了这个承诺的。

现在看来，在商务工作已有六个年头的茅盾的才华，商务是清楚的，而且商务当局也明白，茅盾已经积累了大量的人脉资源，尤其是两年《小说月报》的编辑工作，茅盾已经跻身商务的高级职员行列，且已成为中国新文学运动的中坚力量。所以，在商务方面，还是非常期望茅盾可以留下来的。

其实，此时的茅盾早已秘密加入共产党，并利用《小说月报》编辑的身份担任中共中央联络员，如果茅盾离开商务印书馆，中央要另找人选，但一时没有人能替代他，因此，陈独秀劝茅盾能留下来。商务挽留，党中央劝留，于是，茅盾留在商务印书馆继续自己的编辑生涯。

从1923年开始，不再唱独角戏做杂志编辑的茅盾，自然比以前轻松了许多。茅盾在晚年回忆说：

一九二三年我不编《小说月报》了，但仍在商务印书馆编译所，工作是"打杂"，是我自己出的题目：（一）标点林琴南译的《萨克逊劫后英雄略》[1]（英国历史小说家司各特著，原名Ivanhoe《艾凡赫》）和伍光建译的《侠隐记》、《续侠隐记》（法国历史小说家大仲马作《三个火枪手》、《二十年以后》两书的中译名），并加详细的评传。（二）给《国学小丛书》编选《庄子》、《楚辞》、《淮南子》，标记加注，每书也要写一篇绪言，总结前人对这些书的研究成果。以上的计划，商务编译所当局同意了，并同意：多少时间完成一种，不加规定。这样，我算是打破了王云五当时在编译所推行的什么"科学管理法"，即每人每月须编或译多少字的定量。[2]

茅盾给自己制订的这些工作计划，大概就是1923年至1925年末茅盾在商务印书馆的主要编辑任务。应该说，商务当局给茅盾的工作环境是宽松的，况且这些工作内容对茅盾来说驾轻就熟。因此，茅盾在此后的三年时间里，有更多的时间从事中国共产党的秘密革命工作。

但是，一向办事认真、谨言慎行的茅盾并没有因此放松自己，为了完成工作计划，他做了大量的阅读和研究工作，为作

---

1. 本书1924年3月出版时书名译作"撒克逊劫后英雄略"，而在茅盾晚年回忆录中作"萨克逊劫后英雄略"，本书尊重原作，同时保留此二种译法。
2. 茅盾：《我走过的道路》（上），人民文学出版社1981年10月版，第222页。

好校注作了充分的准备。他为了写《司各德评传》[1]的文章,"除阅读了司各特的全部作品(包括他早期的叙事长诗,后期的历史小说以及他所写的论文),还阅读了三大卷《司各特传》(这是司各特女婿 Lockhart 写的)。此外,还阅读了法国洛利安(F.Loliée)的《比较文学史》,英国珊次倍尔(Sainsbury)的《十九世纪文学史》,丹麦布兰兑斯(G.Brandes)的《十九世纪文学主潮》,法国泰纳的《英国文学史》,以及意大利美学家柯洛支(Croce)的《司各特论》"[2]。那么,司各特的"全部作品"有多少呢?茅盾晚年的回忆录中说,司各特有 24 部各种体裁的长诗、22 部长篇历史小说,其中《拿破仑传》有九卷之巨。茅盾要全部读过之后才动手写《司各德评传》,可以想见工作量之大。为了有效消化评传提及的司各特 25 种作品,茅盾为这 25 种作品写了详细的内容提要,取名《司各德重要著作解题》,同时,通过读英国《每季评论》,编写了《司各德著作编年录》,同时又写了《司各德著作的版本》,共计五六万字,与《司各德评传》一起印在《撒克逊劫后英雄略》正文的前面。茅盾后来回忆说:"这件事,我化了半年时间;我算是达到了当时还没有人写过的详细的《司各特评传》这一预定的目标了。"[3]

---

1. 商务印书馆 1924 年 3 月初版的由沈雁冰校注的《撒克逊劫后英雄略》,其中作者 Scott 当时译作"司各德",但在他晚年回忆录的叙述中,均作"司各特",本书尊重原作,同时保留此二种译法。
2. 茅盾:《我走过的道路》(上),人民文学出版社 1981 年 10 月版,第 228 页。
3. 同上书,第 230 页。

在编注完《撒克逊劫后英雄略》之后，茅盾又继续标点伍光建译的大仲马的《侠隐记》和《续侠隐记》。《侠隐记》（Les Trois Mousquetaire）现在通常译为《三个火枪手》，是大仲马1839年开始创作的历史小说"达特安三部曲"的第一部，1844年这部历史小说得以出版，让大仲马从剧作家华丽转型为历史小说家。从此以后，大仲马的历史小说像潮水一般涌来，创作量惊人。伍光建所译大仲马的《侠隐记》和《续侠隐记》是茅盾较喜欢的译本，茅盾后来回忆自己为什么要选择这个译本来标点，他说：

伍光建是根据英译本转译的，而且不是全译，有删节，可是他们译本有特点：第一，他的删节很有分寸，务求不损伤原书的精彩，因此，书中的达特安和三个火枪手的不同个性在译本中非常鲜明，甚至四人说话的腔调也有个性；第二，伍光建的白话译文，既不同于中国旧小说（远之则如"三言""二拍"，近之则如《官场现形记》等）的文字，也不同于"五四"时期新文学的白话文，它别创一格，朴素而又风趣。由于这些原因，我选它作为我所标点加注的第二种外国名著译本。[1]

除了通读进行标点注释外，茅盾同样也要写《大仲马评

---

1. 茅盾：《我走过的道路》（上），人民文学出版社1981年10月版，第234页。

传》。但也许是忙于政治活动的缘故，茅盾在写《大仲马评传》时，没有像写《司各德评传》那样，阅读大仲马的全部作品及有关研究著作，相对于《司各德评传》，《大仲马评传》要简略得多，《大仲马评传》分为三部分：一、戏曲家与小说家；二、小传；三、对于他的批评很不一律。三部分加起来只有一万余字。

作为商务印书馆的高级编辑，卸去《小说月报》主编后，尽管在相对轻松的环境里，茅盾仍然做了不少工作——花了相当精力校注这几部外国文学名著，同时也撰写了大量政论、文学方面的文章。

从1925年开始，茅盾的编辑工作又有了新的变化。当时朱经农先生策划编辑出版"学生国学丛书"，而茅盾为司各特、大仲马名著做校注的工作正好告一段落，于是他承担起了"学生国学丛书"的部分编选工作。

1924年年底到1925年3月，茅盾专门对《淮南子》进行校注，从中选了《俶真篇》《览冥篇》《精神篇》《齐俗篇》《道应篇》《诠言篇》《人间篇》《要略篇》八篇，并逐字逐句进行标注。茅盾还对每篇作了大量注释，包括读音的注解，十分详尽。校注后，茅盾又写了绪言，就作者、名称、版本、注释以及内容方面存在的问题等进行详细考证。这篇写于1925年3月17日的数千言的绪言，是研究《淮南子》的一篇深入浅出的导读文章，是理解《淮南子》的很好的辅导材料。一年后，《淮南子》选注本作为"学生国学丛书"之一由商务印书馆出版。

校注完《淮南子》后，茅盾又为商务印书馆选注《庄子》。茅盾从浙江局刻的通行本《庄子》33篇中选了12篇，即内篇之《逍遥游》《齐物记》《养生主》《德充符》《应帝王》，外篇之《马蹄》《胠箧》《秋水》《山木》《知北游》，杂篇之《天下》。茅盾对其进行逐篇逐句的校注，之后又写了一篇绪言，分四个部分。第一部分介绍庄子其人，引经据典，简明扼要，一目了然。第二部分讲《庄子》的存佚问题，认为"五十二篇佚存三十三篇，似乎是极可惜的；但我们也要知道今传三十三篇中确实可信是真的，只有内篇七篇，其余外篇十五，杂篇十一，大半是假造的，至好亦不过弟子们的追记"[1]。第三部分主要讲《庄子》的注家问题，亦即梳理《庄子》研究。认为对《庄子》章句音义的注家不少，但真正疏解义理的不多，"从事者更少"。第四部分是对《庄子》思想的讨论，认为庄子的根本思想是虚无主义，他的政治思想是无政府主义，"庄子的人生观是一切达观，超出乎形骸之外的出世主义"[2]。茅盾广征博引、挥洒自如，评判切中肯綮。所以，这篇写于1925年5月14日的绪言也是茅盾的一篇精到的《庄子》研究文章。《庄子》选注本，由商务印书馆作为"学生国学丛书"之一，于1926年1月出版，茅盾选注《庄子》比《淮南子》迟，但出版却比《淮南子》早了两个月。

---

1. 钟桂松主编：《茅盾全集》，黄山书社2014年3月版，第19卷，第95页。
2. 同上书，第102页。

选注《庄子》时，上海的革命运动已经风起云涌，茅盾无法再沉浸在古书中作章句音义的研究了。时代的感召，使中国共产党党员茅盾立即投身到"五卅"洪流中去了。一直到6月下旬或7月初，五卅运动告一段落后，茅盾才又重新开始为"学生国学丛书"选注《楚辞》。这也是茅盾在商务印书馆编辑的最后一本书。

《楚辞》的选注体例与《淮南子》《庄子》一样，茅盾从《楚辞》里选了《离骚经》《九歌》《九章》《远游》《卜居》《九辩》《招魂》《大招》等，详作注解，使学生自学时可以无障碍地阅读和理解。现在我们看到的茅盾注解，条理清晰，文字干净，比如《九歌》，茅盾在引用王逸序的一段话后，认为"据此则《九歌》原为楚国祀神之歌而经屈原润色更定者"[1]。再比如对《九章》的解释，茅盾认为："《九章》者，屈原之所作也。屈原既放，思君念国，随事感触，辄形于声；后人辑之，得其九章，合为一卷，非必出于一时之言也。"[2] 茅盾为《楚辞》作注非常认真，短短一篇《离骚经》，茅盾共作了231条注释，写了数千字的注释文字。而《大招》一节，茅盾也写了58条注释。可见，经历过五卅运动和商务印书馆工运斗争的茅盾回到编译所书斋后，仍然能够一丝不苟地选编"学生国学丛书"，这

---

1. 茅盾：《茅盾全集·补遗》（下），人民文学出版社2006年3月版，第1134页。
2. 同上书，第1147页。

种职业操守值得后人尊敬。在选注《楚辞》后,茅盾按惯例写了绪言。茅盾将《楚辞》与中国神话联系起来介绍,认为:"在我们中华古国,神话也曾为文学的源泉,从几个天才的手里发展成了新形式的纯文艺作品,而为后人所楷式;这便是数千年来艳称的《楚辞》了。"[1] 然后,介绍《楚辞》的名称来源及内容,同时介绍《楚辞》一些有争议的篇章,如《九歌》《天问》《九章》《远游》《卜居》《渔父》等,条理清晰,源流分明。最后,对《楚辞》的特点等作一小结,指出:"《楚辞》是一种新形式,是中国最早的文人文学,而以美丽缠绵梦幻为特点;《楚辞》出世之时,正为中国文化发展得最快最复杂的时代。因此,《楚辞》自然而然地要在中国文学史上划了一个新纪元。但除此而外,《楚辞》包含中国神话材料之多,也是使它对于后世发生重大影响之一原因。……中国文人不但从《楚辞》知道了许多现已衰歇的神话传说,并且从《楚辞》学会应用民间神话传说的方法,从《楚辞》间接得了许多题材,然后中国的文士文学乃得渐渐建设起来。所以《楚辞》对于后世文学的影响,不但是它的新形式曾引起许多的模仿者,并且提供给了许多材料与方法。就此点而言,《楚辞》也可算是中国的《伊利亚特》和《奥特赛》了。"[2]

---

1. 钟桂松主编:《茅盾全集》,黄山书社 2014 年 3 月版,第 28 卷,第 188 页。
2. 同上书,第 196 页。

这部《楚辞》注本后来陆续在汉口《中央日报》副刊星期特别号《上游》第八、第九期上发表，这时已是1927年5月了。绪言则发表在《文学周报》上，时间是1928年3月。此时，茅盾早已离开商务印书馆。而商务印书馆履行前约，在1928年9月出版了单行本《楚辞》注本。

据茅盾回忆，选注《楚辞》之后，他计划再编一部《文学小辞典》，后来编了一部分词条，因为1926年1月初离开上海去广州参加国民党第二次全国代表大会而搁置，编写《文学小辞典》的计划"终于不成"。

综观茅盾在商务印书馆的编辑生涯，可以总结出以下一些特点。

一是追求创新。在协助编辑《学生杂志》及《小说月报》时，茅盾一上手，杂志就新风扑面，让人耳目一新。主编《小说月报》时，从插图到内容再到形式，都洋溢着强烈的创新意识和创新精神，使《小说月报》在中国现代期刊史上起到标杆的作用。而在注释《淮南子》等作品时，茅盾力求源流分明、注解新颖。编写的《中国寓言初编》也以与众不同的面目示人，深得孙毓修欣赏。这种追求创新的编辑态度和编辑实践，让茅盾成为20世纪名副其实的编辑大家。

二是注重追求社会正面效应。茅盾的社会责任意识始终非常强烈，在编辑的过程中，他从不以取悦读者或者满足读者的猎奇心理为目的，而是以正面引导读者为己任，为读者，尤其是青少年读者，提供了大量精神食粮。《中国寓言初编》《淮南子》《庄子》《楚辞》等茅盾编写、选注的作品，至今仍可看作促进青少年健康成长的优秀读物。而茅盾自身的道德情操直接影响了编辑图书和刊物的社会效益。

三是精益求精，一丝不苟。重温茅盾的编辑成果就会发现，茅盾十分敬业和负责，在编辑事务上一丝不苟。即使在与商务当局发生矛盾、进行斗争后重回工作岗位，也绝没有半点"混日子"的意思，体现了茅盾良好的职业素养。

总之，关于茅盾在商务印书馆工作期间的编辑经验很值得进行专门研究，期待有研究专文或专著问世。

第二节 中共中央联络员——茅盾的革命活动

1981年3月31日，中共中央在恢复沈雁冰同志党籍的决定中说："我国伟大的革命家沈雁冰（茅盾）同志，青年时代就接受马克思主义，1921年就在上海先后参加共产主义小组和中国共产党，是党的最早的一批党员之一。……中央根据沈雁冰同志的请求和他一生的表现，决定恢复他的中国共产党党籍，党龄从1921年算起。"

1981年4月11日，胡耀邦同志在茅盾追悼会上致悼词说："沈雁冰同志从青年时代起，毕生追求共产主义的伟大理想。早在1921年，他就在上海先后参加共产主义小组和中国共产党，是党的最早的一批党员之一,并曾积极参加党的筹备工作和早期工作。"

党中央的决定和胡耀邦同志所致悼词中讲到茅盾早期的革命经历,就是茅盾在商务印书馆工作、生活期间的革命活动。所以,商务印书馆是茅盾一生文学起步的地方,也是茅盾青年时期从事革命活动最为重要的阵地。在商务印书馆的十年里,茅盾认识并接受马克思主义,从而走上革命道路;在商务印书馆的十年里,茅盾积极投身于革命斗争,以自己的聪明才智为中国共产党的创建和发展夜以继日地工作,成为上海地区早期共产主义小组的中坚分子,并在党的理论建设和实际工作中做出不朽的贡献;在商务印书馆的十年里,茅盾经历了革命风雨的洗礼,认识了一大批中国革命的先进分子,如陈独秀、毛泽东、陈云、李达、张闻天、秦邦宪等,也认识了一大批后来在不同道路上行走的风云人物,如汪精卫、张国焘等。在商务印书馆这一舞台,年轻的茅盾得以在风云际会的时代舒展自己的才华,演绎他人生的精彩故事。

客观上讲,茅盾自 1916 年 8 月 28 日进入商务印书馆后,就踏上了新文化运动的热土和高地,再加上自己天生勤奋好学,如饥似渴地学习和吸收国外的先进思想,尤其是马克思列宁主义革命理论,思想很快发生了积极变化,而陈独秀主编的《新青年》横空出世,更加激发了茅盾思想上"大丈夫当以天下为己任"的革命激情,从而无论是在世界观还是文艺观上,革命意识日渐强烈。

1917年年底和1918年年初,茅盾在《学生杂志》上接连发表《学生与社会》和《一九一八年之学生》等社论文章,大力宣扬和鼓吹个性解放、人格独立,在社会上引起强烈反响。世界革命史告诉我们,任何社会革命都是从推动个性解放开始的。茅盾在《学生杂志》上发表的这两篇文章,据说是《学生杂志》主编朱元善受到《新青年》上《文学改良刍议》和《文学革命论》的启发,才约请茅盾来写的,因此,两篇文章和《新青年》有着天然的血缘关系。在文章中,茅盾呼吁青年学生"幡然觉悟,革心洗肠,投袂以起",并对学生提出三点希望,即"革新思想""创造文明"和"奋斗主义"。茅盾在文章中还解释说:"何谓革新思想?即力排有生以来所熏染于脑海中之旧习惯、旧思想,而一一革新之,以为吸收新知新学之备。""故学术之进步濡滞,学校之分科不全,举非所惧,而思想不新,致新文化失其效力,是乃深忧。"可见当时茅盾革命思想之端倪。以1917年、1918年时茅盾的思想深度,为何能写出这样两篇富有革命色彩的文章?而且,茅盾当时在商务印书馆的主要工作是跟孙毓修先生编童话,刚开始协助朱元善编辑杂志,工作性质似乎和社会革命相去甚远。可以想见,当时茅盾也是受《新青年》的影响。他后来坦言:"那时候我主张的新思想只是'个性之解放'、'人格之独立'等等资产阶级民主主义的东西,还不是马克思主义,因为那时'十月革命'的炮声刚刚响过,马克思主义还没有传播到中国。解放后许多作者论述我早年的思想,都提到这两篇东西,认为我这时期是进化论思想。进化论,当然我研究过,对我有影响,不过那时对我思想影响最大,促使我写出这两篇文章的,还是《新青年》。而《新青年》那时还没提到辩证唯物论和历史唯物论的思想方法。"[1] 茅盾在与韩北屏聊五四运动时也说过类似的话,认为《新青年》给他影响很大,"我在那时看到这些书籍刊物,感到刺激力很强,以前人好象全在黑暗中,到那时才打开窗户"[2]。南京大学丁柏铨教授研究认为,"茅盾是最早对十月革命作出积极反映的中国进步知识分子之一,茅盾早期接受马克思主义影响的思想轨迹,这一过程中的三个阶段,由初识马克思主义,到确信'马克思底社会主义',而又存在与之对立的思想,再到自觉清理自己的思想,力图使之符合马克思主义"[3]。丁柏铨先生的分析研究是符合茅盾当年思想实际的。因为茅盾自己认为,在十月革命之后激荡的世界潮流中,"我也是混在思想变动这个旋涡里的一分子"。他在《托尔斯泰与今日之俄罗斯》一文中说,"今俄之 Bolshevism〔布尔什维主义〕,已弥漫于东欧,且将及于西欧,世界潮流,澎湃动荡","二十世纪后半期之局面,决

---

1. 茅盾:《我走过的道路》(上),人民文学出版社1981年10月版,第127—128页。
2. 韩北屏:《茅盾先生说"五四"》,《文萃》第28期。
3. 丁柏铨:《茅盾早期思想新探》,南京大学出版社1993年7月版,第129页。

将受其影响，听其支配"。这些观点发表在商务印书馆的《学生杂志》上。五四运动之前，茅盾在《学生杂志》上还发表了不少励志文章，最为大家熟知的有《履人传》《缝工传》《福熙将军》等，同样体现出茅盾在艰难困苦中追求进步的思想和意志。用茅盾自己的话来说，是在宣传"将相王侯无种，丈夫贵能自立"。晚年的茅盾回忆说："《履人传》和《缝工传》都是赞美大丈夫贵自立，这与《一九一八年之学生》论文所提倡的革新思想、奋斗自立的精神是呼应的。"

因为有商务印书馆这一平台，茅盾才有条件接触和了解世界思潮，尤其是从1919年，茅盾开始关注俄国文学，专门"搜求这方面的书"。茅盾认为："这也是读了《新青年》给我的启示。"可见，在加入中国共产党之前，茅盾始终是《新青年》的铁杆粉丝。在"向西方国家寻找真理"的氛围里，茅盾有更多的机会自觉接触和了解纷至沓来的西方新思潮，"那个时候是一个学术思想非常活跃的时代，受新思潮影响的知识分子如饥似渴地吞咽外国传来的各种新东西，纷纷介绍外国的各种主义、思想和学说"[1]。而茅盾开始接触马克思主义是在1919年年底。

在这样开放的学术环境里，茅盾在《学生杂志》《时事新报·学灯》及《解放与改造》上发表了大量译介作品。在译介

---

1. 茅盾：《我走过的道路》（上），人民文学出版社1981年10月版，第133页。

外国思想家和文学家作品的过程中,茅盾逐渐为马克思主义学说所吸引,蜕变为马克思主义者。在这一过程中,伟大的五四运动爆发了。运动波及上海之后,正在商务印书馆编写童话的茅盾也专门到一个集会的地方去听北京来人的演讲。茅盾记得:"讲演人是一男一女,站在一张八仙桌上大声讲话。那时没有麦克风,站远了就听不清,大家都往前挤。我在那个男代表讲完时挤到八仙桌附近,恰好那位女代表接着讲演了。她的每一句话都博得掌声,她大声喊了十来分钟,似乎嗓子有点哑了,于是那位男代表便来替换她。当然也博得热烈的掌声。这两位代表的讲演很有煽动力,口才也是很好的。可是事后,我觉得他们的讲演空空洞洞,思想性不深刻,只是反复喊着几句富有煽动力的话,例如反对军阀混战,要求结社、言论自由,要求有示威游行的自由等等。……但是应该承认,他们起了鼓动人心的作用。上海就此成立了学生联合会。……两年后,我自己也投入了这个洪流。"[1] 时隔几十年,冷峻地面对过去的历史,茅盾觉得当时讲演这一幕只有热烈而没有内涵,或者说内涵不够深刻。但是事实上,20多岁的茅盾当时不仅内心受到强烈震撼,而且其实际行动也深受影响。

1919年下半年,茅盾和胞弟沈泽民,同乡萧觉先、王敏台、卢奉璋、严家淦、曹辛汉等青年知识分子,发起组织桐乡

---

1. 茅盾:《我走过的道路》(上),人民文学出版社1981年10月版,第149—150页。

青年社，并出版铅印本刊物《新乡人》，此刊物目前仅见第二期，藏于浙江图书馆，其余的可能已散佚。从现存的第二期《新乡人》杂志看，发表文章最多者，是茅盾和沈泽民。茅盾有《我们为什么读书》《骄傲》，沈泽民有《呆子》《曼那特约翰》《阿文和他的姊姊》《发动机》等。而载于第二期上的第三期文章目录中，有辛汉的《什么叫做教育？什么叫做学校？》，乙厂的《游美途中日记》，雁冰的《神奴儿》《本镇开办电灯厂问题》，佩韦的《人到底是什么》。第二期《新乡人》于1919年10月1日出版，那么第一期的出版时间肯定在10月1日之前，具体日期目前无法确定。可以肯定的是，桐乡青年社的成立时间应在此之前，并可以确定为五四运动爆发之后。据说，桐乡青年社的活动一直到1924年前后，持续有五六年之久。可见，当时的茅盾对《新青年》亦步亦趋，完全是《新青年》的忠实读者和五四运动的弄潮儿了。

　　茅盾革命思想的形成和革命实践的开始，正好是在商务印书馆随孙毓修先生编写童话的时期。对青年茅盾来说，时间上的自由度相对大些，他有时间吸收外来思想和文化，有时间撰文表达自己的思想、鼓吹革命。我们设想，假如茅盾当时没有来到上海这个人才济济的大都市，不在商务印书馆工作，恐怕不会这么早地接触到外国思潮，尤其是马克思主义理论，革命意识不会这么强烈；而且，如果茅盾不在商务印书馆这一世界著名文化机构工作，恐怕表达自己的想法也不会有如此便利的条件。历史的天时地利人和，时代的风云际会，促使茅盾学习并接受马克思主义，走上中国革命的政治舞台，为中国共产党的发展和进步做出巨大贡献，这是有历史必然性的。

茅盾是商务印书馆第一位共产党员，是一个不争的历史事实。那么，茅盾是怎样走向革命，参加共产党的？茅盾在回忆录中讲道："大概是一九二〇年年初，陈独秀到了上海，住在法租界环龙路渔阳里二号。为了筹备在上海出版《新青年》，他约陈望道、李汉俊、李达、我，在渔阳里二号谈话。这是我第一次见陈独秀。他，中等身材，四十来岁，头顶微秃，举动随便，说话和气，没有一点'大人物'的派头。"[1]初次见面，茅盾对陈独秀颇有好感[2]，因此，对陈独秀组织共产党的政治活动自然也同样抱有积极心态。而陈独秀约他们谈话，一方面是为《新青年》杂志的组稿问题，听取上海新青年们的意见；另一方面是从政治上着想，在上海的新青年中物色"同志"，为中国革命做准备。茅盾当时的工作比前两年忙多了，除了协助孙毓修先生做"四部丛刊"方面的工作外，还要腾出手来帮助王莼农编辑《小说月报》的"小说新潮"栏目，应王莼农的要求为《妇女杂志》写文章，宣传妇女解放，同时，还为《时事

---

1. 茅盾：《我走过的道路》（上），人民文学出版社1981年10月版，第169页。
2. 值得注意的是，茅盾的这部回忆录是时隔半个多世纪之后写就的，而在这几十年中，主流意识形态对陈独秀的评价并不正面。由此可见，茅盾的回忆录尊重客观事实，书写十分中肯。

新报·学灯》等副刊提供稿件。但是，与陈独秀接触以后，茅盾的政治兴趣日益浓厚，积极主动地配合呼应陈独秀的《新青年》。据茅盾年谱介绍，1920年《新青年》杂志第二、第三号上，都有茅盾配合陈独秀的文章发表。茅盾回忆说：

> 移沪后出版之《新青年》第一期（即八卷一号，于一九二〇年五月出版），就刊登了《谈政治》的社论。这一期的封面上有一小小图案，是一东一西，两只大手，在地球上紧紧相握。这暗示中国革命人民与十月革命后的苏维埃俄罗斯必须紧紧团结，也暗示全世界无产阶级团结起来的意思。社论《谈政治》简明扼要地阐述了马克思主义的基本原则。笔锋凌厉，一望而知出自陈独秀之手。……《新青年》从八卷一期开始，虽着重介绍马克思主义的理论，但也介绍了其他方面的学说。如著名之英国唯心主义哲学家B.罗素博士（偕其秘书勃拉克女士）来华访问时，《新青年》就译登了罗素的好几篇文章，而对罗素之思想体系却未有批评。[1]

这里提到的"罗素的好几篇文章"，就有茅盾当时在百忙之中应陈独秀之请，专门翻译的罗素的《游俄之感想》，发表在《新青年》第八卷第二号；而在《新青年》第三号上，还发表

---

1. 茅盾：《我走过的道路》（上），人民文学出版社1981年10月版，第170—171页。

了茅盾翻译的美国哈德曼的《罗素论苏维埃俄罗斯》。可见，茅盾的配合是及时的、默契的，这些文章与《新青年》的宗旨十分契合。

图 1-6　陈独秀像

茅盾回忆录里讲到，1920年7月上海共产党小组成立，"发起人是陈独秀、李汉俊、李达、陈望道、沈玄庐、俞秀松。本来还有张东荪和戴季陶，可是刚开了一次会，张东荪和戴季陶就不干了。据说张东荪所持的理由是：他原以为这个组织是学术研究性质，现在说这就是共产党，那他不能参加，因为他是研究系，他还不打算脱离研究系。戴季陶不干的理由是怕违背了孙中山的三民主义"[1]。茅盾的这个回忆大抵是不错的，但时间上稍有出入，党史研究的基本共识是，上海共产党小组成立是在1920年8月。《张国焘传记和年谱》上说："1920年8月，陈独秀等在上海发起建立共产党组织。"[2]《李达画传》也简明扼要地介绍说："1920年8月，李达与陈独秀、李汉俊、俞秀松、沈玄庐、陈望道、施存统等发起建立上海共产党早期组织，定名为中国共产党，即实际上的中国共产党发起组。"[3] 显然，茅盾回忆录列出的发起人是六个人，而《李达画传》中是七个人，茅盾漏了一个施存统。可无论是六个人还是七个人，上海共产党组织发起人中是没有商务印书馆的人的。但据张国焘回忆，当时陈独秀对他说过，沈雁冰也会很快参加共产党组织的。[4] 果然，隔了没有多少时间，即1920年10月，茅盾由李达、李汉俊介绍，加入了上海中国共产党组织，同时加入的还有邵力子先生。

所以，商务印书馆在中国共产党正式建党之前，即以沈雁冰加入共产党组织为标志，就有了共产党员。而沈雁冰成为中国历史最悠久的现代出版机构——商务印书馆第一位中国共产党党员，这是商务印书馆的光荣！

---

1. 茅盾：《我走过的道路》（上），人民文学出版社1981年10月版，第174—175页。
2. 路海江：《张国焘传记和年谱》，中共党史出版社2003年8月版，第7页。
3. 陈光辉主编：《李达画传》，人民出版社2010年11月版，第26页。
4. 参见张国焘：《我的回忆》（第一册），现代史料编刊社1989年3月版，第97页。

1920年是茅盾的转折之年。年初结识《新青年》主编陈独秀,并在陈独秀的指引下逐步认识马克思主义,学习马克思主义理论。10月,由李达、李汉俊介绍加入上海共产党组织,成为最早的中国共产党党员之一。11月,茅盾又被商务印书馆当局选为革新《小说月报》的主编,擎起中国新文学的大旗。因此,1920年是茅盾政治生涯中的起步之年,从这一年开始,茅盾追求真理、追求进步,坚持共产党人的信仰,在坎坷的人生道路上始终如一,一生保持投身革命时的初衷;而从这一年开始,茅盾也与中国新文学的发展同呼吸共命运。

图1-7 1920年在商务时的茅盾

茅盾成为商务印书馆的第一位共产党员后，外人看来，他的工作和生活依旧波澜不惊。查阅张元济当年的日记，他正在为商务印书馆的古籍保护出版劳碌，购书印书，忙得不亦乐乎。也就是茅盾和邵力子由李达、李汉俊介绍秘密加入共产党组织的时候，张元济则到北京拜访名流，为商务印书馆的发展寻求人才。而从北京回来后，张元济与高梦旦商量决定起用茅盾，全权委托茅盾革新《小说月报》。

这里必须讲一段小插曲。当时，介绍茅盾参加共产党组织的李达正与茅盾的亲戚王会悟热恋，据说，这与陈独秀也有关系。1920年5月，李达抱着"寻找同志干社会革命"的目的从日本回国[1]，先到上海拜访陈独秀，结果两人一拍即合，陈独秀邀请李达一起筹建中国共产党，并邀请他住在《新青年》出面租的渔阳里二号，一起编辑《新青年》杂志。当时，茅盾的亲戚王会悟也住在这里。据张国焘回忆，当时他到上海见陈独秀，陈独秀同样热情地邀请他住在自己家里，他记得楼上有三间屋子，"他和他的家人用了两间，另一间住着一位急进的女青年王会悟。楼下三间，一间是客厅，一间由青年作家李达住，还有一间空房正好给我住。"[2] 李达和王会悟热恋大半年后，于1921年4月在上海老渔阳里二号举行简单的婚礼，只办了一桌

---

1. 陈光辉主编：《李达画传》，人民出版社2010年11月版，第24页。
2. 张国焘：《我的回忆》（第一册），现代史料编刊社1989年3月版，第91页。

酒席，茅盾昆仲和少数几个朋友、陈独秀的夫人高君曼成为他们婚礼的见证人。所以，当茅盾加入共产党组织后，正在筹备《共产党》杂志的李达立刻约请茅盾为杂志写文章。《共产党》月刊是中国共产党创办的第一份机关刊物，1920年11月7日创刊，12月出版第二期，后因经费问题，中断了三个月，次年在中国共产党正式成立前，又出版了第三、第四、第五期。编辑部开始设在老渔阳里二号，后来李达与王会悟结婚之后，随李达迁到南成都路辅德里625号。

图 1-8　李达像

茅盾参加共产党组织后，热情很高，在李达筹备《共产党》刊物时，正是茅盾受命革新《小说月报》之时，商务当局没有给他配什么副主编、主编助理，里里外外都是茅盾一个人在唱独角戏。同时，在乌镇的母亲连连催他在上海找房子，计划举家迁沪，所以此时的茅盾真可谓日理万机、手忙脚乱。但是，茅盾对党内工作十分认真和努力，在这么忙碌的情况下，仍然为《共产党》杂志翻译了一系列介绍共产党理论与实践的文章。茅盾回忆说："我在该刊第二号（一九二〇年十二月七日出版）翻译了《共产主义是什么意思》（副题为"美国共产党中央执行委员会宣布"）、《美国共产党党纲》、《共产党国际联盟对美国 IWW（世界工业劳动者同盟的简称）的恳请》、《美国共产党宣言》，共四篇译文。"[1] 这些文稿回答了当时共产党创建过程中迫切需要回答的理论问题和现实问题，为正在筹建的中国共产党的各地共产主义小组成员提供了重要的思想武器。比如《美国共产党党纲》中确定党徽是一个锤、一把镰刀和一束小麦；每个要求加入共产党的同志，需要两个已入党三个月以上的党员的"推举"介绍，而且新加入的党员有两个月的"试用"，试用期内"有发言权但没有投票权"；每个党员同志，必须缴纳党费；每年要开一次全国性大会，常年大会代表数可由中央执行委员会按照当时情形确定；党员代表数"可按该区党

---

1. 茅盾：《我走过的道路》（上），人民文学出版社1981年10月版，第175—176页。

员数比例计算";党员不先经过党的核准,不应做公共官吏的候补人,等等。这些理论经验为后来中国共产党的建设提供了直接的参考。1921年中国共产党成立,其确定的第一个党的纲领中,同样有"候补党员必须接受其所在地的委员会的考察,考察期限至少为两个月。考察期限满后,经多数党员同意,始得被接受入党。如该地区有执行委员会,应经执行委员会批准";还有,"党员除非迫于法律,不经党的特许,不得担任政府官员或国会议员"。这些是否受了茅盾翻译的《美国共产党党纲》的影响?现在似乎提出并研究的人不多,但从文字上看,影响是显而易见的。茅盾在进行繁忙的编辑工作的同时,为中国共产党提供了大量的实际的建党参考材料,为中国共产党的诞生和成长做出了历史性的贡献,这是不争的事实,值得做进一步的专题研究。

茅盾在《共产党》杂志第二号上发表四篇建党文献之后,在第三号《共产党》上又发表了《共产党的出发点》《自治运动与社会革命》。尤其值得一提的是,在《共产党》杂志第四号上,刊载了青年茅盾翻译的列宁《国家与革命》第一章,这是中国共产党较早翻译的列宁经典著作,同一期上,还刊载了茅盾翻译的《劳农俄国的教育》。从这些译文著作看,茅盾加入共产党组织之后,就紧紧抓住党的建设这一主线,全身心地投入到革命活动中了。

通过翻译马克思主义经典文献,茅盾对共产党、对马克思列宁主义理论有了新的系统的认识,他自己曾说:"通过这些翻译活动,我算是初步懂得了共产主义是什么,共产党的党纲和内部组织是怎样的;尤其《美国共产党宣言》是一篇马克思主义理论及其应用于无产阶级革命实践的简要的论文,它记述了资本主义的破裂,帝国主义,战争与革命,阶级斗争,选举竞争,群众工作,无产阶级专政,共产主义社会的改造等等。"[1] 茅盾还根据自己掌握的马克思主义知识和理论,在《自治运动与社会革命》一文中批判当时各省自治运动者鼓吹的资产阶级的民主,旗帜鲜明地指出这实际上是为军阀、帝国主义服务的,中国的前途只有无产阶级革命。中国共产党成立前的1921年的春天,商务印书馆青年编辑沈雁冰的马克思主义政治水平已经让人刮目相看了!

1921年7月,中国共产党召开第一次全国代表大会,正式宣告中国共产党的诞生!这是中国历史上开天辟地的大事,是中国划时代的政治大事件!虽然当时全国只有53名党员,但是从此开启了中国革命的新纪元。

茅盾虽然不是中共"一大"代表,但是自从加入共产党组织之后,他就开始以共产党员的标准严格要求自己,为党的工作全力以赴。而且,茅盾利用自己在商务印书馆做编辑的有利条件,为筹备党的活动经费做出了积极贡献。当时,上海共产

---

[1]. 茅盾:《我走过的道路》(上),人民文学出版社1981年10月版,第176页。

党组织建立后，因为没有及时得到"第三国际"的经济援助，活动经费的部分来源就是共产党小组成员发表翻译作品所得的稿酬。据陈望道回忆："当时，李汉俊、沈雁冰、李达和我都搞翻译，一夜之间可译万把字。稿子译出后交商务印书馆，沈雁冰那时在商务工作。一千字四五元，大家动手，可以搞到不少钱。"陈望道这个记忆，在李达自传中也得到了证实，李达说："这时候，经费颇感困难，每月虽只用二三百元，却无法筹借。陈独秀办的新青年书社，不能协助党内经费，并且李汉俊主编《新青年》的编辑费（每月一百元）也不能按期支付。于是我们就和沈雁冰（当时他任商务《小说月报》编辑）商酌，大家写稿子，卖给商务印书馆，把稿费充作党的经费。"[1]茅盾为我们党的发展提供经费便利的往事，在陈望道、李达的回忆录中得到披露，但是茅盾在他的回忆录中却没有提及，可能这与茅盾淡泊名利的谦虚态度有关。[2]

我们研究茅盾在商务印书馆的革命活动时发现，海外的商务印书馆研究者也关注到茅盾的一些政治活动，十分有意思的是，他们认为茅盾用大部分时间从事着与他的文学编辑本职

---

1. 转引自邓明以：《陈望道传》，复旦大学出版社1995年3月版，第65页。
2. 按照陈望道后来的说法，千字四五元的稿费已经比一般稿费高出一倍以上。笔者查看了当时商务印书馆的史料，当年有人给张元济先生推荐书稿，包括名人的翻译稿，张元济先生给的稿费是千字二元，远低于茅盾给陈望道等人的稿费。茅盾当时的贡献不言而喻。

工作相抵牾的革命活动。[1] 在一般人看来确实是这样，茅盾主编《小说月报》，一个人选稿、编稿、校对、跑印刷厂指导编排，印好后又要指点发行寄送，还要回复读者来信，而且《小说月报》是每月一册的"月刊"，仅是此事也足以让茅盾忙得团团转。他也确实曾在给周作人的信中诉苦揽了主编《小说月报》的事。因此，海外研究者的说法也有一定道理，否则，茅盾哪来那么多的时间从事革命活动？在编辑刊物的同时，茅盾还要给其他报刊写文章，宣传、表达自己的文学主张和社会政治主张。而实际上，这些都是茅盾在工作之余写出来的，其忙碌和勤奋程度可想而知。还有，茅盾加入中国共产党之后，对党内的政治、社会活动一点不含糊，一方面要做好党分配给自己的工作——党中央的联络员，另一方面又要参加党的学习等秘密活动，工作负荷达到空前的程度。茅盾晚年回忆录中还说到帮忙解决陈独秀的工作问题等往事。党中央总书记陈独秀的工作问题，实际上也就是党的工作问题。他说：

  一九二一年秋，第三国际代表马林极力主张陈独秀必须回上海负起总书记的责任。同年九月陈独秀回上海。
  陈独秀回上海后，商务当局要请他担任馆外名誉编辑，派我向陈独秀探询。陈表示月薪不必多（当时商务招致名流为馆

---

[1] 戴仁在1996年出版的《上海商务印书馆（1897—1949）》一书中说，1922年后，"沈雁冰用大部分时间从事与商务印书馆的方针不相合拍的政治活动"。

外名誉编辑，月薪有高至五、六百元），编辑事务也不愿太繁重，因为他主要工作是办党，愿任商务的名誉编辑不过为维持生活。结果说定：月薪三百元，编辑事务不象其他名誉编辑那样要给商务审阅稿件，而只要每年写一本小册子，题目由陈自己决定。这以后，陈定居在法租界环龙路渔阳里二号，我们的支部会议地点就在陈独秀家里。支部会议每星期一次，是在晚八时后开始，直到十一时以后。我还依稀记得当时参加渔阳里二号支部的党员有杨明斋、邵力子、陈望道、张国焘、SY（社会主义青年团）书记俞秀松等人，又有共产国际远东局代表魏庭康（原名威金斯基）。讨论事项，大抵是发展党员、发展工人运动、加强党员的马克思主义的学习。除了各人自己阅读外，每星期有一次学习会，时间是下午，从二时到五时乃至六时。学习会采取一人讲解，大家讨论的形式。担任讲解者，李达和杨明斋。杨明斋山东人，刚从苏联回来。他们临时编的讲义有三种：马克思主义浅说，阶级斗争，帝国主义。这都是随编随讲，大家笔记。直到三、四年后，杨明斋把他当时的草稿改定付印，书名现在记不起来了。[1]

建党初期的精英们政治组织纪律十分严密，对自身的政治理论修养十分重视。当时茅盾虽然人在商务印书馆，但向往成

---

1. 茅盾：《我走过的道路》（上），人民文学出版社1981年10月版，第178—179页。

为职业革命家，他在60年代接受采访时说："我在年轻时也曾想当个革命家，革命家没做成，才做了作家。"实际上，年轻时的茅盾已经跻身中国共产党的领导层，参与中国共产党的建设和发展，参与中国共产党领导的革命活动，并且过着严格的党内组织生活。

第一次全国代表大会之后，鉴于全国各地共产党组织的迅猛发展，又因为茅盾在商务印书馆任职，党中央决定让他作为党在上海的联络员，负责党中央与全国各地党组织的联络工作。联络员必须每天坚守岗位，如不在岗位，来人向中央报告工作找不到接头联系人，这对党的损失不可估量；如果联络员工作出现纰漏，其影响就不止是一个组织的问题，而是全党全局的问题；如果泄密的话，那么对还处在幼年阶段的中国共产党组织，可能是毁灭性打击。如此重大的责任历史性地落到商务印书馆的青年编辑茅盾身上，茅盾回忆说，中共"一大"以后，"各省的党组织也次第建立，党中央与各省党组织之间的信件和人员的来往日渐频繁。党中央因为我在商务印书馆编辑《小说月报》是个很好的掩护，就派我为直属中央的联络员，暂时我就编入中央工作人员的一个支部。外地给中央的信件都寄给我，外封面写我的名字，另有内封则写'钟英'（中央之谐音），我则每日汇总送到中央。外地有人来上海找中央，也先来找我，对过暗号后，我问明来人住什么旅馆，就叫他回去静候，我则把来人姓名住址报告中央。因此，我就必须每日都到商务编译所办公,为的是怕外地有人来找我时两不相值"[1]。事后回忆起来,似乎这工作有点罗曼蒂克,但在当时却是十分严肃、责任重大,而又有性命之虞的工作。

图 1-9　1921 年,茅盾与夫人孔德沚在上海

所幸茅盾的母亲和妻子都支持茅盾参加革命活动。茅盾曾深情地回忆母亲对他参加共产党活动的支持:

---

[1] 茅盾:《我走过的道路》(上),人民文学出版社 1981 年 10 月版,第 180—181 页。

我去出席渔阳里二号的支部会议,从晚八时起到十一时。法租界离闸北远,我会后到家,早则深夜十二点钟,迟则凌晨一时。如果我不把真实事情对母亲和德沚说明,而假托是在友人家里商谈编辑事务,一定会引起她们的疑心。因此,我对母亲说明我已加入共产党,而每周一次的支部会议是非去不可的。母亲听了就说:何不到我们家来开呢?我说:如果这样,支部里别的同志也要象我那样很远跑来,夜深回去,这也不好。所以,暂时仍旧是我每星期一次去渔阳里二号开会,夜深回来时都是母亲在等门,德沚渴睡,而且第二天要去读书,母亲体谅她,叫她早睡。[1]

据说,当时为了安全,支部会议也会变换地点,有时会在茅盾家里召开。茅盾胞弟沈泽民加入中国共产党,就是在茅盾家里召开的支部会议上通过的。

当时商务印书馆《小说月报》的编辑茅盾收到全国各地各式人等的来信,数量多而杂,这在编译所里是出了名的。但是,好友郑振铎渐渐发觉有一种信很奇怪,信封上常常写有"沈雁冰先生转钟英小姐玉展"的字样,是不是茅盾还有不为人知的花絮?是不是他有红颜知己?有一次,郑振铎等人悄悄

---

1. 茅盾:《我走过的道路》(上),人民文学出版社1981年10月版,第179页。

地拆开一封"钟英小姐玉展"的信，一看，吓了一跳！原来是地方中共组织向中央的报告！郑振铎等人立刻封好交还给来编译所上班的茅盾，并永远保守了这一秘密。1921年春，郑振铎从北京铁路管理专科学校毕业后分配到上海铁路西站当见习，但志在文学的郑振铎不久就离开铁路，到《时事新报》的副刊《学灯》编辑部做编辑。几个月后，由茅盾介绍进商务印书馆编译所筹办《儿童世界》，本来神交已久的朋友，现在成了同事，而且两个人志同道合，所以，郑振铎在发现了茅盾已加入中国共产党后能够为其保守这一秘密。

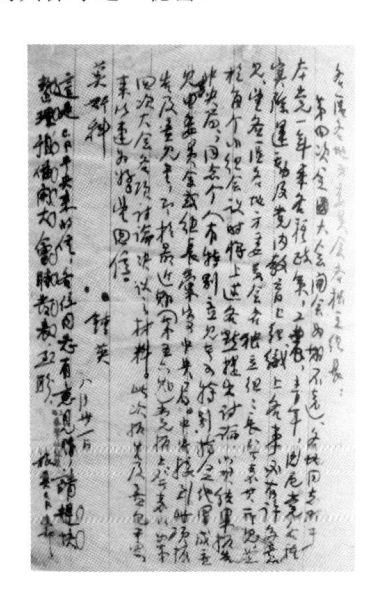

图1-10　1924年8月31日，中共中央关于发出召开"四大"的通知，要求各地汇报工作。"钟英"两字由毛泽东亲笔签署。

中国共产党成立之初,茅盾不但服从党中央的安排,担任极其重要的中央联络员工作,还积极开展党员的发展工作,壮大党的队伍。当时,党中央派浙江徐梅坤到上海与茅盾商量在商务印书馆发展党员的问题。茅盾回忆说:

一九二一年冬,有人拿着党中央的介绍信到商务印书馆编译所来找我。这人便是徐梅坤。他从前在杭州做排字工人,现在到上海,使命是组织上海印刷工人的工会。商务印书馆印刷所,是一个重点,徐梅坤要在这里开展工作,找我商量。当时我主编《小说月报》常常因为临时改换版面式样,自己到印刷所去(就在编译所的旁边),因此和排字及拼版的工人熟悉了,也认识了技术工人糜文溶和柳普青[1],这两位,文化程度相当高。我把他们介绍给徐梅坤,并商定先在工人中发展党、团员。糜、柳二人随后都入了党。[2]

茅盾的回忆大抵是对的,徐梅坤比茅盾大三岁,生于1893年,是浙江萧山县人。10岁起就在杭州做印刷工人。五四运动后在杭州发起组织浙江印刷公司工作互助会,任宣传股长,创办

---

1. 即柳溥庆,又名圃青、步青、柳霖,"普青"应该是茅盾记忆中的名字,因为"圃青"的读音在茅盾家乡乌镇的方言里与"普青"相同。溥庆则是他在1931年回国后开始使用的名字。
2. 茅盾:《我走过的道路》(上),人民文学出版社1981年10月版,第222—223页。

《曲江工潮》，领导工人进行罢工斗争。1921年冬，徐梅坤加入中国社会主义青年团，不久遭通缉，回乡建立农民组织，响应衙前农民运动，领导农民开展减租抗租斗争。同年年底农民运动失败后，到上海《民国日报》打工。1922年年初，经陈独秀介绍加入中国共产党，成为浙江省第一位工人党员。这里茅盾讲的1921年冬，在时间上可能有些出入，因为只有徐梅坤加入中国共产党之后，才有可能拿党中央的介绍信找茅盾商量发展党员的事宜。而徐梅坤入党是在1922年年初，他到商务印书馆找茅盾可能是1922年春节前后。茅盾回忆录中讲的糜文溶和柳溥庆（普青）"随后都入了党"也是有出入的。据上海市委党史研究室、上海市总工会编写的《上海商务印书馆职工运动史》介绍："1922年初，他俩（指茅盾与徐梅坤）介绍在商务印书馆印刷所影印工作的糜文溶参加中国共产党，柳溥庆（普青）参加社会主义青年团。"[1]柳溥庆当时加入的是社会主义青年团，他是商务印书馆的第一位团员，也是闸北区的第一位团员。据说，1924年初列宁去世，3月9日上海举行列宁追悼大会，柳溥庆为追悼大会绘制了列宁画像，这是中国人第一次为列宁画像。由于大部分革命者都没有见到过列宁的光辉形象，所以柳溥庆当时画的列宁像很轰动。茅盾和徐梅坤介绍糜文溶入党之后，又发展商务印书馆编译所的同事董亦湘为中共

---

1. 中共上海市委党史研究室、上海市总工会编：《上海商务印书馆职工运动史》，中共党史出版社1991年6月版，第23页。

党员。后来，茅盾、徐梅坤和董亦湘一起召开纪念"五一"劳动节的群众大会，虽然没有达到预期目的就被巡捕冲散，但是茅盾由此总结了群众集会的经验和教训。随后，茅盾和董亦湘又介绍编译所编辑杨贤江和印刷所女工黄玉衡加入了中国共产党。在茅盾的努力下，中国共产党成立不到一年，商务印书馆就有五名中共党员，这是茅盾对中国共产党发展的极大贡献。这里需要单独说一下柳溥庆。1924年，柳溥庆留学法国，1926年经徐孝祥、沙可夫介绍加入了法国共产党，不久经党组织安排进入莫斯科中山大学学习。后来，柳溥庆成为我国著名的印刷专家，为我国的印刷事业做出了巨大贡献。1974年10月24日在北京去世，享年74岁。

1921年年底，中国共产党建党后的第一所学校——平民女学创立，以培养中国共产党的妇女干部为目的招收青年女性学生，并由李达兼任校长。因此，茅盾又多了一份"工作"——在平民女学教英文，一个星期去三个晚上，每次一个半小时。茅盾曾回忆说："平民女学是党办的，以半工半读为号召，目的是培养一批妇运工作者。最初设想，这个新事业必然大有可为，不料本地学生一个也没有，都是外地学生，有从湖南来的，其他地方也有几个，全校学生不过二、三十人。要学英文的，是王剑虹、王一知和蒋冰之（丁玲）等六人，王剑虹、王一知和丁玲都是湖南来的。我教的就是这六个学生，一星期去三次，都是在晚上，每次一小时三十分钟，因为她们都学过一点英文，所以不教文法等等，只拿英文的短篇小说来讲解。大约教了半年，因为彼此忙于别事，教英文的事也就停止了。平民女学的教员都是尽义务的，当时陈独秀、陈望道、邵力子都去讲课，泽民入党以后也在那里讲过课。"[1] 据有关资料，当时平民女学设有高级、初级两个班和一个工作部，而茅盾教的这六个学生是高级班的学生，除此之外高级班还有三个旁听生，分别是王会悟、高君曼和秦德君。

图1-11　邓中夏像

---

1. 茅盾：《我走过的道路》（上），人民文学出版社1981年10月版，第224页。

稍后，中国共产党又创办了上海大学。茅盾不仅自己在上海大学讲课，还牵线搭桥邀请商务印书馆的一些青年编辑到学校任教。英国文学系主任一职，就是茅盾根据总务长邓中夏的要求，出面邀请商务印书馆的同事周越然来兼任的。茅盾回忆说："'上大'中国文学系主任是陈望道，英国文学系主任何世桢。何是国民党右派，不久他就辞职，另办持志大学。系主任一职，邓中夏要我去请周越然担任，他居然允诺，但也是兼职，他仍在商务印书馆编译所。我在'上大'中国文学系教小说研究，也在英国文学系讲希腊神话，钟点不多。"[1]

图 1-12 陈望道像

1921年12月，根据中共"一大"通过的《中国共产党纲

---

1. 茅盾：《我走过的道路》（上），人民文学出版社1981年10月版，第227页。

领》中提出的"凡有党员五人以上的地方,应成立委员会",中共上海地方委员会成立,陈望道任书记。后来,陈望道因不满陈独秀的"家长"作风而辞职,但他对中国共产党的创建功不可没。除他之外,李汉俊、沈玄庐、邵力子以及李达等一批为中国共产党的创立和建设做出重要贡献的知识分子后来也提出退党,说明我们党在幼年时期还有许多不成熟的地方。

茅盾当时一度担任中共上海地方委员会书记,相当于今天的中共上海市委书记。翟同泰先生1961年12月16日访问茅盾妻弟孔另境先生时,孔另境回忆说,在1922年至1923年间,茅盾曾担任过中国共产党上海地委书记。1962年2月5日,翟先生访问黄逸峰先生时,他说:"沈雁冰是中国共产党最早的党员之一,在陈望道之后,他曾做过第二任上海市地委(相当于今日之市委)书记,时间约在1922年—1923年间。"1962年3月1日,翟先生访问陈望道时,陈望道说,中国共产党一成立,即由他担任上海地委书记,大约半年以后,他因别的事忙,即辞去这一职务,由沈雁冰接替。后来,翟先生致信茅盾请教此事,茅盾回信翟先生:"有此事,大约是1922年为时约一年。"茅盾去世后,魏巍先生披露当年他在上海市委的档案中,看到20年代的会议记录,才知道"那时的上海地下党的中共市委书记就是茅盾"。[1] 显然,茅盾在商务印书馆工作期间,曾

---

1. 魏巍:《敬悼茅公》,《解放军文艺》1981年第5期。

经担任过上海中共组织的主要负责人。[1]

随着党的队伍的壮大和党的工作要求的提高，茅盾一方面要从事商务印书馆的编辑工作，另一方面党务工作也日益繁重。1923年7月8日，上海召开全体党员大会，传达中共"三大"的相关精神，其中一项是成立上海地方兼区执行委员会，扩大这一委员会的管辖范围，除上海特别市外，兼管江苏、浙江两省的党员发展工作和工人运动等。会上进行选举，徐梅坤、沈雁冰、邓中夏、甄南山、王振翼五人当选执行委员。第二天，上海地方兼区执行委员会召开第一次会议，中央委员王荷波、李立三、罗章龙代表中央出席会议并指导，社会主义青年团代表彭雪梅列席。会上决定由邓中夏任委员长，徐梅坤为秘书兼会计，沈雁冰为国民运动委员会负责人，王振翼、甄南山为劳动运动委员会负责人。鉴于当时上海共产党员发展迅猛的情况，将53名党员按照居住地、工作性质进行分组，全上海分为五个组，其中第二组为商务印书馆组，有13人，成员分别是：编译所的沈雁冰、董亦湘、杨贤江，印刷所或发行所的糜文溶、黄玉衡（女）、郭景仁（黄玉衡的丈夫），以及商务印书馆以外的徐梅坤、沈泽民、张国焘、刘仁静、傅立权、张秋人、张人亚等，董亦湘为组长。这一小组内，茅盾显然是骨干，他自己说："因为担任上述的党内职务，我就相当忙了。执

1.《茅盾研究》编辑部编：《茅盾研究》（第三辑），文化艺术出版社1988年7月版，第345页。

行委员会大约一周开一次会,遇到有要事研究就天天开会,再加上其他的会议和活动,所以过去是白天搞文学,(指在商务编译所办事),晚上搞政治,现在却连白天都要搞政治了。"[1]除此之外,他还利用假期时间到上海以外的地方宣传进步思想,抨击黑暗势力。1923 年 7、8 月间,茅盾应侯绍裘的邀请,到松江暑期讲习班讲演"什么是文学";应邀到家乡桐乡的几个学校去讲演,宣传新思想;后又应柳亚子的邀请,去江苏黎里讲演。可以想见当时青年茅盾的革命激情。

1923 年 8 月 5 日,上海地方兼区执行委员会召开第六次会议(一个月不到,已经召开过五次会议,可见茅盾回忆录中讲的大约每周开一次会是事实)。中共中央非常重视这次会议,派中央委员毛泽东同志来参加并指导,这是茅盾与毛泽东同志第一次见面。这次会议有以下决议:(一)救援在狱同志,派定沈雁冰联系上海工商界知名人士设法保释;(二)江浙军事问题决议,上海、杭州两地发动反对军阀内战的运动,以"反对军阀内战,武装民众"为口号,此事由国民运动委员会负责;(三)密令金佛庄相机做反战宣传,如果他带的一营要上阵,打仗时应设法保存实力;(四)劳动委员会(党内的)和劳动组合书记部(这是公开做工人运动的)合并成一个机构,统一负责上海的工人运动,并决定沈雁冰以国民运动委员会负责人的身份加

---

1. 茅盾:《我走过的道路》(上),人民文学出版社 1981 年 10 月版,第 239 页。

入该机构。茅盾记得,当时毛泽东代表中央向会议建议:"对邵力子、沈玄庐、陈望道的态度应当缓和,劝他们取消退出党的意思。"于是,会后落实这一建议的任务又落在沈雁冰身上。茅盾晚年回忆这次会议时说:

> 党组织又决定派我去向陈望道、邵力子解释,请他们不要出党。结果,邵力子同意,陈望道不愿。他对我说:你和我多年交情,你知道我的为人。我既反对陈独秀的家长作风而要退党,现在陈独秀的家长作风依然故我,我如何又取消退党呢?我信仰共产主义终身不变,愿为共产主义事业贡献我的力量,我在党外为党效劳,也许比在党内更方便。[1]

陈望道在新中国成立后才重新回到党组织。但当时茅盾根据毛泽东的建议指示,给陈望道等三人做思想工作却是事实,并且也有一定成效。

当时,邵力子和陈望道对茅盾说,不必去劝沈玄庐:"他一定不愿留在党内的。"但茅盾觉得,这是中央的要求,自己还应再做些努力,希望沈玄庐不要退党。对沈玄庐要求退党的原因茅盾是清楚的,因为他给陈独秀提交的退党信,是由担任中央联络员的茅盾亲自经手交给陈独秀的。茅盾回忆录中说到,

---

1. 茅盾:《我走过的道路》(上),人民文学出版社1981年10月版,第240—241页。

沈玄庐给陈独秀的信寄给邵力子,请邵力子转交陈独秀,结果邵力子自己也想退出共产党,"不愿去见陈独秀,把这封长信送给我,要我转交中央"。茅盾知道沈玄庐要退党,同样也是因为对陈独秀的不满,"不过我仍去劝了沈玄庐,他发了一顿牢骚,却表示愿意考虑党组织的挽留"。显然,茅盾代表党组织的劝说是有作用的。但是,茅盾是去浙江萧山找沈玄庐的,还是沈玄庐在上海时茅盾找到他的,茅盾回忆录中没有说。但从沈玄庐当时的活动状况看,他在杭州萧山的可能性较大。

图 1-13 邵力子与沈玄庐像

我们党建立之初,人员的变动很快,党的组织结构也在适应形势的过程中不断变化。1923 年 9 月初,中共上海地方兼区执委召开会议,重新调整改组。因为邓中夏已选为团中央书记,无暇兼顾中共上海地委的工作;王振一、甄南山也因调动工作而辞职;张国焘离开上海去北方,也要辞职——7月份刚刚选出的执行委员和候补执行委员,现在有一半要离开。这次会议上,增选了王荷波、徐白民为执委,瞿秋白、向警予、林蒸为候补执委。调整后的上海地方兼区执行委员会的执行委员为徐梅坤、沈雁冰、王荷波、徐白民、顾作之;候补执行委员为郭景仁、瞿秋白、向警予、林蒸。由此分工也有调整,王荷波为委员长,沈雁冰为秘书兼会计。原先由沈雁冰负责的国民运动改由徐白民、顾作之负责;劳动运动改由王荷波(兼)、徐梅坤负责。"秘书兼会计"实际上是主持日常工作,是个十分繁忙的岗位。而且,虽然革命工作是秘密进行的,但还十分活跃,党组织的活动非常多。比如在开展十月革命纪念活动时,党组织派定沈雁冰与陈独秀、瞿秋白、刘仁静、施存统等各写一篇纪念文章,并在上海大学召开纪念会,还要去工厂门口散发传单等等。据说茅盾因为太忙,后来的纪念文章也没有写。

当时,茅盾已是上海地方共产党组织的中坚力量,为大家所认可。据说,1924年1月13日,上海地方兼区执委会的会议上进行改选,茅盾以最高票当选执委。4月,中共中央决定,中共上海地方兼区执行委员会改组为中共上海地方委员会。经过茅盾等人几年的努力,商务印书馆的党员、团员队伍发展十分迅速。据说,此时商务印书馆党员、团员已有30多人。从茅盾加入共产党，到1925年5月商务印书馆成立中共党支部，只有短短几年时间。商务印书馆的党支部书记，先后由董亦湘、杨贤江和茅盾担任。1926年4月，茅盾离开了工作、生活和战斗十年的商务印书馆，党支部书记一职也就交给徐辉祖担任。

1924年上半年，茅盾因工作实在太忙，提出辞去兼区执委的职位。但他依然夜以继日地进行革命活动，并参加了五卅运动的实际领导工作。

五卅运动之前，茅盾几乎是以职业革命家的工作量来担当党的任务的，幸好当时商务印书馆内的编撰任务相对轻松。据《上海商务印书馆职工运动史》介绍说，五卅运动之前，商务印书馆编译所的沈雁冰、董亦湘、杨贤江三名共产党员，除了参加党的工作之外，还配合徐梅坤在商务印书馆职工中培养积极分子。他们常以到印刷所参观的名义，深入到全厂各部门接触工人，熟悉情况，和工人保持联系。为了工运工作的需要，他们还要在下班后重点帮助个别文化水平低的工人积极分子补习文化知识；有时还邀请一些工人积极分子晚上聚集到宿舍或自己家里，向他们讲解鸦片战争以来的帝国主义侵华史，并分析国内各派军阀割据的形势及其背后的帝国主义势力。经过对这些积极分子的几次教育，并在实际工作中进行考察，他们在商务印书馆发展了一批共产党员和社会主义青年团员。这是当时茅盾等人从事革命活动的实情。据柳溥庆的女儿柳伦同志讲述，当年她父亲柳溥庆和商务印书馆的一批党、团员，常常乘她爷爷不在家的时候到她爷爷家里开会，因为她爷爷家里宽敞，而且离商务印书馆也近。

图 1-14　1924 年上海商务印书馆部分同人欢送柳溥庆、张德荣赴法勤工俭学前合影

据 20 世纪 60 年代研究茅盾并采访过茅盾的学者翟同泰先生撰文介绍：当时商务印书馆支部的工作搞得有声有色，黄逸峰同志曾回忆，"那时商务印书馆的工作做得很好，工人觉悟很高，甚至还影响到张元济这班人。其他各工会都是跟着商务走，商务怎样做，其他工会也都怎样做"[1]。可见当时，茅盾、徐梅坤他们的工作是很有成效的。

1925 年 1 月，中共"四大"召开，根据"四大"精神，工人运动蓬勃地开展起来。同年 2 月 15 日，以商务印书馆和中华

---

1. 《茅盾研究》编辑部编：《茅盾研究》（第三辑），文化艺术出版社 1988 年 7 月版，第 358 页。

书局的工人为主，成立了上海印刷工人联合会，会址设在北浙江路华兴坊24号。徐梅坤被推选为主任委员，郑复他为总务科长，商务印书馆印刷所工人王景云、徐洪生、陈醒华及中华书局的工人毛齐华等十余人为委员。由此，商务印书馆的工人运动日渐发展起来。工人徐洪生还出席了共产党同年5月初在广州召开的第二次全国劳动大会。

1925年5月，上海反帝爱国工人运动发展得如火如荼。日本大班枪杀上海内外棉七厂工人顾正红事件，引起广大群众的极大愤怒，直接引发了震惊中外的五卅反帝爱国运动。5月24日，潭子湾沪西工人俱乐部前的空地上召开了全市性的追悼顾正红大会。此后，中共中央决定将工人的经济斗争发展成为反对帝国主义的政治斗争，并决定5月30日在上海租界内举行反帝示威活动，抗议日本帝国主义血腥镇压中国工人的罪行。可是，当5月30日下午学生和工人走上街头散发传单、宣传演讲时，英国捕头竟悍然开枪，当场死亡十余人，重伤多人，制造了骇人听闻的五卅惨案。5月31日，英租界当局宣布南京路戒严，但不畏强暴的上海工人和学生冒雨到南京路宣传、游行。根据党的指示，商务印书馆编译所的茅盾、胡愈之、叶圣陶等也到南京路参加游行示威活动。茅盾不仅是五卅运动的直接参与者，而且和陈独秀、蔡和森、李立三、恽代英、王一飞、罗亦农等同志一起，直接组织领导五卅运动。对五卅运动中的活动，茅盾在回忆录中用了相当篇幅进行记录：

五月三十日，工人、学生，从几路汇合在南京路。上海大学和其它大中学校的学生们的许多宣传队，沿路演讲，这就吸引了不少过路人，东一堆，西一堆，都大喊"打倒帝国主义"。南京路老闸捕房的巡捕大批出动，逢人便打，有人受伤，但示威的群众却不退却，而且巡捕的暴行也激怒了本来是看热闹的人，他们也加入了示威队伍，南京路交通断绝了。我与德沚，还有杨之华是同上海大学的学生宣传队在一起的，正走到先施公司门前，忽然听得前边连续不断的枪声，潮水般的人群从前边退下来，我们三人站不住，只好走进先施公司，随后又有几个学生模样、不认识的人，也进来了，其中一人愤怒地说："巡捕开枪了，岂有此理！"我和杨之华问详细情形，才知道：演讲队的人被捕了几个，都扭进老闸捕房，群众（主要是学生和工人）也涌到老闸捕房，大叫"放还我们的人！"果然放出了几个被捕的人，但接着，在捕房的甬道口，巡捕开了排枪，死伤者十多人。后来知道其中有上海大学学生，上大学生会执行委员何秉彝，当时他在喊"同胞快醒"，即被英捕用手枪抵住其胸口开了一枪，当即死了。交通大学的陈虞钦在群众中不及奔避中弹倒地，但尚未死，英捕头瞄准他再放一枪，于是气绝。

这时，先施公司的职员已经拉上了铁栅门。这是怕群众再进来。我们出不去，正在焦急，正好看见一个姓孙的小职员，是个青年团员，杨之华认识他，于是由他引路，从先施公司的后门走了。

当天晚上，我知道陈独秀、蔡和森、李立三、恽代英，以及上海地方兼区执委会负责人王一飞、罗亦农等在闸北宝兴里开会，决定发动全市的罢市、罢工、罢课运动。又拟定要求：租界须承认此次屠杀的罪行，负责善后；租界统治权移交上海市民；废除不平等条约如帝国主义各国在中国的领事裁判权等；撤退驻在中国各地的外国军队。至于行动计划，是立即组织上海总工会，并由上海总工会、全国学生总会和上海学生联合会、上海总商会和各马路商界联合会共同组织工商学联合会，为此次运动的领导中心。又决定罢市，目的是要断绝在沪外国人的供应，对一般中国市民照常供应；罢工不波及中国资本家开办的工厂，公用事业如自来水公司、电力公司不罢工。上海总工会临时办事处设在闸北天通庵路一个弄堂房子里，三十一日开始办公。

……

规模更宏大、组织更严密的大游行，在五月三十一日上午开始了。我和德沚已接到"十二点钟出发，齐集南京路"的通知。住在我们隔壁（顺泰里十二号）的杨之华也来了。我们三人闲谈，互相开玩笑：一个说，今天可能要挨自来水的扫射（这是说巡捕用很长的救火车用的皮管，向群众喷射自来水）；一个说，那可要穿了雨衣去；第三个说，偏偏不穿雨衣，也不带伞，显示我们什么都不怕的精神。

我们到南京路时，先施公司的大钟正指着十二点三十分。马路两旁的人行道上已经攒聚着一堆一堆的青年学生和工人。这时，自来水没有扫射过来，天却下雨了。雨越来越大，我们三人在雨里直淋。我们沿马路往东走了百余步，看见二、三个小队的女学生正散开到各店铺内演讲。德沚和杨之华也立刻加入演讲队。她们刚走到第十三或第十四家商店去讲演的时候，忽然咭令令的铃声在马路那边响起来了，随即有四、五辆自行车从西向东而去。骑自行车的人一路散发的小传单在风雨中飞舞。这是聚集的信号，出发的信号。立刻，攒聚在人行道上的青年们开始把带在身上的小标语条子贴在沿马路的商店的大玻璃橱窗上。从横街小巷里出来的一队一队的学生和工人都分布在南京路一带，也都把小标语条子贴在商店橱窗的玻璃上。这些标语是：援助工人，援助被捕的工人和学生，收回租界，取消印刷附律，打倒帝国主义等等。有好几队的三道头（指英籍捕头）和印度籍巡捕拔出手枪，挥舞木棍，驱逐群众，撕去标语条子；但是他们刚赶走了面前的一群，身后的空间早又填满了群众；刚撕去一张标语向前走了几步，第二张标语早又端端正正贴在原处。终于，他们动用自来水龙头了，但是满身湿透的群众愈来愈多。永安公司的屋顶花园的高塔上忽然撒下无数的传单，趁风力送到四面八方。群众热烈鼓掌。沿马路商店楼上的窗洞里都有人头攒动，阳台上也挤满了，都在鼓掌，高呼口号。

快近三点钟时,一队骑马的"红头阿三"(即印捕)向群众冲来,马路中间的群众象潮水似的涌向两旁,站在先施公司(这一天,群众一上街,先施公司就拉上了铁栅门)门前的我们三人被这人群一冲,也落荒而走;走了丈把路,我回头一看,两个同伴不见了。此时,自行车队又来了,命令是"包围总商会"。我事先知道,要去包围总商会的,极大多数是妇女。我就回家去了。直到傍晚,德沚回来了,她兴高采烈地叙述她的"战绩"。原来她和杨之华也被人群冲散,她一人直奔天后宫上海总商会。天后宫是一座庙,不知是根据什么条款,在天后宫围墙内,中国有"治内"法权,外国巡捕不能进去,市总商会就设在里面。德沚看见已有许多女学生和女工聚集在天后宫戏台前的空地上,随后越来越多,把这空地挤满了。她跟着大家喊口号:不宣布罢市,我们不回家。女学生把守着一道一道的门儿,只准进,不准出。总商会的先生们被包围着,他们在里边的小阁里正和上海学生联合会的代表、上海总工会的代表(李立三)、各马路商界联合会的代表,谈判罢市的事。三方面的代表的话语越来越激烈,总商会的副会长方椒伯仍然犹豫推诿。这样争吵到天黑,外面群众喊口号的声音越来越高,在阁子里也听得很清楚。在这样的内外交攻下,方椒伯终于签字,同意罢市。[1]

---

1. 茅盾:《我走过的道路》(上),人民文学出版社1981年10月版,第260—264页。

此时的茅盾直接站在了五卅运动最前线，他根据中共的部署，6月4日与侯绍裘、韩觉民、周越然、丁晓先、杨贤江、董亦湘等30余人，发起上海教职员救国同志会；6日，茅盾与杨贤江、侯绍裘公开发表谈话，进一步推动五卅反帝爱国运动向纵深发展，期间，茅盾亲自草拟决议，起草宣言。6月中下旬，教职员救国同志会在中华职业学校举行讲演会，其中，茅盾演讲的题目是"'五卅'事件的外交背景"。

当时，党中央针对上海各报皆不能据实报道"五卅"的情况，决定在6月4日出版《热血日报》，由瞿秋白主编，而商务印书馆则出版《公理日报》，二者成为五卅运动中的两大主要传播媒体。茅盾回忆录中有一节专门回忆《公理日报》的文字，十分珍贵：

《公理日报》是六月三日创刊，上海学术团体对外联合会主编。这个联合会包括少年中国学会、中华学艺社、文学研究会、太平洋杂志社、孤军杂志社、醒狮周报社、上海世界语学会、妇女问题研究会、中国科学社上海社友会等十一个团体。此十一个团体的成员中，如中华学艺社、孤军杂志社是一派，中心人物是商务印书馆编译所的陈慎侯[1]、郑心南等，在十一个

---

1. 陈慎侯1922年去世，茅盾回忆录中记述他与郑心南为当时中华学艺社、孤军杂志社一派的中心人物，似有出入。

团体中可以说是中间偏左的；太平洋杂志社、中国科学社上海社友会也可以归属到中间偏左，但是他们不敢提打倒帝国主义的口号。醒狮社是国家主义派，是右派。文学研究会、上海世界语学会（胡愈之是此学会的会员）、妇女问题研究会，可以说是左派。虽然名义上是十一个学术团体联合主办，实际的编辑工作却落在商务印书馆编译所中的文学研究会会员身上。编辑部就在宝山路宝兴西里九号郑振铎的家里。王伯祥管发行，就在郑家门前同蜂涌而来的报童打交道。当时此报每份定价铜元一枚。

《公理日报》创刊号有上海学术团体对外联合会之宣言，除提出对英人之要求六条外，余皆驳斥工部局于"五卅"惨杀工人、学生后所称"此乃误伤"。六条要求如下：一、收回全国英租界；二、英政府向中国道歉；三、立刻释放被捕学生；四、要求英政府惩办肇事捕头及巡捕，西捕头爱伏生及其他凶手，一律抵偿生命；五、要求优恤死者；六、要求赔偿伤者损失。最后谓，"欲使吾人要求之有效，惟有同时进行下列之三种办法：一、全国实行排斥英货；二、凡在英国私人或机关中服务者，一律退出；三、全国不售任何物品与英国人。"

《公理日报》揭露上海各报之不敢报导"五卅"惨案真相，尤其是《申报》、《新闻报》、《时报》之媚外言论，上海银钱业之私下接济外国银行，等等，甚为激烈，此在左、中、右三派混合之学术团体联合会中，惹起右派之反对，中间派之不安；

然因编辑实权操在文学研究会在沪会员之手（亦即商务印书馆编译所一些重要编译员，其中有好些共产党员），右派及中间派无可奈何。

《公理日报》之创刊，商务印书馆当权者曾暗中给予经济上之支持，此是动用公司的公款的。此外，张菊生、高梦旦、王云五每人亦各捐一百元。各发起团体及个人亦有捐助。但商务印书馆不肯承印此报。六月二十四日《公理日报》之停刊宣言谓：不得不停刊之原因，一、每日印一万五千份至二万份的印刷费约八十元，而售报收入只三十元，捐款也已用完；二、能承印本报不过二三家小印刷所，现在他们受到压力，也不肯再承印了。

《公理日报》停刊号上还有"本报同人特别启事"，说是打算筹集资金十万元乃至数十万元，办个日报，或仍名《公理日报》，或另换名字，同情者如要投资，请寄宝山路宝兴西里九号。但是这件事没有成功，资金是一个原因，人手不够也是一个原因。[1]

据有关史料，"公理日报"四个字是叶圣陶写好后制版的，整个报纸八开大小，共四版。茅盾这里披露的商务印书馆高层张元济、王云五、高梦旦三人每人各捐一百元支持五卅运

---

1. 茅盾：《我走过的道路》（上），人民文学出版社1981年10月版，第271—273页。

动的佚事十分珍贵。据说当时捐款时，不用真名，而用张先生、王先生、高先生的名义暗中支持。《公理日报》从6月3日创刊，到6月24日停刊，共出版22期，时间虽短，但在中国报刊史上却不可忽视。它伸张了正义，为五卅运动做出了贡献，同时也为商务印书馆以后的革命活动起到了积极的推动作用。

  1925年冬，茅盾被上海选为出席广州国民党第二次全国代表大会的五人代表之一。在商务印书馆成长起来的茅盾，此时有机会去广州这个革命中心接触和结识中国革命的精英人物。除了原来见过面的毛泽东之外，茅盾还在会上认识了当时如日中天的汪精卫，也认识了蒋介石、陈延年等一大批革命精英。会议结束之后，茅盾留在国民党中央宣传部，担任了仅次于部长的宣传部秘书，而当时的代理部长是毛泽东。所以，茅盾曾与毛泽东在广东一起共事，从事革命活动。后来"中山舰事件"发生之后，茅盾回到上海，好友郑振铎悄悄来到茅盾家里，告诉茅盾，他去广州参加国民党第二次全国代表大会后，上海的军警部门专门到商务印书馆来找过他几次。商务印书馆告诉他们，沈雁冰已经不在商务印书馆了。因此，郑振铎让茅盾在上海注意安全。当时，茅盾从广东回来，正好有许多工作要做，其中之一是完成毛泽东布置的办报任务，人员、经费已经落实，茅盾需要尽快去办。于是，茅盾通过郑振铎正式向商务印书馆辞去编辑职务，以便全身心地投入到中华民族的解放运动中去。据说，商务印书馆当局知道无法挽留茅盾，便给了茅盾一笔丰厚的退职金，给茅盾在商务十年的工作和生活画上了一个圆满的句号。

这一年，茅盾30岁。

第三节 　从幕后到台前——茅盾与商务的罢工运动

1925年，注定是上海的工人运动年。

5月，震惊世界的五卅运动让上海这个东方大都市涌起一波又一波的反帝爱国浪潮。茅盾作为中共中央联络员，作为上海地区党组织的负责人之一，直接参与和领导了五卅运动，积累了组织和领导大都市工人运动的经验。

1925年，也注定是商务印书馆的多事之年。

这一年，商务印书馆经历了两次罢工，商务印书馆工人阶级的政治觉悟和经济地位得到了提高。而茅盾作为商务印书馆的第一个共产党员，则是1925年商务印书馆第一次罢工的实际领导者和组织者，在上海工人运动史上留下了光辉的印迹。

五卅运动被历史学家比喻为洪流，影响了上海的各行各业，商务印书馆作为文化出版机构，受到的影响尤其之大。按照茅盾的说法："'五卅'运动在商务印书馆的影响之一是成立了工会。六月二十一日上午八时借虬江路广舞台开成立大会，到会者数千人。会上选出执行委员二十三人，上海印刷工人联合会派代表到会演讲。商务印书馆工会包括商务印书馆的总务处（最初称总管理处）和发行、印刷、编译三所。"[1] 其实，商务印书馆工会组织的成立，是中共有组织、有计划的一个步骤。五卅运动结束后，上海的反帝运动浪潮渐趋低落，但五卅运动把工人发动起来了，工人的政治觉悟得到空前提高。而工人阶级利益诉求的实现除了罢工之外别无他法。因此，成立工人阶级自己的工会成为五卅运动的成果之一。商务印书馆在1925年6月21日成立的工会，也是五卅运动之后应运而生的，大会推选出王景云等23人组成执行委员会。

据《商务印书馆董事会议簿》记载，五卅运动还在轰轰烈烈进行之时，6月5日商务当局召开特别董事会议，内部研究怎样应对外界要求罢工的事项。会议决定由总务处"相机应付"，"万不得已时暂时停工"。可见，商务印书馆当局对五卅运动给自己带来的影响是早就有预案的。

---

1. 茅盾：《我走过的道路》（上），人民文学出版社1981年10月版，第280页。

就在商务印书馆工会成立之后的第三天，即6月23日，商务印书馆召开第306次董事会议，认捐一万元，帮助在五卅运动中失业的工人，款项由商务印书馆的五卅事件后援会支配。[1]但是，到了7月6日，商务印书馆又碰到一件棘手的事，工部局电厂切断一些公司企业的电源，威胁上海企业不准其支持五卅运动，商务印书馆也在其中。所以，商务印书馆张元济感叹"此间罢工事至今未了，敝公司所用电力已被租界工部局停止，甚为困难。现已自设发电机，约一礼拜后可以发动，不知能否合用，又不知彼时大局如何。吾辈在此，真如巢幕之燕"[2]。在这场运动中，商务高层一方面为民众的反帝爱国热情所感染，另一方面也为自己公司的处境担心。

8月10日，中共中央发出《告工人、兵士、学生》，提出为避免"孤军独进"，呼吁大家既要有组织地罢工，也要有组织地复工，将总罢工转向局部的经济斗争，并把商务印书馆作为党发动局部罢工的重点之一。茅盾在回忆录中说："商务印书馆罢工是党发动的，意在重振'五卅'运动以后被压迫而渐趋低潮的上海工人运动。党中央派了徐梅坤在罢工委员会内组织临时党团，实际领导罢工斗争，我也参加了临时党团。当时商务印书馆的党的组织由我和杨贤江负责，发行、印刷、编译三所

---

1. 张树年主编：《张元济年谱》，商务印书馆1991年12月版，第254页。
2. 同上。

都有共产党员（编译所最多），商务印书馆的总务处也有与三所的共产党员有联系的人。"[1]

徐梅坤当时与茅盾同在上海地方兼区执委担任领导工作，并且同在一个党小组内。徐梅坤虽然不是商务印书馆中人，但他是上海印刷总工会的负责人，所以党中央派他参与组织和领导商务印书馆的罢工斗争。而徐梅坤为商务印书馆罢工而组建的临时党团，主要由沈雁冰、丁晓先、杨贤江、廖陈云[2]、章郁庵、邬家良、王景云、徐新之等十余人组成，徐梅坤为书记，同时还有上海印刷总工会秘书长郑复他协助。

在中共党组织的领导下，临时党团人员在工人中间秘密酝酿和动员，包括在中、低级职员和学徒中串联发动。1925年8月20日晚，罢工临时党团以"五卅"宣传队的名义，在天通庵路德兴里三民学校内秘密召集商务印书馆"三所一处"40多名党团员和积极分子召开会议。茅盾和徐梅坤等参会并与大家商量了罢工策略，按照实际情况，讨论如何有组织、有领导地

---

1. 茅盾：《我走过的道路》（上），人民文学出版社1981年10月版，第281页。
2. 即当时在商务印书馆做店员的陈云。陈云两岁丧父，四岁丧母，六岁时外祖母去世。他和年长两岁的姐姐陈星由舅父廖文光抚养长大。廖文光为了实现母亲的遗愿，把外甥陈云作为自己的儿子，改名廖陈云。陈云回忆幼年这段经历时说："我的真名叫廖陈云，但是廖也还不是我真姓，是舅父的姓，我自己家里姓陈。那时舅父没有儿子，要把我作儿子，所以就姓廖。我是江苏省青浦县章练塘镇的人。"参见毛伟丽：《"我的真名叫廖陈云"》，http://www.cyjng.net/Default.aspx?tabid=86&ctl=Details&mid=445&ItemID=627&SkinSrc=[L]Skins/cyjng/cyjng1&language=zh-CN，2015年2月22日。

进行罢工，以及罢工的方法和步骤。会议决定选择秋季教科书的销售旺季作为罢工的时间，如果馆方态度顽固，罢工时间延长，那么商务印书馆势必在经济上遭受巨大损失，这个时间节点是确保罢工胜利的一个有利因素。但是，世上没有不透风的墙，茅盾记得：密谋罢工，要求加薪之事，"已为商务当局侦知"，所以商务印书馆"即于二十一日在发行所出一布告，大意谓本年内因种种影响，本馆所受损失甚大，现当秋季开学，正是各书店营业旺盛之时，请职工勤勉从公，公司同人应同舟共济，休戚相关云云；同时由发行所副所长郭梅生召集发行所各部主任谈话，口头允许每年酌提十万元作为加薪之用（即约加薪一成）。职工对此当然不满意"[1]。

当天晚上，廖陈云主持召开发行所工人运动积极分子会议，会议地点开始设在天通庵路三民学校，后因军警干涉，临时易地数次。最后会议在青云路上海大学附属中学召开，到会168人，直到22号凌晨才结束。会议提出复工条件12项及职工会章程草案、罢工宣言等，推举廖陈云为委员长，并选出临时委员15人，有赵耀全、章郁庵、徐新之、孙琨瑜等。同时写信给30多个分馆的职工，要求声援，采取一致行动。

8月22日上午10时，廖陈云命令关上河南路发行所的铁门，并将各部门的钥匙统一收集起来，宣布任何人不得开门。

---

1. 茅盾：《我走过的道路》（上），人民文学出版社1981年10月版，第282页。

同时在发行所四楼食堂召开400余人的职工大会,由章郁庵报告罢工的有关事项,公布这次罢工的原因。一是薪金太薄,不足20元的职工占75%,因薪金微薄而不能携带眷属者占95%;学徒初期月薪只有两元,三年后加满五元,升为职员;职员满五年,薪金也不过15元至20元。二是工作时间太长,职员平均每日需13小时,工友需14小时以上。三是待遇不公,馆内每年分配花红,总经理、经理及公司高级职员,有几万或几千元之多,普通职员只十余元或数十元不等。廖陈云等人的号召得到发行所职工的热烈响应,由此拉开了商务印书馆罢工斗争的大幕。

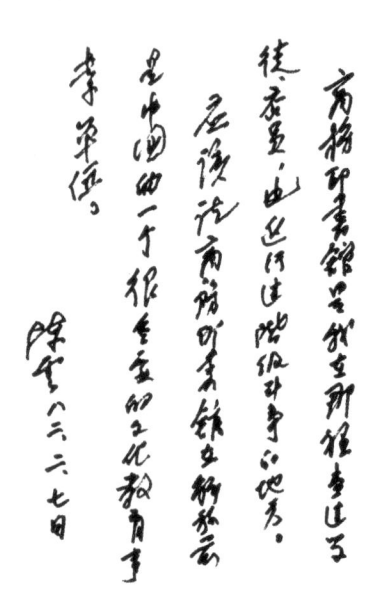

图1-15 1982年,陈云为商务印书馆建馆85周年题词

根据徐梅坤、茅盾的部署，发行所罢工后，廖陈云、徐新之、谢庆斋等人立刻到宝山路印刷所活动。中午12时，印刷所工会立即响应，关闭了总厂大门。总务处也接着响应，开始罢工。而茅盾亲自起草的《罢工宣言》也已在商务印书馆职工中传播开来：

我们很抱愧，在这风雨飘摇的时局中，为了我们自己的生活上的苦痛，走进这条路，我们尤其是抱愧，在这二十世纪的新时代，在这号称东方最高文化机关里面，遇着不能忍受的生活上的苦痛，使我们走进这条路，果然，劳资之争，在共和政体之下是不成问题的了，但我们能够勉强苟且的生活着，谁还喜欢走进这条路呢，"急不暇择"情岂得已，我们的工作的辛苦，实非笔墨所能描写，而时间的冗长，亦非一般人所能意料的，早上八点钟开市，七点钟已经在路上跑了，晚上七点半闭市，八点钟我们还喘喘地在马路上走，如果迟到一分，或者是早走一刻，也要在薪水项下扣除，这种超过十二小时的工作，这种一分一刻的扣算，在先进的欧美，果然是没有的了，是在落后的中国，也是"绝无仅有"的吧，工作既苦，时间又如此冗长，精神自然不济的了，偶有错讹，曾不稍加原谅，当大众广座之间，立即申斥，甚而至于开除，更有进者，开除后的皇皇然，"枪毙盗犯"式的通告，露布在大众面前，这是如何难堪的事实，其漠视职工之人权，又为如何，薪水的微小，说来真也可怜，其不足十元及十元上下实占百分之七十五，有在三四年前十余元而到现在还是十余元者，年来上海之生计的高涨无不数倍于此，区区之数，果然难以"赡养家室"，即个人在今日之上海的生活，亦岂再能敷衍，我们每每思及，无不"疾首痛恨"，馆中亦每年有所谓花红者，在几个当局，确实可以称为花红，（例如经理月薪三百元，而年得花红二三万元），在我们薪水小者，却也可叹，（月薪十余元者，仅年得花红十余元，甚有不足薪水一月者）这种百与一之比的不平等分配，真不知从何说起，当局对于同人的集会结社戒备之严，真是不可思议，而其压迫同人个人行动，亦无所不用其极，他们一方面用各种部主任为压迫同人的工具，一方面使他们的爪牙暗探来窥察同人的行动，一被觉察，便可借故辞退，在资本制度之下，此种现象，亦许是普遍的，但剥削同人集会自由的手段之狡猾，有如商务者，也许是少见的了，我们的工作和时间既如此之辛苦而冗长，我们的人权和自由既如此之被漠视被剥削，我们的职业是如此之危险，我们的生活是如此之苦闷而悲惨，在当局者早已视我们作牛马了，视我们作奴隶了，我们在这重重压迫的黑暗中，实在忍无可忍了，我们感觉到改进生活，减少工作时间，保障人权和集会自由等等之必要，知道组织工会之刻不容缓，现已集议定章，正式成立职工会，我们既负担这种种使命，凡我职工们，应绝对服从本会，听本会之指挥，积极奋斗，以求胜利，现本会已议决于八月二十二日起，宣告罢工，以议决之十一项要求为复工条件，在罢工期限内，同人须极力镇定，遵守秩序，绝不可有越规之行动，致贻人口实，我们愿共遵此旨，作有秩序的奋斗，得最后的胜利，特此郑重宣言。

八月二十二日[1]

在这一宣言的鼓动下，8月23日下午3时，4000余名职工齐聚在俱乐部前的广场上举行大会，听取罢工执委会的复工条件，职工情绪十分高涨。24日，编译所职工也一致决议参加罢工。当天下午，召开罢工联席会议，"三所一处"的罢工骨干——印刷所的王景云、邬家良、陈醒华、陈怀得；发行所的徐新之、孙琨瑜、章郁庵、马卫群；编译所的郑振铎、丁晓先、沈雁冰；总务处的乐诗农、黄雅生——共同商讨修订复工条件，最后由茅盾拟成正式谈判的文件。

---

1. 此罢工宣言刊于1925年8月25日《申报》。经考证，为茅盾起草。

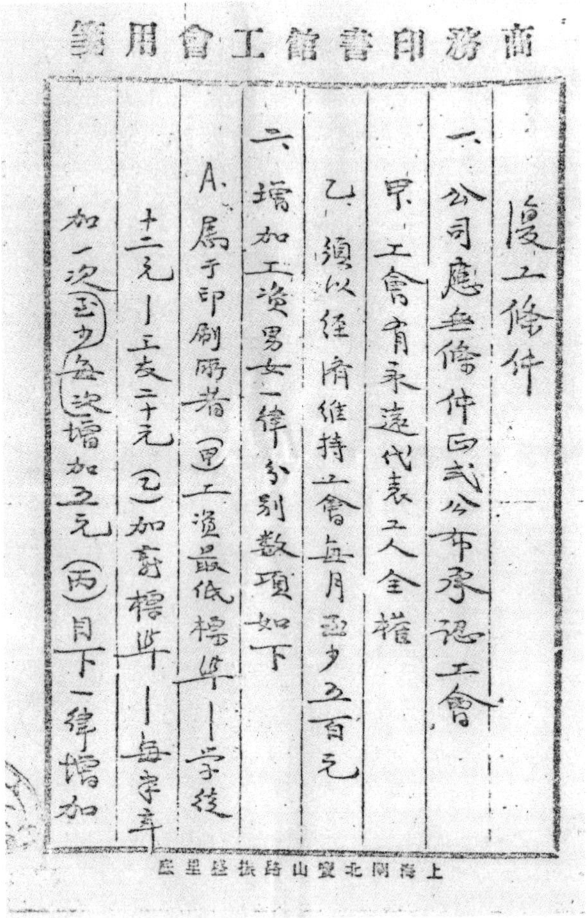
商務印書館工會用箋

復工條件

一、公司應無條件正式公布承認工會

甲、工會有永遠代表工人全權

乙、須以經濟維持工會每月至少五百元

二、增加工資男女一律分別數項如下

A、屬于印刷廠者（甲）工資最低標準——学徒十二元——工友二十元（乙）加薪標準——每年加一次至少每次增加五元（丙）目下一律增加

上海閘北寶山路

图 1-16-1　由茅盾手书的罢工执委会修订复工条件（一）

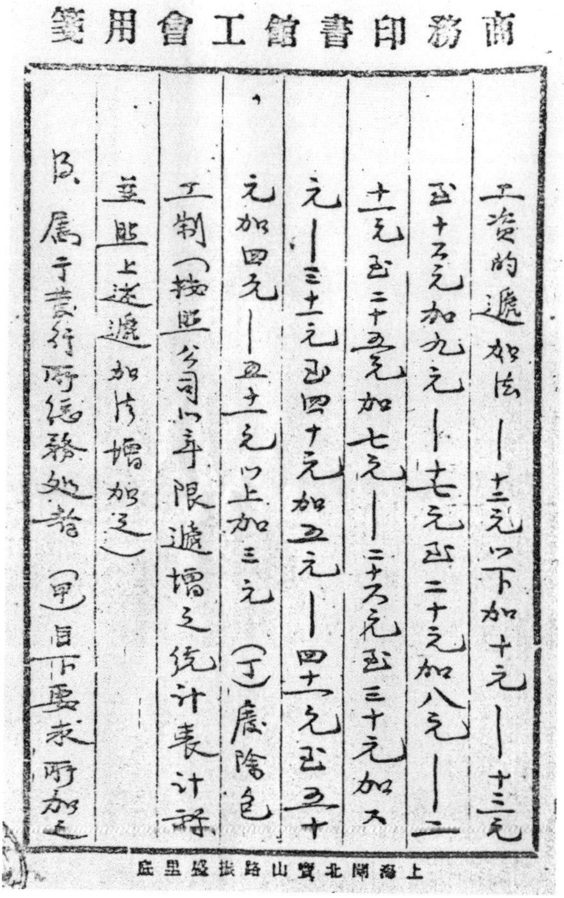

商務印書館工會用箋

工資的遞加法——十三元以下加十元——十三元
至十三元加九元——十七元至二十三元加八元——二
十元至二十五元加七元——二十五元至三十元加
六元——三十元至四十元加五元——四十元至五十
元加四元——五十元以上加三元（丁廉隆包）

工制（按照公司八年限遞增之統計表計算）

並照上述遞加辦法增加之

又屬於發行所總務處者（另目下要求所加之

图 1-16-2　由茅盾手书的罢工执委会修订复工条件（二）

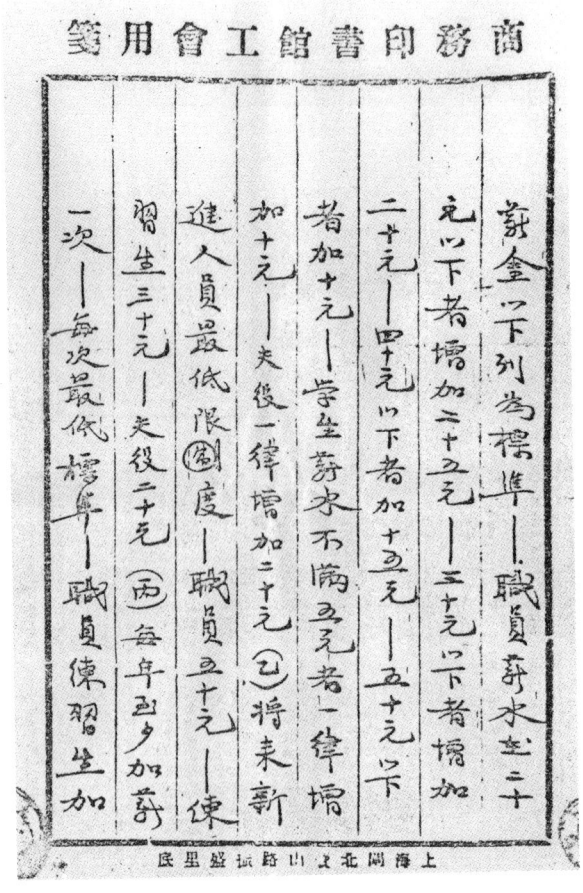

图 1-16-3　由茅盾手书的罢工执委会修订复工条件（三）

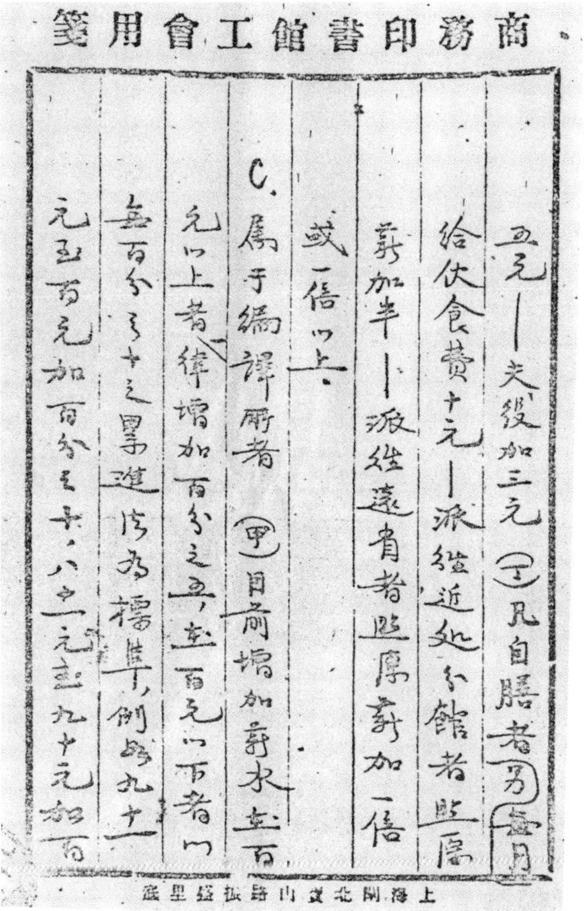

商务印书馆工会用笺

五元——失役加三元 (上) 凡自膳者，另每月
给伙食费十元——派往近处不馆者照原
薪加半——派往远者照原薪加一倍
或一倍以上.

C.属于编译所者 (甲)目前增加薪水至百
元以上者律增加百分之五，至百元以下者加
每百分之十之累进作为标准，例如九十
元五百元加百分之三十，八十元至九十元加百

上海闸北宝山路振经里底
图1-16-4 中茅盾手书的罢工执委会修订复工条件（四）

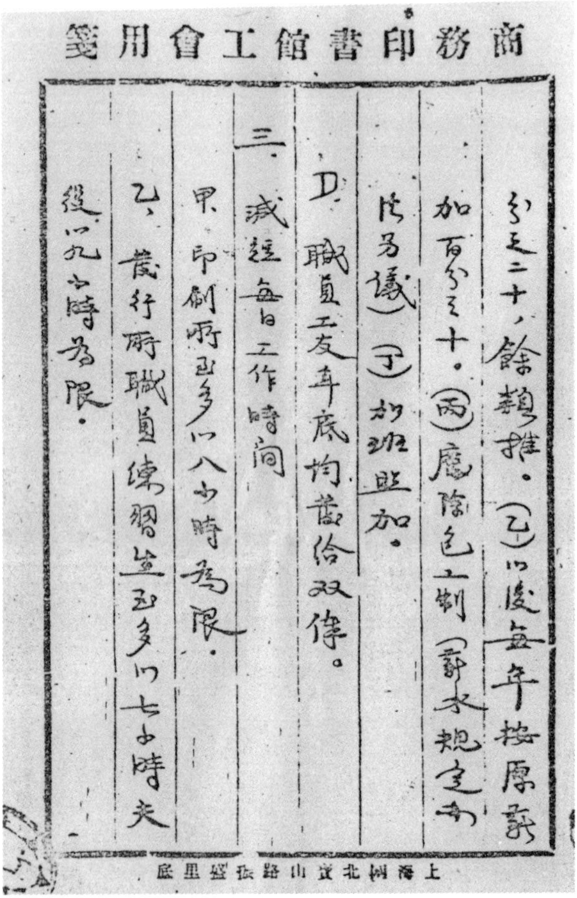
商務印書館工會用箋

分之二十，餘類推。（乙）以後每年按原薪
加百分之十。（丙）應除包工制（薪水規定者
除另議）（丁）加班照加。
D. 職員工友年底均發給雙俸。
三、減短每日工作時間
甲、印刷所至多以八小時為限。
乙、發行所職員練習生至多以七小時夫
後以九小時為限。

上海閘北寶山路振盛里底

图 1-16-5　由茅盾手书的罢工执委会修订复工条件（五）

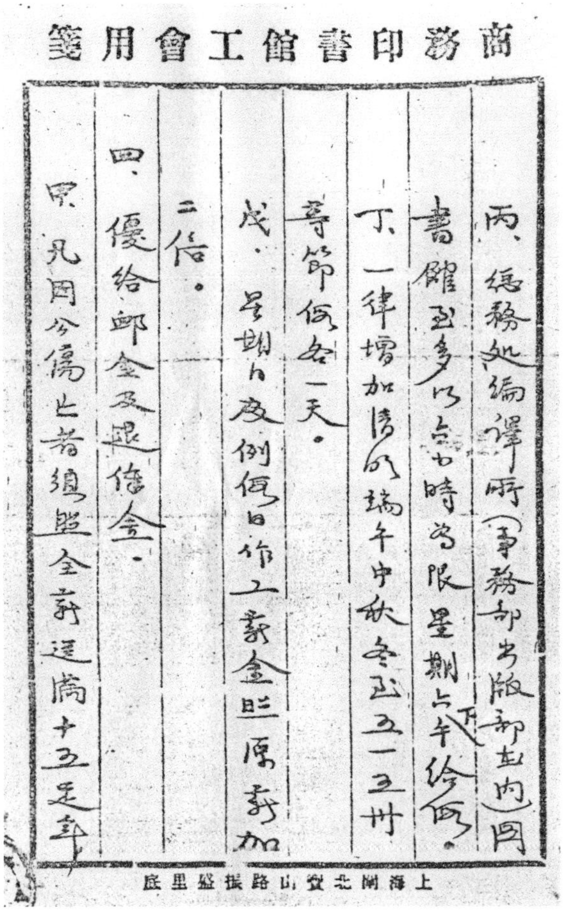
商務印書館工會用箋

丙、總務處編譯所（事務部出版部在內）圖書館至多以六七時為限星期六下午給假。

丁、一律增加請假端午中秋冬至五一五卅等節假各一天。

戊、星期日及例假日作工薪金照原薪加二倍。

四、優給卹金及退俸金。

己、凡因公傷亡者須照全薪送滿十五足年

上海閘北寶山路振盛里底

图 1-16-6 由茅盾手书的罢工执委会修订复工条件（六）

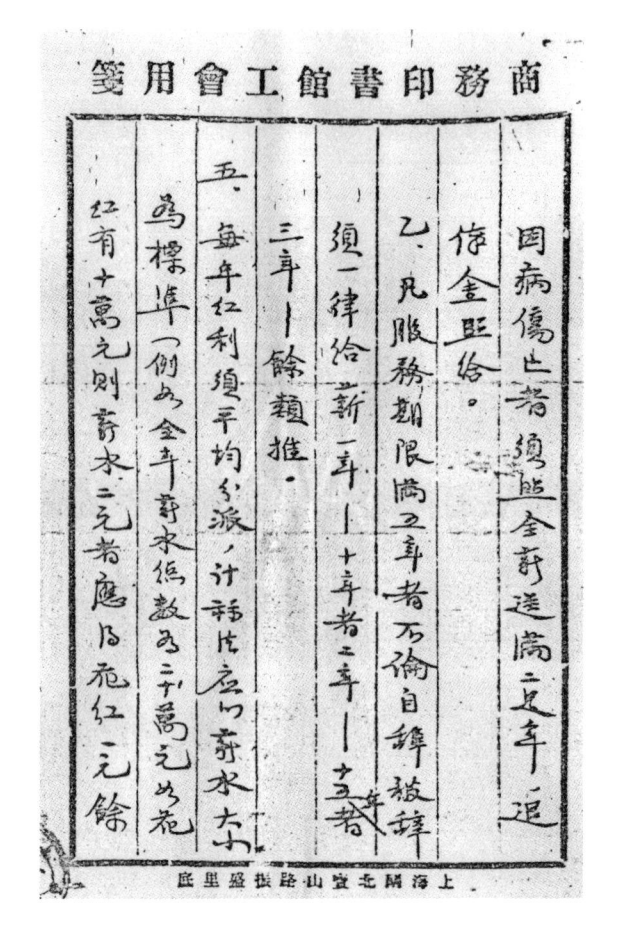

图 1-16-7　由茅盾手书的罢工执委会修订复工条件（七）

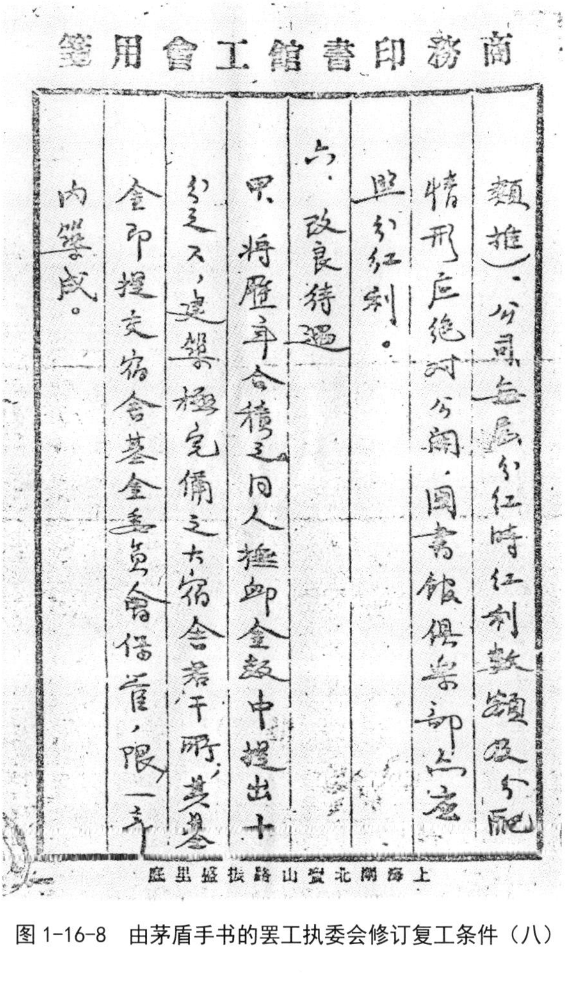
商務印書館工會用箋

類推）。公司無派分紅時紅利數額及分配情形應絕對公開。圖書館俱樂部亦應照分紅利。

六、改良待遇

甲、將歷年公積之同人撫卹金數中提出十分之五，建築極完備之大宿舍若干所，其基金即提交宿舍基金委員會保管，限一年內竣成。

上海閘北寶山路振盛里底

图 1-16-8 由茅盾手书的罢工执委会修订复工条件（八）

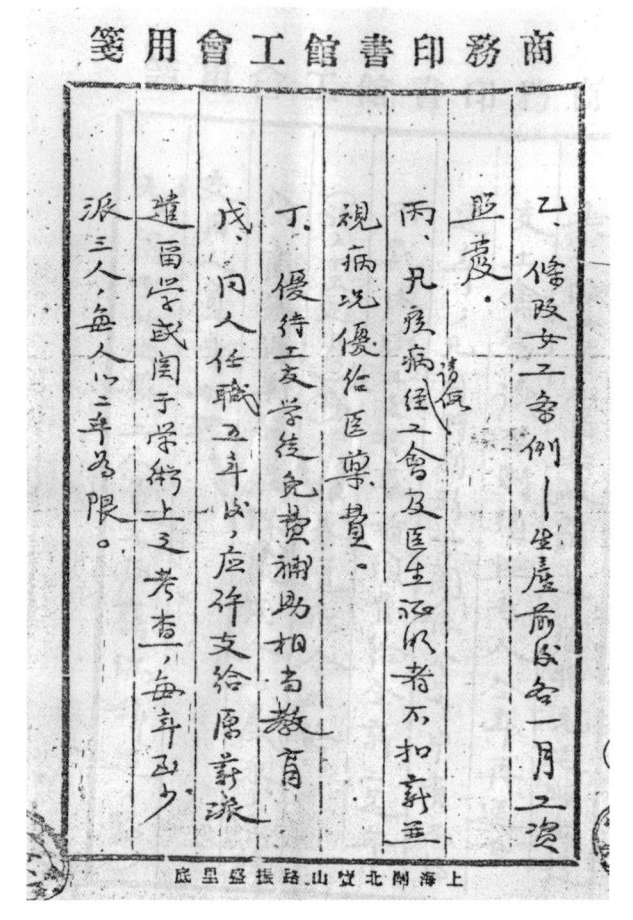

乙、修改女工条例——坐蓐前后各一月工资照给。

丙、凡疾病休息者，读经工会及医生证明者不扣薪至视病况优给医药费。

丁、优待工友学徒免费补助相当教育。

戊、同人任职五年以上，应许支给原薪派遣留学或国内学术上之考查，每年至少派三人，每人以二年为限。

图1-16-9　由茅盾手书的罢工执委会修订复工条件（九）

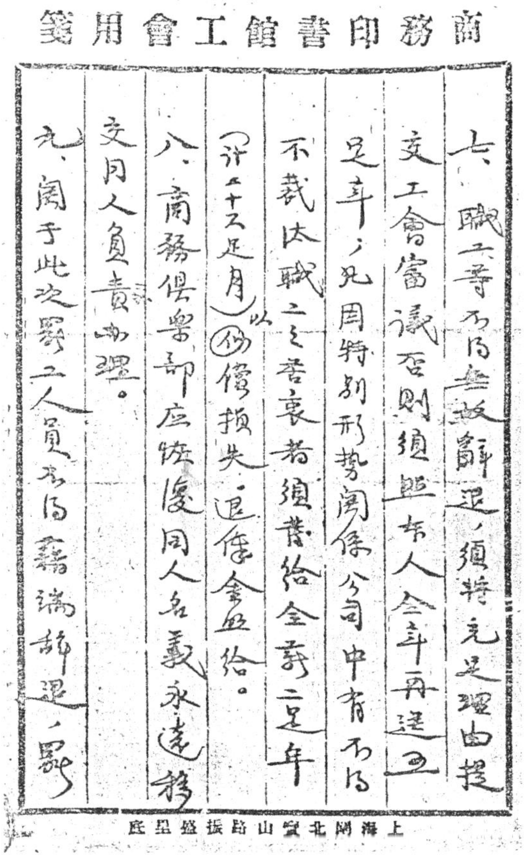

商務印書館工會用箋

七、職工等不得無故辭退，須將充足之理由提
交工會審議，否則須照本人全年再送四
足年；死因特別形勢關係公司中有不能
不裁減職工之若衷者須發給全薪至年
（計三十五足月）之償損失，迨係金五給。

八、商務俱樂部應恢復同人名義永遠修
交月人負責辦理。

九、關于此之罷工人員本局嘉瑞辭退，即

上海閘北寶山路振盛里

图1-16-10　由茅盾手书的罢工执委会修订复工条件（十）

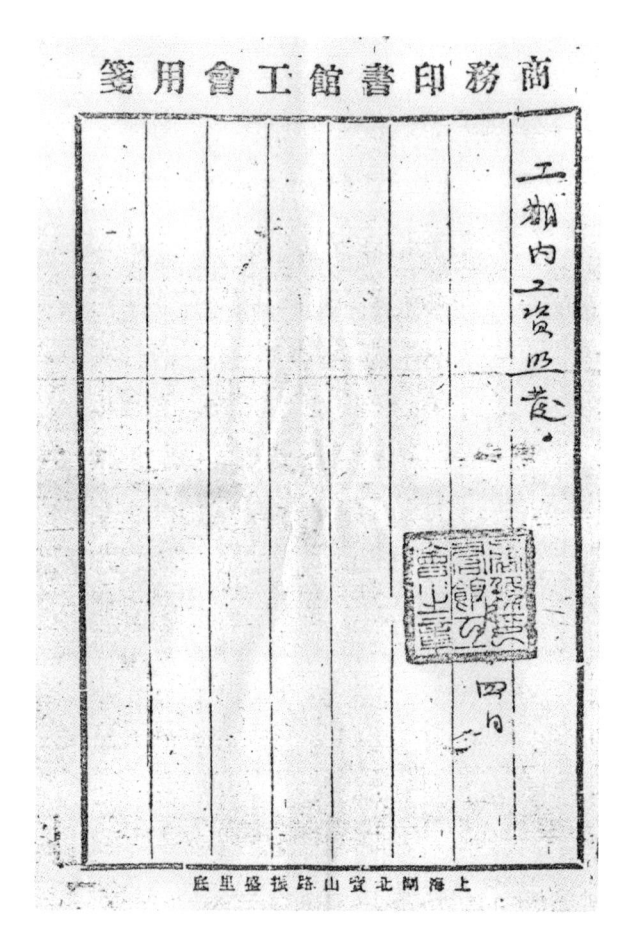

图 1-16-11　由茅盾手书的罢工执委会修订复工条件（十一）

复工条件 12 条经联席会议通过后，罢工委员会立刻与商务印书馆当局进行谈判。劳资双方在总务处会客室进行第一次谈判。资方出席者为张元济、鲍咸昌、高翰卿、高梦旦、王显华、王云五；劳方代表为沈雁冰、章郁庵、徐新之、孙琨瑜、王景云、陈醒华、邬家良、陈怀得、冯一先、乐诗农、郑振铎、丁晓先等12人。劳方提出，如果资方不答应12条复工条件，决不复工；而资方态度也十分强硬，提出必须先复工后谈判。这一态度引起劳方代表的强烈不满，认为"从无此例"。因此，8月24日下午，劳资双方的第一次谈判不欢而散，并没有结果。

商务印书馆的罢工斗争立刻引起社会的关注，获得了广泛的舆论声援。因为学校开学在即，教科书需求突出，而当时商务印书馆在教科书领域占据无人可望其项背的地位。商务印书馆的职工一罢工，教育界乃至整个社会深受其影响。此时，上海总工会、上海总商会、上海各马路商界联合会、上海学生联合会等六个团体闻讯后，立即成立了商务印书馆罢工后援会。上海学生联合会出面给商务当局施加压力，认为"学校开学在即"，"贵馆急生意外，影响我学界菲浅"。一切都在徐梅坤、茅盾等的预料之中。

8月25日，"三所一处"罢工代表在商务印书馆俱乐部弹子房召开秘密会议，讨论建立中央执行委员会，以便进一步组织商务印书馆罢工斗争，统一协调罢工事权。会上决议：建立罢工中央执行委员会，委员13人，即印刷所王景云、张守仁、邬家良、胡允甫，发行所、编译所、总务处各三人，包括章郁庵、徐新之、孙琨瑜、沈雁冰、丁晓先、郑振铎、黄雅生、冯一先、乐诗农；决议统一罢工对外口径，以后消息由罢工中央执行委员会写定后送各报馆，拒绝报馆记者的自行采访。指定茅盾担任新闻稿撰写人和对外新闻发言人。

第二天上午，商务印书馆劳资双方再次谈判，谈判的地点为总务处会客室。谈判一开始，资方代表就拒绝接受承认工会这一复工条件，劳资双方陷入僵持。正在这时，发生了一个意外插曲，茅盾记得："忽有淞沪镇守使派来的一个营长带了几个卫兵闯进会议室，说是奉命来调解的。这个营长高踞上座，命资方代表及劳方代表各坐一边，拿起罢工中央执行委员会的条件和资方的表示能接受的答覆条件，草草看了一下，就大声说：你们工人不是要加工资么？我说可以。商务印书馆有的是钱。你们工人又说要成立工会么？那不成。联帅（孙传芳，时称五省联帅）命令取缔一切工会。几千人罢工，地方治安就不能维持了，限你们双方今天立即签字复工。这一番话，劳资双方，都不赞成，都不作声。这个营长就拍案而起，威胁说：明天我派兵来，一定要复工。说着就朝外走了。这时候，王云五突然快步上前，拉住了营长，扑的跪在地下哀求道：请营长息怒，宽限一、二天，我们自己解决，千万不要派兵来。营长不置可否就走了。王云五回身对大家痛哭道：我们双方都让步一点，免得外边人来干涉。"[1] 这段回忆成为商务印书馆罢工斗争中

---

1. 茅盾：《我走过的道路》（上），人民文学出版社1981年10月版，第283页。

的一个花絮，虽然其他人的回忆中没有提到过，但茅盾作为罢工谈判的当事人，应该可信。因此，后人编张元济年谱时，采信了茅盾这段回忆。[1] 因为这个小插曲，这次谈判仍没有结果。

26日下午，编译所的林植夫突然联系了总务处与编译所职工200余人在弹子房开会，还自任主席，让茅盾以罢工中央执行委员会委员的身份向与会者报告上午谈判的经过和发生的事情。茅盾告诉与会者，至今资方毫无表示，双方条件相距太远，很难接近。最后林植夫召开的会议不了了之。但是在稍后召开的罢工中央执行委员会会议上，茅盾严正指出，馆方如不接受职工关于复工的合理要求，将号召全国停止使用商务印书馆出版的教科书，同时还号召大家继续保持良好秩序，加强团结，坚持到底，不达目的，誓不复工，进一步鼓舞大家的斗志。会后，还发布了四团体联合宣言，宣称：罢工条件一日不胜利，我们一日不上班！而这段时间，廖陈云在发行所每天上午召开全体职工大会，报告谈判进展，提醒大家提高警惕、加强团结，防止坏人破坏罢工。

面对声势浩大的罢工浪潮，面对因罢工而带来的经济损失，商务印书馆当局感到压力越来越大。27日，商务印书馆劳资双方在宝山路印刷所交通科第一会议室再次开会，资方代表张元济、王云五、鲍咸昌、高翰卿、高梦旦、王显华六人出

---

1. 张树年主编：《张元济年谱》，商务印书馆1991年12月版，第254页。

席,劳方代表沈雁冰、王景云、张守仁、邬家良、胡允甫、章郁庵、徐新之、孙琨瑜、丁晓先、郑振铎、黄雅生、冯一先、乐诗农13人参加谈判。

谈判中,双方围绕复工条件讨价还价。王云五代表商务当局对罢工中央执行委员会提出的要求逐条给予回应,提出解决方案。罢工中央执委的13位代表对商务当局的回应逐条研究,与其反复磋商,来来往往,终于逐步达成一致。晚上9时左右,双方在协议上签字,罢工终于取得胜利。鲍咸昌代表资方签字,茅盾等13位劳方代表签字。张元济对和平解决深表欣慰,发言说:"昨见同人四团体宣言,内有不妨碍公司存在云云,具见同人对于公司的爱护,不胜钦佩!但存在须带有发展之可能,则其存在乃为有意味。今公司在此社会环境内,发展极困难,故希同人对于此点,尚多注意维护公司发展之可能。"

8月27日晚达成的复工协议如下:

一、公司承认工会有协调职工与公司之效用,惟现在政府尚未颁布工会法,彼此都无所依据,好在工会法不久即可颁布,届时自可依据办理;

二、民国十四年十月起,增加工资,双方协定标准如下:(甲)工资在十元以内者加百分之三十,(乙)工资过十元至二十元者加百分之二十,(丙)工资过二十元至三十元者加百分之十,(丁)学徒满一年每月加一元,满二年者加二元,(戊)

包工按全体约数加一成，但多分配于工资较少者，其分配方法另定之；

三、每年年终加薪，仍照向例办理；

四、酬卹章程由公司修正，须于全体同人更为有利；

五、公司分派花红，将来改定办法，须奖励与普及兼顾；

六、公司对各部分管理方法，须随时改良；

七、端午、中秋各休业半日，"五一"、"五卅"休业与否，随同大众；

八、发行所柜友因市面习惯，时间较长，由公司与同业商议减少一小时，如办不到，此一小时之服务，照加工资；

九、公司每年提一万元，为薪水较少、病假久者作补助之用，其分配方法另定之；

十、女工生产前后，各休业一个月，由公司照向例给保产金十元外，其愿入公司指定医院者，费用由公司负担，不愿者另给津贴五元；

十一、公司对于同人子女免费学额，须定扩充办法，本月发表；

十二、公司于相当之时机及需要，派遣同人赴国内外留学或考察；

十三、俱乐部名称加同人二字，但依现在情形，不全部开放；

十四、关于此次罢工人员，公司不因罢工开除，此次罢工日起至八月二十七日止，薪水照发；

十五、八月二十八日，总务处、编译所、印刷所、发行所、分店一律复工；

十六、上议各条，自签字日起实行，其有效期间为三年。[1]

这16条复工条件，条条都是对职工有利，条条凝聚了茅盾等罢工斗争领导者的智慧和心血。为了职工的利益，茅盾和徐梅坤、廖陈云及罢工中央执委的委员们夜以继日，与商务印书馆当局进行不懈的斗争。他们经过五卅运动和中共党内革命斗争的锻炼逐渐成长起来，和商务印书馆当局进行有礼有节、有条不紊的斗争，取得了实质性的胜利。据说徐梅坤当时每天向党中央报告商务印书馆的罢工情况，及时得到指示，所以，冲在罢工前线的茅盾是有底气的。

8月28日上午，罢工中央执行委员会在东方图书馆广场召开商务印书馆全体职工大会，会议由王景云主持。茅盾在职工大会上代表罢工中央执委报告几天的谈判经过，解释了16条复工协议的内容，指出复工条件中的主要项目，如增加工资、承认工会有代表之权、改良待遇、优待女工等都争取到了有利的结果。最后，茅盾又宣读了亲自起草的复工宣言：

---

1. 茅盾：《我走过的道路》（上），人民文学出版社1981年10月版，第284—285页。

我们罢工以来六日了。我们决定的两个交涉原则，是（一）在不妨害公司存在的范围内，代表同人提出合理的要求，（二）在十分谅解对方精神之下，为同人求得应有的利益。我们根据这二个原则与公司交涉，几经磋商，渐次接近。二十七日条件正式签字，二十八日起，同人即一律复工，本委员会亦于同日取消。在这议定的条件里，对于同人物质上精神上的痛苦，实在并没减少多少，但公司同人为顾全中国大局计，为公司前途计，不得不忍痛而出此十二分的让步。在这议定的条件里，有许多关于待遇上的都尚待初定详章，这固然同人将来希望之所寄，而公司对于同人迭次所表示之诚意，亦将于是卜之。谨此宣言。

商务印书馆罢工中央执行委员会
八月二十八日[1]

茅盾的报告，让几千名商务印书馆的职工热血沸腾，茅盾报告结束，欢呼声震天。大家一齐拥护复工条件，庆祝罢工胜利。当时的热烈场景，让茅盾晚年回忆起来，激动之情仍然洋溢在字里行间。

　　商务印书馆的罢工胜利了，罢工中央执行委员会又发表感

---

[1] 此复工宣言刊于1925年8月28日《申报》。

谢上海总商会、上海总工会、印刷总工会、各马路商界联合会、上海学生联合会以及其他社团和个人对商务印书馆罢工表示支持、声援的短函。给商务印书馆的罢工画上了一个圆满的句号。

28号下午,也就是在茅盾等人召开全体职工大会之后,商务印书馆当局在极司非尔路张元济寓所召开商务特别董事会,通报8月22日以来的罢工情形和谈判结果。据9月22日商务董事会第308次会议的记录簿透露,此次罢工议妥的条件,商务印书馆当局"全年增资约须17万元左右"。可见,此次斗争取得的成果是非常丰硕的。

茅盾晚年回忆说:"商务印书馆罢工结束,中华书局全体职工也罢工了,接着又是邮政工人的罢工,这样,党所领导的上海工人运动开始了新的发展的阶段。"[1]

1925年8月商务印书馆的罢工运动,是茅盾在党中央的直接领导下,亲自参与、组织和领导的一次革命实践活动,在茅盾的革命生涯里写下了浓墨重彩的一笔。

---

1. 茅盾:《我走过的道路》(上),人民文学出版社1981年10月版,第285页。

第四节　偷取天火给人间——茅盾的翻译贡献

茅盾进入商务印书馆后，翻译外国文学作品成为他工作中很重要的一部分。他从翻译外国文学作品起步，逐渐走上文学创作道路；在翻译过程中，茅盾从西方的文学作品和马克思主义著作中汲取理论营养，成长为马克思主义者，走上革命道路。因此，商务印书馆期间的翻译活动，是茅盾成为一代文学巨匠、无产阶级革命家的重要基石。

茅盾在商务印书馆工作、生活和战斗的十年中，世界和中国都发生了许多永载史册的大事。俄国的十月革命结束了资本主义独占天下的局面，建立了第一个无产阶级领导的社会主义国家,为世界的无产阶级革命、殖民地和半殖民地的民族解放运动开辟了新道路;中国的五四运动直接影响了中国共产党的诞生和发展,为中国历史翻开了新的篇章;而1925年中国上海发生的五卅反帝爱国运动,大大提高了国民的觉悟,揭开了大革命高潮的序幕……在这波澜壮阔的十年中,国共实现了第一次合作,这推动了中国革命的发展,也促使中国共产党进一步走向成熟;同时,茅盾也完成了从一名小小阅卷员到《小说月报》主编的跨越;从一位追求进步的青年知识分子成长为中国共产党早期的杰出党员,成为20世纪20年代中国共产党的重要领导人之一。

但是,在这个风起云涌的时代,一心想成为职业革命家的茅盾始终没有放下手中的笔。在商务印书馆的十年间,他在翻译上的贡献同样可圈可点。据不完全统计,这十年中,茅盾共翻译发表200余万字,即平均每年翻译并发表20万字。他的翻译涉及小说、散文、诗歌、剧本、文论、政论等各种文体,其中小说48篇、诗歌32首、散文9篇、剧本27部、政论19篇、文论19篇,有关妇女问题的文章12篇,科普作品6部(篇)。并且,茅盾一生中80%的翻译作品都是在商务印书馆工作期间完成的,可见,翻译是茅盾在商务印书馆工作中的一项重要内容,同时,茅盾的翻译工作为世界文学在中国的传播做出了卓越的贡献。

进商务之后,茅盾发现,这个东方最大的出版机构里可以看到西方各式各样的报刊杂志，这对懂英文的茅盾来说具有相当大的吸引力。刚进商务时，他曾给自己的表叔卢鉴泉写信，报告自己进商务之后的感受。这位见过世面的卢表叔在给茅盾的回信中教导他说，"只要有学问，何愁不立事业"，并告诫"借此研究学问是正办"，鼓励茅盾充分利用这一平台做好自己的学问。当时，翻译外文报刊杂志上刊登的文章作品并不存在版权方面的问题，渴望做好学问的茅盾就在孙毓修先生的安排下，开始了自己的翻译活动。

茅盾在商务印书馆翻译的第一部稿子，是美国人卡本脱的《人如何得衣》。这部《人如何得衣》的书稿，孙毓修先生译了一点儿就放进抽屉里，后来高梦旦安排茅盾给孙毓修当助手——当时虽然没有明确这么说，但实际上确实让他协助孙先生编书。第一次见面，在 20 岁的茅盾眼中，"孙毓修年约五十多岁，是个瘦长个子，有点名士派头。他是前清末年就在商务编译所任职，是个高级编译"。而孙毓修带着点自卑的口气，对茅盾说，自己"有暇，也译点书。有一部书，我译了三、四章，懒得再译了，梦旦先生说的合译，就指这个"。茅盾一看，是卡本脱的《人如何得衣》，后来出版时更名为《衣》。茅盾还记得，孙先生又从抽屉里找出一束稿纸，是他自己译的前三章。

《人如何得衣》是一部科学普及性读物，主要介绍衣服是怎么来的，从棉花讲起，一直讲到如何制作成服装。全书 44

章，约七万五千字左右。孙毓修先生已经译过的三章是"绪言""服装之进化""棉花"，字数约五千字左右。茅盾从孙先生那里接过这个翻译任务后，用一个半月时间，将余下的41章七万余字全部译了出来。平生第一次译书，茅盾努力模仿孙毓修先生的笔调，连老先生也觉得"骤看时仿佛出于一人手笔"，可见茅盾当时的用心。所以，这部七八万字的《衣》译稿交给孙毓修之后，孙先生只匆匆看过一遍，就交给高梦旦审核，之后即发排付印。紧接着，茅盾又着手继续翻译了卡本脱另外两部作品，即《人如何得食》《人如何得住》，后来出版时分别更名为《食》和《住》。《人如何得食》有48章，近十万字，篇幅较第一部译稿大，也是逐章介绍各种各样的食物，从粮食作物到肉禽蛋，从蔬菜到瓜果，乃至茶叶、烟草、香料等，凡与"食"有关者无不包罗其中。而《人如何得住》共40章，七万余字，内容讲人类居所从古至今的演变，以及建造房屋所需要的各种材料，包括砖瓦、铁钉、玻璃、油漆、煤气、电灯及自来水等。在1916年、1917年，这些居住所需对中国普通劳动人民来说还十分先进和时尚，比如房屋的供暖，用电气或煤气取热，在当时已是很先进的条件了；再如照明，从树枝照明，讲到蜡烛、油灯、煤油灯，一直到电灯。无论是从科普角度看，还是从实用角度看，《衣》《食》《住》三部作品在当时都是很有出版价值的。茅盾晚年回忆起这"衣食住"三部曲时说过，作者卡本脱不是知名作家，"不过文字还流利生动，作为通俗读物给青年们一点知识，倒是当时欧美社会所需要的，所以在欧洲也曾列于畅销书之行，再加以出版商的广告吹嘘，也曾哄动一时"[1]。可见，这三部翻译作品在中国的市场上也还是有一定影响的。据说，商务在推出《衣食住》（三册）之前，孙毓修先生还翻译过卡本脱的《欧洲游记》一书，很受读者欢迎，商务尝到了出版这种通俗读物的甜头。由此可以看出，孙先生选择卡本脱的三本科普读物让茅盾翻译，也是有经济因素方面的考量的。

在翻译完"衣食住"三部曲后，茅盾又应朱元善的要求开始翻译《三百年后孵化之卵》《两月中之建筑谭》等作品。其中，《三百年后孵化之卵》是茅盾在报刊上发表的第一篇译作。他曾回忆说，当时他从商务印书馆的外国杂志中找到这样一篇适合在《学生杂志》上刊登的科幻小说，于是"我把它译出来，就是《三百年后孵化之卵》，登在一九一七年的《学生杂志》正月号上。……这篇小说是用文言翻译的，也是我在报刊上发表的第一篇译作"[2]。

《两月中之建筑谭》是一篇科学小说，茅盾曾回忆起这篇小说的翻译背景："一九一八年的《学生杂志》，认真要登科学小说了。这一点也是我和朱元善商量好，由我负责收集材料。我

---

1. 茅盾：《我走过的道路》（上），人民文学出版社1981年10月版，第112页。
2. 同上书，第124页。

找到了一篇叫《两月中之建筑谭》（美国洛赛尔·彭特Russell Bond著）的科学小说。我认为译文虽然不必（象后来翻译文学作品那样）百分之百的忠实，至少要百分之八十的忠实。朱却认为技术部分要忠实于原文，此外则可以不拘。他的'理论'是，给中学生读的科学小说，一方面要介绍科学技术，一方面也要文字优美，朱认为这一定要用骈体。《两月中之建筑谭》开头那段文字就由我来写。这篇小说是我和泽民合译的。泽民主要把技术部分译出来，那时他在河海工程专门学校学了半年，技术方面完全可以译好。许多技术名词他知道，我就不知道。如混凝土，是cement加沙拌成的建筑材料，那时他们学校把它译成混凝土；又如钢筋水泥制成的部件，译成钢筋混凝土，也是他们学校里老师译出来的。"[1]

据茅盾说，因为《学生杂志》主编朱元善是写骈体高手，希望茅盾用骈体来写《两月中之建筑谭》的开头。而茅盾在中学时有过训练，用骈体作文也十分娴熟。所以，小说的每一节开头，都是用骈体翻译。如《纽约城中第一夜》一节中，写这个美国中学生回家度假，就用"疏林斜阳，数声蝉唱，绿水青草，两部蛙歌"开头；在《百仞楼头之纽约》里，茅盾用"蝶梦方酣，微闻钟声"开头；在《纽约之黄泉》里，用"林际斜阳，反照窗帘，余与毕尔，闲倚雕栏，指点眺览，状甚闲适"

---

1. 茅盾：《我走过的道路》（上），人民文学出版社1981年10月版，第128页。

做开头;《悬桥之火警》一节则写道:"客窗明净,市嚣不闻,茶铛炉烟,颇自怡悦。"可见当时风气。当时茅盾用骈体翻译有点调侃的味道,但是朱元善这位写骈体的高手看到后,却大加赞赏,并且在译稿发排时,又将"砚""笔洗""香炉"等中国人的用具添加到美国学生的书桌上,当时茅盾看到后,"觉得啼笑皆非",然而,茅盾也无可奈何。所幸这种"汉化"只此一回,后来他终于说服朱元善先生不再"用华变夷"。这部译于1917年的科普小说约三万余字,连载于1918年的《中学杂志》第五卷的第一、第二、第三、第四、第六、第八、第九和第十二号上。

茅盾早期的翻译活动还包括剧本的翻译。从现有的资料看,茅盾第一个发表的剧本是刊载在1918年10月5日、11月5日《学生杂志》第五卷第十号和第十一号上的《求幸福》。这是个两幕话剧,发表时采用中英文对照的形式,剧中角色的名字也很有意思,八个角色分别叫"老年""经验""财""声色""邪心""死""真理""幸福",从这些名字的设计上,就可以知道《求幸福》的大概面貌了。当时这一剧本发表时,印有"警世新剧"四字。

在翻译原本文体的选取上,茅盾对剧本似乎有特别的偏好。据不完全统计,在商务印书馆工作的十年间,茅盾共发表了27部(幕)翻译剧本,总字数超过35万字,而且,茅盾翻译剧本虽然从时间上看断断续续,但是他一直没有放下这一爱好：从1918年发表第一部翻译剧本，到1925年6月发表最后一部翻译剧本，前后延续了八年的时间。而且，茅盾翻译的剧本基本来自欧洲的一些弱小国家和地区，剧作者既有萧伯纳这样的大剧作家，大部分是一些名不见经传的作者。此外，抗战胜利后，茅盾还翻译了苏联K.西蒙诺夫的话剧《俄罗斯问题》。这里，不妨将茅盾在商务十年间所译剧本罗列一下，更可以看出上述特点：

1918年
《求幸福》（未署原作者名）

1919年
《地狱中之对谭》〔英国〕萧伯纳
《界石》〔奥地利〕施尼茨勒
《月方升》〔爱尔兰〕格雷戈里夫人
《丁泰琪的死》〔比利时〕梅特林克

1920年
《活尸》〔俄国〕托尔斯泰
《结婚日的早晨》〔奥地利〕施尼茨勒
《沙漏》〔爱尔兰〕叶芝
《情敌》〔瑞典〕斯特林堡

《和平会议》〔美国〕佩克

《室内》〔比利时〕梅特林克

《遗帽》〔爱尔兰〕邓萨尼

《市虎》〔爱尔兰〕格雷戈里夫人

1921年

《新结婚的一对》〔挪威〕比昂逊

《美尼》〔以色列〕平斯基

《冬》〔美国〕阿胥

《海青·赫佛》〔爱尔兰〕格雷戈里夫人

《巴比伦的俘虏》〔乌克兰〕莱斯雅·乌克兰英卡

1922年

《旅行人》〔爱尔兰〕格雷戈里夫人

《乌鸦》〔爱尔兰〕格雷戈里夫人

《盛筵》〔匈牙利〕莫尔奈

《路意斯》〔荷兰〕斯宾霍夫

《波兰 一九一九年》〔以色列〕平斯基

《狱门》〔爱尔兰〕格雷戈里夫人

《爸爸和妈妈》〔智利〕巴里奥斯

1923 年

《太子的旅行》〔西班牙〕贝纳文特

1925 年

《马额的羽饰》〔匈牙利〕莫尔奈

从应编辑朱元善之邀而译剧本,到后来茅盾逐步有了自己的观点和立场,从向中国读者介绍世界文化的思想动机出发,他开始自己选择剧本来翻译。如他选择译介奥地利剧作家施尼茨勒的作品时说:"他的文学著作,要算剧本最出色,他是个严厉的批评家;他的剧,只将人生的一二面拣出,用最清楚最斟酌的字,极高妙的艺术方法来表现出来。"他从施尼茨勒的七个短剧中选择了讲男女关系的《界石》,这一篇也代表了施尼茨勒的一个基本观点:爱情是靠不住。[1] 在茅盾看来,这位剧作家写爱情故事"极精极显豁","写人格的变迁和情的变迁,极耐寻味"。所以,译过《界石》之后,茅盾又译了他的《结婚日的早晨》。[2] 显然,茅盾对剧本的选择和译介,一方面极为注重原著的艺术价值,另一方面特别注意选取一些与时下国内热点问题——如男女爱情问题、妇女解放问题等——相呼应的作品。

---

1. 《界石》刊于 1919 年 8 月 28 日《时事新报·学灯》。
2. 《结婚日的早晨》刊于 1920 年 2 月 5 日《妇女杂志》第六卷第二号。

这些作品对人们思想观念的革新产生了积极作用。

1920年年初，茅盾翻译了爱尔兰剧作家叶芝的《沙漏》[1]。在剧本前言里，茅盾指出："《沙漏》一篇，是表象主义的剧本，是在一九〇一年旧道德剧《每人》（Every Man）复活时期的产物，但有极浓的夏脱气加在里面。夏脱主义是不要那诈伪的，人造的，科学的，可得见的世界。他是主张'绝圣弃智'的；他最反对怀疑，他说怀疑是理性的知识遮敝了直觉的知识（Rational Knowledge obscure Intuitive Knowledge）的结果。理性只求可得见的世界，那便是不真（Unreal）的世界，真的是不可得见的。"可见茅盾翻译其作品的动机。叶芝，当时茅盾译为"夏脱"，是爱尔兰后期象征主义文学的代表人物，1923年获诺贝尔文学奖，而茅盾在1920年就有这样的卓见将其作品译介到中国。同时，茅盾还专门译介了比利时象征派戏剧作家梅特林克的《室内》《丁泰琪的死》等作品，同样可以看出五四运动之后茅盾对西方文学作品选择的态度和立场。

1920年，除了象征主义剧作外，茅盾还特别译介了新浪漫主义剧作，如爱尔兰邓萨尼的《遗帽》。茅盾还不遗余力地翻译了一些创作手法别致的剧作，如挪威剧作家比昂逊的《新结婚的一对》[2]。茅盾认为比昂逊在《新结婚的一对》中将"第一幕内

1.《沙漏》刊于1920年3月25日《东方杂志》第十七卷第六号。
2.《新结婚的一对》刊于1921年1月10日《小说月报》第十二卷第一号。

所含的意思在第二幕内明白喊出来,且示一个解决的方法",他与易卜生同为挪威19世纪"两个大文学家","一生所著的剧本甚多,就艺术价值而论,此篇算得是头把的了"。

总之,茅盾对欧洲弱小国家和民族剧本的译介,体现了他早期的文学思想,是茅盾翻译活动的一个重要方面。

茅盾在商务印书馆时期的译介活动,始终与社会一齐发展,与时代一同进步。五四运动之前,茅盾基本上是用文言文进行翻译的,如《三百年后孵化之卵》《两月中之建筑谭》等。而到1919年下半年,在五四运动的影响下,茅盾开始用白话文进行翻译,他最早用白话文翻译的小说是俄国契诃夫的《在家里》,于1919年8月20日至22日在《时事新报·学灯》上连载。最早的白话译诗是《夜》,发表在1919年9月30日的《时事新报·学灯》上。此后,茅盾彻底放下文言文,跟上时代步伐,用更自然、更具生命力、表情达意更清晰的白话文来翻译作品,并取得了丰硕的成果。

"五四"以后,在翻译方面,茅盾开始关注俄国文学,他曾回忆说:"从一九一九年起,我开始注意俄国文学,搜求这方面的书。这也是读了《新青年》给我的启示。"可见茅盾对马克思主义的理解和接受,也渐渐影响到他对西方文学的关注和选择,影响到他翻译的价值取向。

综观茅盾在商务印书馆期间对西方短篇小说的选取和译介,大体可分三个方面:

一是选择世界知名作家的小说，如契诃夫的《在家里》《卖诽谤的》《万卡》等，茅盾曾回忆说："契诃夫的短篇小说《在家里》就是我那时翻译的第一篇小说，也是我第一次用白话翻译小说，而且尽可能忠实于原作——应该说是对英文译本的尽可能忠实。"[1]茅盾还翻译了法国进步作家巴比塞的《为母的》《名誉十字架》《复仇》《错》等。在当时，巴比塞是与罗曼·罗兰齐名的作家，后来加入法国共产党，并与罗曼·罗兰一起召开第一次反法西斯大会。此外，茅盾还翻译了泰戈尔的《髑髅》，这篇小说是泰戈尔1913年获得诺贝尔文学奖后，较早介绍到中国的一部小说作品。在茅盾早期翻译的作品中，还有著名作家高尔基的《情人》[2]，当时茅盾认为，高尔基"文名和托尔斯泰并称，最善于描写下流社会人的生活"，还说他"以短篇小说及剧曲为最擅长。他看准了社会腐败的根，不容情的攻击；因为他的文学是多半写下流社会苦况的，所以人家说他是常在平民一边，他自己本来也是个平民，做过商店的学徒，和托尔斯泰，屠尔格涅夫出身不同"。茅盾对高尔基作品的翻译和评价恐怕是中国对这位苏联文豪较早的介绍吧。同一时期，茅盾还有意选择翻译了法国短篇小说巨匠莫泊桑的短篇小说，把他与契诃夫进行对比，将两位大师创作的异同点介绍给读者。

---

1. 茅盾：《我走过的道路》（上），人民文学出版社1981年10月版，第132页。
2.《情人》刊于1919年10月25日《时事新报·学灯》。

二是依然关注波兰、匈牙利等弱小国家和民族地区作家的作品。对这些国家和民族地区的作家作品的关注，是茅盾在商务印书馆工作期间思想进步使然，也是茅盾在翻译、编辑实践中养成的同情弱小情怀的集中体现。如他选择翻译了瑞典的斯特林堡、拉格洛夫、瑟德尔贝里三位作家的小说，也介绍过匈牙利作家拉兹古、米克沙特、裴多菲等人的作品，其他还有波兰的热罗姆斯基、佩雷茨，捷克的聂鲁达，克罗地亚的雅尔斯基，以色列的平斯基，亚美尼亚的阿哈洛垠，保加利亚的伐佑夫，尼加拉瓜的达里奥，阿根廷的梅尔顿思等等。一般读者不大注意的弱小国家和民族地区的作家和作品，能进入青年茅盾的翻译视野，这不能不说是他的宽阔眼界和革命情怀使然。

三是茅盾选择翻译的作家作品与他在五四运动之后接受和倡导的新思想有关。如1919年9月18日翻译发表的瑞典作家斯特林堡的小说《他的仆》，茅盾在译后附识中提到："丈夫供给妻子，妻子办丈夫的杂务，倒底算不算主仆关系？我们不要拿西洋的社会情形讲，我们就我们的情形讲，应该怎样回答这句话呢？"显然，茅盾从译介的虚构小说直接切换到中国现实社会，启发国人思考妇女解放的现实问题。还有波兰作家热罗姆斯基的《暮》，茅盾也是以揭示中国社会男女的不平等关系为出发点而译的，他认为："同在生活压迫底下的男女，女人较男人更苦，女人背上有两重石头：——生活困苦和两性的不平等。"同样，茅盾在文艺上自然主义的取向反映在译介中，就是有意选择一些自然主义作家的小说，如瑞典作家斯特林堡和瑟德尔贝里的小说，茅盾对瑟德尔贝里是这样介绍的："苏特尔褒格[1]的妙处在他的眼光是确实无伪的，他有从微事中发挥出大道理的本事，他的描写的手法是纯全的自然主义。日常生活内遇见的种种小事，一到他的笔下就没有一件是太平淡了或太肤浅了，他都可以借这一件事来深深地表出他所见的人生的毫无意义。他的悲观，他的否定一切，诚然是从他的孤僻而自私的见解出发的，——他的脾气是既不喜活动又不能慷慨的。但是他的悲观主义很能为热中的人下一个当头棒喝。这是他对于现代思想界的贡献。"[2] 可见茅盾译介瑟德尔贝里是有多层面思考的。有些译作，茅盾是站在民族高度来介绍的，他在佩雷茨《禁食节》的译后记中写道："犹太和波兰是被侮辱的民族，受人践踏的民族，他们放出来的艺术之花艳丽是艳丽了，但却是看了叫人哭的。他们在'水深火热'底下，不颓丧自弃，不失望，反使他们磨炼得意志愈坚，魄力愈猛；对于新理想的信仰，不断地反映在文学中，这不是可以惊佩的么？看了犹太和波兰的文学，我国人也自觉得伤感否？"[3] 无论是对作者的选择还是对作品的选择，茅盾都有自己的立场和思考在内，并不是

---

1. Hjalmar Soderberg，茅盾译为苏特尔褒格，今一般译为瑟德尔贝里。
2.《印第安墨水画》刊于1921年7月10日《小说月报》第十二卷第七号。
3.《禁食节》刊于1921年7月10日《小说月报》第十二卷第七号。

随手拿来就译，而是"五四"以后，茅盾逐步接受了先进思想影响后的一种选择，从这些引进的文学作品中也可以看出青年茅盾思想发展的过程。

至于茅盾在商务时翻译的散文，数量并不多，粗算一下，只有九篇，不到二万字。但是，在译这些短小的散文时，茅盾也旨在拓宽国人的视野，选择一些小国家名作家的有思想深度的作品，如挪威博耶尔的《一队骑马的人》、黎巴嫩纪伯伦的小品文等，为国人打开了了解世界的一扇窗。

茅盾除了翻译科普读物、剧作、小说和散文外，还翻译了很多诗歌，以及政论、文论和有关妇女问题的文章，这些作品的翻译开始于五四运动之后，如最初翻译的文论是英国罗素的《社会主义下的科学与艺术》，发表在1919年12月的《解放与改造》第一卷第八号上；最初的政论译作是德国尼采《查拉图斯特拉如是说》中最富于批判性的两章——《新偶象》和《市场之蝇》，发表在1919年11月《解放与改造》第一卷第六、第七号上；最初的妇女问题译作是美国沃德的《历史上的妇人》，发表在1920年1月的《妇女杂志》第六卷第一号上。可见，茅盾真正着手翻译这些作品的时间应该都是在1919年，即深受五四运动的影响。

茅盾从1919年到1925年之间翻译的文论，大多与他选择翻译的小说、散文等作品具有相同的艺术取向，即"为人生的艺术"。但是，个人的审美倾向并不妨碍茅盾在译介时尽量将新的文艺理论和相关信息介绍给中国的读者，如《赤俄的诗坛》《脑威现代文学》《巴西文坛最近的新趋势》《奥国的现代文学》等，原作者虽然不是很有名，但这些作品对中国读者而言信息量很大。文论的译介拓宽了中国文坛的视野，对中国文学的发展也很有助益。

诗歌的翻译同样是茅盾在商务十年的一笔文学财富。这些用白话文翻译过来的诗歌明白晓畅，即使现在读来，依然新颖别致。虽然这 32 首译诗在茅盾的回忆录中没有详细记述，但仍是他在商务印书馆时期的翻译成果之一。比如格鲁吉亚作家恰夫恰瓦泽的《三春》一首，原本就写得晓畅而深刻，作者本人被称为"乔具亚（格鲁吉亚）近代文化之父"，也是当时格鲁吉亚最伟大的诗人。这首《三春》诗有两节：

燕子又歌唱了又哀诉了，
林木又套上叶的衣服，
园里的玫瑰又抽出新芽：
这是乐极的泪呵。

山的四周围都盖满了花蕾，
而且野花又已开在篱笆上……
但是，咳，我的老祖国呀，

你也能立刻再开新花么？[1]

茅盾将这首诗及亚美尼亚、乌克兰等国家和民族作家的诗共十首编为一组，称为《杂译小民族诗》，发表在自己主编的《小说月报》第十二卷第十号上。这组译诗中，还有19世纪乌克兰著名诗人谢甫琴科的《狱中感想》。

茅盾在编辑任务繁重、政治活动艰巨的情况下，依然翻译了不少的文学和文论作品。而且，从翻译的这些作品来看，一方面说明茅盾在商务期间一直在关注世界文坛。（如他一直钟情"海外文坛消息"这个栏目，即使辞去主编之职后，依然坚持译介。）另一方面，如此勤奋地译介国外的文学作品，是与茅盾的编辑任务和政治活动相辅相成、相得益彰的。这些外国文学和文论作品的翻译，不仅拓宽了青年茅盾的视野，而且让茅盾有了更多的文学创作理论和经验的积累。大革命失败后，茅盾创作的小说一举成功，是与他在商务十年间的翻译活动分不开的。应该说，在商务印书馆期间对西方文学和文论的译介活动是茅盾后来走上小说创作道路的一个扎实有效的铺垫。

引进革命的新思想、新思潮，为中国革命提供理论支持，是茅盾在商务印书馆时期译介政论文章的一大亮点。五四运动后，中国学术界、思想界空前活跃，各种西方思潮纷至沓来，

1.《三春》刊于1921年10月10日《小说月报》第十二卷第十号。

陈独秀、李大钊等一大批进步的知识分子选择了马克思主义作为寻求中国出路的指导思想，影响了一大批追求进步的知识分子。而茅盾在译介西方思潮的过程中逐步接受了马克思主义，成为中国共产党成立前后为建党学说提供理论支持最多的进步知识分子之一。茅盾翻译介绍过尼采、罗素等人的思想，也译介过十月革命后布哈林、柴诺夫斯基等人介绍俄国的文章。尤其值得一提的是，在商务期间，茅盾专门译过列宁《国家与革命》的章节，成为列宁在世时较早将其经典著作介绍给国人的翻译家之一，这是列宁思想传播史上的一个重要贡献。[1] 此外，他在以俄为师进步思想的影响下，译介了《俄国人民及苏维埃政府》《俄国的新经济政策》《苏农俄国底电气化》等文章，宣传十月革命后的俄国。1920 年 10 月茅盾加入中国共产党以后，为党的建设译介了《共产主义是什么意思》《美国共产党宣言》《美国共产党党纲》《共产党国际联盟对美国 IWW 的恳请》《共产党的出发点》《IWW 的研究》等文章，为刚刚诞生的中国共产党的思想建设、组织建设提供了具体的理论支持。茅盾在中国共产党早期建设中的贡献，笔者在本书其他章节作了集中的介绍，这里不再赘述。总之，这一时期，茅盾在政论文章的译介上已经明显体现出了马克思主义的立场和观点，自觉为先进的

---

1. 茅盾加入中国共产党后，专门从英文版《国家与革命》转译了第一章，发表在 1921 年 5 月 7 日出版的《共产党》第四号上，署列宁著，P. 生译。P. 生是茅盾的另一笔名。

马克思主义政党做好理论服务，同时通过这些译介活动，加深了对马克思主义的理解，更加坚定了自己的共产主义信仰。所以，他当时就明确地指出："中国的前途只有无产阶级革命。"

茅盾在这段时间译介的另一个重要内容就是宣传妇女解放的文章。妇女问题是社会文明进步的一个重要标志，也是社会变革的一项主要内容。五四运动之后的中国社会，妇女解放同样是一大热点问题。在商务印书馆工作的茅盾，加入共产党前后，撰写了大量涉及妇女问题的文章，宣传妇女解放、男女平等，同时，茅盾也翻译了十多篇这方面的文章，将美国、英国、俄国等西方国家的妇女观念及女性主义理论介绍给中国的读者，内容包括妇女解放的一些基本问题，如爱情与婚姻、育儿和劳动、男女社交、女性觉悟、妇女运动等。这些文章大多发表在《妇女杂志》上，个别也在《东方杂志》刊载。限于篇幅，这里不再展开介绍。

总之，我们在叙述茅盾在商务十年的翻译贡献时，不能忘记他对有关妇女问题文章的译介。茅盾一方面撰写有关妇女解放的文章，一方面译介有关妇女问题的作品，二者相互补充，相得益彰。如果有时间将这两方面联系起来研究，恐怕是一件有意义的事情。希望女性问题研究者可以关注中国共产党早期的共产党人在妇女解放方面的努力和贡献。

作为五四新文化运动的先驱，茅盾的文学创作生涯是从外国文学的翻译和介绍开始的；同时，在商务十年间的文学翻译活动，让茅盾在成为小说家之前，就为中国文学事业的积累和开拓做出了积极贡献。茅盾的翻译活动也直接影响了自身思想的发展，他的马克思主义世界观，既是在革命实践活动中确立的，也是在译介西方思想、思潮的过程中通过鉴别、甄选、学习逐渐形成的。所以，茅盾早年的翻译活动是他在商务十年中的重要内容，不能不写。

第五节 也是一种进步——茅盾与创造社的论战

茅盾在回忆录《我走过的道路》里面专门讲到他在商务印书馆时与创造社的论战,他说:"一九二二年十一月十日的《文学旬刊》上登载了汪馥泉的一篇文章,题目是《'中国文学史研究会'底提议》,这篇文章有一个很长的'附言',专门讲了当时正进行得火热的文学研究会与创造社的论战。汪馥泉是以第三者的面目出现想来充当和事老的,在他看来,这场论战主要是门户之见和意气用事。当然,汪的'调解'没有结果。"[1]茅盾与创造社郭沫若、成仿吾、郁达夫等人的论战,已有半年

---

1. 茅盾:《我走过的道路》(上),人民文学出版社1981年10月版,第194页。

多的笔墨纠葛,正好有汪馥泉出来讲述这事。估计当时茅盾对这篇文章记忆十分深刻,所以,茅盾在回忆录里就从他的这篇文章说起。但茅盾在回忆录里限于篇幅,没有展示汪馥泉的附言。那么,这个附言里,汪馥泉究竟说了些什么呢?

汪馥泉的附言有四点,第一点倒没有涉及论战,主要是第二点附言引申出来的话题,如下:

> 文学研究会,创造社,明天社,青年文艺社,晨光社,湖畔诗社,北社,微波社,中国诗社,及其他,俱属研究文学的,中间定有许多研究中国文学的人,我们应该打破文学上的派别来共同从事,如其愿意的话!如文学研究会和创造社(但非全体)上回底打架:如其为个人要发发脾气,那也无可无不可;如其说为了文学,这实在太没趣了或者太有趣了!
>
> 现在又要说一段空话了。
>
> 他们起初太不接近,这实是最大的原因。文学研究会太会拉人,所以把一个文学研究会弄得似政党一般,闹成文学阀:这种话,在朋友堆里是时常讲的,嘴里讲得,笔上也写得罢,虽然很对不住文学研究会诸先生(但是也一样的:即使没有讲没有写,当我怀了这一种意见,便是天地间有了这种意见。况且言语和文章,也只是无聊的消遣!)该会提倡自然主义(虽然只是一部份人)!没有好创作。这三者是他们起初不能接近的最大原因——原因。创造社后起,对于第一种现象,当然极

抱反感（谁也要抱反感的；）该社的重要分子，很明白颓废派（有的虽然不倾向颓废派，如郭沫若兄，但他和郁达夫兄是好友，所以作一致的行动），（如田汉兄张资平先生等，虽亦属重要分子，但他们只管创作，不来批评与打架，）瞧不起自然主义派（虽然没有这种话，但很有这倾向。）又该社重要分子，俱会亲手来创作，自负为天才，（的确的！）对于文学研究会没有好创作也是很瞧不起。况且文学研究会底翻译有极其蹩脚的，如《意门湖》（听说从前《小说月报》中的《一个不重要的妇人》，也译得很坏）文学研究会因为起初都是很斯文的，所以当《创造》未出以前，不曾听到什么意见。《创造》创刊号，郁达夫兄出来开了一炮，就是暗暗的意见变成亮亮的打架了。后来举行"《女神》周年纪念会，"有人很盼望两派妥协；——但事实上，这是一定不可能的。因为预先有了意见，大家难免要发脾气的。我且举两个实例，郁达夫兄疑心很重，沈雁冰兄在《小说月报》上发表的《自然主义与中国的小说》据我看来，这全部是讲那些"礼拜六"式的小说的，郁达夫兄却说明明在骂他，举出"穿上袜，爬上衣，洗脸……"（大意如此）这一段。又郁达夫兄常常故意别解，如文学研究会（所说的文学研究会，大概都指一部分人）所提倡的"血和泪的文学"（记得是振铎兄首创的，）那提倡者的愿意，我以为很有点意思的，但一件事都有着善恶两面的，郁达夫兄却未从恶的方面（而且是"别解"的）去想，作小说《血和泪》去讥笑他们（这种当然算不来小说的):这完全是闹脾气了。沈雁冰兄,我也觉得他很会闹脾气,如纪念会席上,当郁达夫兄代郑振铎兄等提出作家同盟会(?)的时候,沈雁冰兄以为是创造社方面提出的,故意捣乱(这种字眼,在咬文嚼字的人看来,实在太凶了——但我是乱用的,望原谅!)郁兄这两件事,是他亲和我说的,当然不会错误;至沈兄这一件事,却是我和几个朋友猜想的,不知误否。

自《女神》纪念会后,两派不但不能妥协,反更仇视了。

我这一段话,只是想把我见到的听到的事实写出来,并没左袒那一边的意思。我对于这两派的会员或社员,都有几个认识,都是一样的朋友。我在文学上(我实在不配说到"在文学上"这四个字,因我绝没创作、翻译或批评等),很有归入于"颓废派"这一队的嫌疑;——但我现在要讲我在文学上是不愿归入任何一派,因为归入上(任)何一派都难免□做瘟生的(这种话也许是颓废派的口吻。那我终于不能逃去左袒的嫌疑了。但是不,我的确没有左袒那一边呀),我对于自然派及颓废派,觉得都各有其间,没有什么高下之别的。文学,只问好不好,不是什么派别,什么道德不道德,什么有用没用的。

乱七八糟,那知写了这许多![1]

以上汪馥泉的附言,可以看出当时文学研究会和创造社的年轻

---

1. 刊于1922年11月11日《时事新报·文学旬刊》第五十五期。

人之间的恩恩怨怨。自然,汪馥泉这样吞吞吐吐、欲言又止的附言,两头都不讨好。尽管发表在文学研究会执掌的《文学旬刊》上,茅盾也并不领情,对汪馥泉的讲法并不认同。他在看到汪馥泉的"提议"稿件后,也写了一封给汪馥泉的信,其中告诉汪馥泉:"我和沫若达夫两君'打架'一事,兄以为各闹'脾气',这诚然近似;由今思之,我们少年气盛,要骂就骂,于彼于此,原觉得却无遗憾,但不料那郭郁君和我们相骂的动机却在因'文学研究会太会拉人'耳!文学研究会是否'拉'人,在兄文后加的附白内已经说及,不再多讲。至于我的《自然主义与中国现代小说》一文,竟惹起郁君之疑,真出人意料之外了!我一向不喜刺探别人的性格,尤不喜刺探某人对于某事的意见,郁君对人交际很是爽直的,倒不料他是个多数(疑)者;如果我早晓得,可以声明一句。则彼此之间,也可减少一层误会。再者,我愿意一鞭一痕,都有个分明,没有误伤。《自然主义与中国现代小说》的被打击者正如兄文所云,是'礼拜六派'小说,我不愿有别人来横领了这担子去,以至主名漏网。现在这些虽都过去了,但既遇到一说的机会,就不免一说啦。"[1]显然,汪馥泉的"提议"一文附言,也让茅盾有了一辩的机会。

茅盾和郭沫若、郁达夫、成仿吾他们都是在五四新文化运

---

1. 刊于1922年11月11日《时事新报·文学旬刊》第五十五期。

动的直接滋养下成长起来的作家,他们的思想形成过程都受到了西方思潮的影响。因而,他们对传统文学都有着五四时期青年共有的批判精神。同时,他们又都处在初生牛犊不怕虎的年龄,生气勃勃、意气风发。1922年,郭沫若30岁,茅盾和郁达夫都只有26岁。这些年轻人虽然年轻,但都是学富五车、学养深厚的精英。

1921年,五四运动后第一个新文学社团——文学研究会的诞生,给中国文坛树起了第一面新文学大旗。茅盾当时在上海,与北京策划成立文学研究会的不少成员从未谋面,但因为在商务印书馆当编辑,加上文学上志趣相投,茅盾也成为发起人之一。后来,北京文学研究会发起人之一的郑振铎又受聘进商务印书馆工作,与茅盾成为同事。此时茅盾正在主编《小说月报》,而热心文学研究会的郑振铎在编《时事新报》副刊《学灯》。二人策划出版一份《文学旬刊》,附在《时事新报》上,作为文学研究会会刊。他们心里明白,《小说月报》是商务印书馆办的刊物,尽管茅盾是主编,但也不能算作文学研究会会刊,用茅盾的话说就是"毕竟要受商务当局掣肘"。此时已是江南莺飞草长的5月,筹办《文学旬刊》的茅盾、郑振铎得知在日本留学的郭沫若到了上海,便由郑振铎发出邀请,请郭沫若在当时上海有名的景点半淞园吃饭,邀请郭沫若加入文学研究会,结果遭到郭沫若的婉言拒绝。郭沫若表示可以在会外帮助,并说在日本的其他朋友如田寿昌也曾经收到过郑振铎邀请其加入文学研究会的信,他们没有回音,现在如果自己加入,"觉得对不起朋友"。这次没有达到预期的聚会虽然遗憾,也是极正常的。

图 1-17　1919 年,茅盾摄于上海半淞园

然而,就在茅盾、郑振铎、郭沫若和柯一岑四人在半淞园见面不久,发生了一件让人莫名其妙的事情。后来,竟成了一桩没有结果的公案,事情是这样的。

1921 年 5 月 20 日,茅盾在《文学旬刊》上对罗迪先的《萧伯纳的作品观》作了赞扬和肯定,认为罗文"简明而真

确"。1921年6月,茅盾收到一封来自东京、署名"寿昌"的信,对罗迪先的译文提出揭发和批评,信的内容如下:

玄珠先生:

《文学旬刊》第二号文学界消息里面,对罗迪先君的批评有点不当。《萧伯纳的作品观》完全照录日本《新文艺》第一卷第三号舟桥雄的东西,罗君换个题目,也不加上迻译二字,竟是自己所作,未免不是学者的态度,缺乏真实了。这种以译他人之作,占为己有的,日本语名叫"烧直",日本的批评界对于"烧直"看得非常注重,只要有"烧直",无不被人知道,知无不言,并不是故意挑剔的啊!他方面批评家也要博览才行,否则他们将墨晶眼镜给我们戴上了。真诚是学者的第一步工夫,先生以为如何?祈示。五,二五,寿昌,东京。[1]

日语中所谓"烧直",有对作品"篡改、改编、改写"的意思。玄珠,是茅盾的笔名。所以,当时茅盾看到寿昌这封信,立即作了回应:

寿昌先生:

我很惭愧没有把日本出版的二十多种文艺杂志一一看过,

---

1. 刊于1921年6月10日《时事新报·文学旬刊》第四号。

承你指示，感激之至。我本不想做批评家，尤其不想做"校勘工夫"的批评家，"博学"二字，自然不配；很希望先生注意国内从日本来的"烧直"，至于从英文来的"烧直"，现在也很多，不才倒也还会看出一点，只恐仍不能"博"罢了，玄珠。

这两则来信和回应，刊发在同一期的《文学旬刊》上。然而，发表之后，茅盾很快又收到了罗迪先给玄珠和寿昌的信，而且发现罗迪先和寿昌是同学。罗迪先给茅盾的信是这样的：

玄珠先生：

你在《文学旬刊》里批评我的《萧伯纳作品观》和答田寿昌君一信，我都拜读了。前次《民国日报》的觉悟栏内，曾经有晓风说我偷窃日本《新文艺》当著的，当时不想和他申明，因为他们动着骂人，现在寿昌君也来说我是完全照录《新文艺》，我越想越奇怪，因为我没有读过《新文艺》杂志，为什么有不约而同的事情。（文章）至于辩明一节，详致寿昌君一信，现在附奉，请先生登在下期《文学旬刊》里，不胜感激之至！弟罗迪先上。一九二一，六，一一。[1]

另一封给寿昌的信，茅盾没有按照罗迪先的要求放在下一期，

---

1. 刊于1921年6月20日《时事新报·文学旬刊》第五号。

而是放在一起发表。罗迪先以同学的名义致信寿昌,信如下:

寿昌同学兄:

你给玄珠先生的信,我在《文学旬刊》里拜读了。你说:"罗君的《萧伯纳作品观》完全是照录日本《新文艺》第一卷三号舟桥雄的东西。"我现在有句话要向你说明:我没有看过《新文艺》杂志,无从翻译。我作此篇论文时,本想译坪内逍遥所著的《教化与演剧》内一篇萧其人及其作,觉得太长太费功夫,就把其大略写了出来。又参考了中村吉藏的《最近欧美剧坛》书内之《最近萧伯纳》一文及田中荣之《近代剧精通》,还有参照在日所看的几出戏的梗概,你可以购这几部书来一读,便可以知道不是从《新文艺》烧直的。我还要辩明一句:我要想作此篇文时,在去年九十月间,可查《民铎》第二卷第三号之要目预告,后因没有功夫,一直等到阴历年假返舍时,方才参照以上所列之书作成的。不知道《新文艺》第一卷第三号的出版日期,在于何时?此事有同学李石岑君可作证人。我不愿多说了,因为处于辩明的地位,总是我吃亏,不过你是我的同学,所以敢写信给你,申明一句。同学弟罗迪先上,一九二一,六,一一,杭州。[1]

---

1. 刊于 1921 年 6 月 20 日《时事新报·文学旬刊》第五号。

事情到这里,应该是可以明了了,原来是同学之间的揭发。但罗迪先也向同学寿昌作了申辩和说明,他不认这个账。

不料,到7月初,茅盾又收到田寿昌的一封告白信,说以前指责罗迪先的信不是他写的。这个田寿昌就是后来大名鼎鼎的田汉先生。田寿昌的信说:

玄珠先生:

今天上学校时,在来信桶中得着罗迪先兄一封信,说我曾写信给你,指摘他的一篇什么《萧伯纳作品观》是完全照录日本《新文艺》第某号舟桥某的。并且表明他那篇文章曾参考坪内逍遥的《教化与演剧》,中村吉藏的《最近欧美剧坛》和田中荣之《近代剧精通》等书,并不是从舟桥雄的文章"烧直"来的,并且说他做这文时并没有看过《新文艺》等语。我看完了莫名其妙!因为我既不认得"玄珠先生"又不认识"罗迪先先生",既没有过《新文艺》。又没有看过《民铎》的第二卷第五号,同时又没有和《文学旬刊》的"玄珠先生"通过什么信。我真不晓得要如何回复他才好。恰好同学俞寄凡君告诉我《文学旬刊》某号中登了我一封致玄珠的信,指摘罗迪先,这一下真把我呆住了。寄凡又邀我到他的寓所拿出第四号的《文学旬刊》给我看,信下分明署着"五,二五,寿昌,东京"证据确凿叫我更急得好笑。我想这怕莫是别一个也字寿昌的先生写的罢。东京学界叫做寿昌当然不止我一个呀。所以特写这片子来请你代我声明一下。即算罗君的文章是抄来的，我母本、子本都不会过目，也不敢大胆的指论人家，何况他还有许多辩明的话呢？田汉（寿昌）敬启[1]

田汉的这封信，让茅盾如坠云雾。按照田汉来信自述，前面署寿昌的揭发罗迪先的信，竟不是田汉这个"寿昌"所为，而罗迪先所说的同学寿昌竟然不是这个寿昌，田汉这个"寿昌"竟不认识罗迪先！那个写信的寿昌究竟是谁？和罗迪先之间是什么关系？大家都一片茫然！郑振铎几个月前为文学研究会专门给在日本留学的田汉"寿昌"写过信吗，而几个月后，"寿昌"主动给《文学旬刊》写信，但现在田汉"寿昌"又来信说没有给《文学旬刊》写过信。这桩离奇的来信事件让茅盾百思不得其解。于是，在第七号《文学旬刊》上发表田汉来信的同时，茅盾仍以"玄珠"的名义，写了一则说明，附在田汉来信后面：

> 我本来不知道寿昌是什么人，只把来信照登而已；后来罗迪先君来信辩让，并且附一封写给"寿昌"的信。要求登出，我自然把他们都登出来了。今天忽又接到号"寿昌"的田汉君来信，说不是他，我也把他照登如上。不过罗迪先君信中称

---

1. 刊于 1921 年 7 月 10 日《时事新报·文学旬刊》第七号。

"寿昌"是同学兄,而现在这位田寿昌君的来信却说:"又不认识罗迪先生",那么,除田寿昌而外,一定另有一个寿昌了吧?玄珠。[1]

后来,这一"寿昌来信"公案不了了之,茅盾他们也没有再刊发相关消息。因为在此之前,茅盾与郭沫若见面时说到过田寿昌,而田寿昌又是创造社骨干,所以先将这件"寿昌来信"公案介绍一下。

当时郭沫若与郑振铎等人见面后,据说,郭沫若对茅盾的形象竟大失所望——觉得文采飞扬、风头正健的茅盾,竟是一个其貌不扬的书生!但茅盾对郭沫若的感觉很好,觉得郭沫若"穿了笔挺的西装,气宇不凡",此后一段时间内,时不时在自己编辑的刊物上对郭沫若的作品作些介绍。1921年5月10日《文学旬刊》第一号上,茅盾以"玄珠"的笔名,在"文学界消息"中对郭沫若的《女神之再生》专门作了介绍:"《民铎》第五号预告有《女神之再生》一篇,听说是郭沫若的作品,郭君的诗,大家都读过的,想来一定很留一个印象,现在这篇《女神之再生》,我们都很急切地盼望他早点出来呀。"后来《民铎》出版后,茅盾在第二号《文学旬刊》"文学界消息"中给予介绍:"《民铎》第五号出版,其中文学作品,最好的是《女神

---

[1] 刊于1921年7月10日《时事新报·文学旬刊》第七号。

之再生》一篇。这是一篇诗体的剧本，用了古代的传说来描写现代思想的价值与其缺陷。委实不是肤浅之作。近来国内很有些人乱谈什么艺术，然而了解艺术的人，实在很少。对于郭君此篇我不能不佩服为'空谷足音'；然恐不是一般人所能领会，所以写下几句以为介绍。"可见当时，茅盾对郭沫若还是十分友好和推崇的。茅盾晚年回忆说，他是因郭沫若在1919年年底发表长诗《匪徒颂》而对郭沫若格外关注的。当时郭沫若在诗中透出来的叛逆精神深深地打动了茅盾。后来郭沫若的诗集《女神》出版后，茅盾认为，郭沫若在诗中表现出来的热情奔放、昂首天外的气魄，"在当时也是第一人"。

1921年8月初，郁达夫在上海一品香发起举办《女神》座谈会，郑振铎、茅盾、谢六逸、庐隐等文学研究会成员都参加了，日本留学归来的朋友也不少。会后大家还在一起合影留念。汪馥泉在后来的文章中，认为当初郁达夫等人在这次会议上打算成立作家联盟，但因为沈雁冰"捣乱"而没有实现。当然，这是创造社与文学研究会论争之后的说法。

有意思的是，茅盾此时的身份是商务印书馆的杂志编辑，对文坛现象评头论足是他的分内事。《女神》座谈会后，茅盾的评论之笔有时也触及郁达夫的作品。谭国棠1922年1月2日投书《小说月报》，批评郁达夫的《沉沦》"亦未见佳"。在1922年2月10日《小说月报》的通信栏内，茅盾给谭国棠回应说："《沉沦》中三篇，我曾看过一遍，除第二篇《银灰色的死》而外，余二篇似皆作者自传（据友人富阳某君说如此），故能言如是真切。第一篇《沉沦》主人翁的性格，描写得很是真，始终如一，其间也约略表示主人翁心理状态的发展：在这点上，我承认作者是成功的；但是作者自叙中所说的灵肉冲突，却描写得失败了。《南迁》中主人翁即是《沉沦》的主人翁，性格方面看得出来。这两篇结构上有个共通的缺点，就是结尾有些'江湖气'，颇像元二年的新剧动不动把手枪做结束。"而同在一封信中，茅盾又高度评价刚刚发表的鲁迅的《阿Q正传》，认为《阿Q正传》"实是一部杰作"，"阿Q这个人，要在现社会中去实指出来，是办不到的；但是我说这篇小说的时候，总觉得阿Q这人很是面熟，是呵，他是中国人品性的结晶呀"。可能茅盾在这封信中对郁达夫作品的批评、对鲁迅的高度评价，郁达夫先生看到后心里很不舒服，但当时似乎没有立即作出反应。

其实，1921年7月初，郭沫若、郁达夫、张资平等就在东京成立了现代文学史上著名的"创造社"，商量出版《创造》季刊，但刊物创办的过程并不顺利。本来可以在1922年1月1日出版的《创造》季刊，直到5月1日才由上海泰东书局正式出版。这一新文学刊物自诞生之日起，就带着浓厚的新文学社团的色彩，第一期的作品就由郭沫若、张资平、田汉、成仿吾、郁达夫五人包揽，内容有诗、戏剧、小说、评论、序文和通讯等。

图 1-18 1926 年，郭沫若与创造社同人的合影。
左起：王独清、郭沫若、郁达夫、成仿吾

但是，就在创造社"开门大吉"的《创造》季刊第一卷第一号里，郁达夫和郭沫若都写了文章，矛头直接指向文学研究会的茅盾和郑振铎。

郁达夫在名为《艺文私见》的文章里，暗指茅盾、郑振铎他们是"在新闻杂志上主持文艺的假批评家"，诅咒他们"都要到清水粪坑里去和蛆虫争食物去"，而"那些被他们压下的天才，都要从地狱里升到子午白羊宫里去呢"。郁达夫在这篇文章中还说,"文艺是天才的创造物,不可以规矩来测量的","以常人的眼光来看,终究是不能理解的",认为"各种批评家,每为了一定义 What is art 之故,生出许多争论来,这些争论,都是假批评家的用具"。同时,对文学研究会的一些针对复古势力的尖锐批评同样给予否定,并讽刺茅盾他们是"假批评家",是"伏在明珠上面的木斗","木斗不除去,真的天才总不能放他的灵光,来照耀世人"。文章中虽没有指名道姓,但言语指向十分明确,所以,自然让茅盾等人恼火万分!

这一期《创造》上发表的郭沫若的《海外归鸿》,同样将矛头直接指向文学研究会这些人,和郁达夫的文章相呼应,他说:"我国的批评家——或许可以说是没有——也太无聊,党同伐异的劣等精神,和卑鄙的政客者流不相上下,是自家人的做译品,或出版物,总是极力捧场,简直视文艺批评为广告用具;团体外的作品或与他们偏颇的先入之见不相契合的作品,便一概加以冷遇而不理。他们爱以死板的主义规范活体的人心,甚么自然主义啦,甚么人道主义啦,要拿一种主义来整齐天下的作家,简直可以说是狂妄了。我们可以各人自己表张一种主义,我们更可以批评某某作家的态度是属于何种主义,但是不能以某种主义来绳人,这太蔑视作家的个性,简直是专擅君主的态度了。批评不可以冷却,我们今后一方面创作,一方面,当负完全的责任:不要匿名,不要怕事,不要顾情面,不要放暗箭。我们要大胆虚心佛情铁面,堂堂正正地作个投炸弹

的健儿。"郭沫若的激扬文字火气不小,火药味也很浓,引起了文学研究会成员的反感。茅盾晚年回忆时说:

> 我和郑振铎见到这两篇文章,实在吃惊!我们想,一年来我们努力提倡新文学,反对鸳鸯蝴蝶派,介绍外国进步文艺,结果却落得个"党同伐异"和压制"天才"的罪名,实在使人不能心服。而且,直到此时,无论《小说月报》或《文学旬刊》都没有收到创造社诸公来稿而被"压制"。那时我们都是二十来岁的青年,血气方刚,受不得委屈,也就站起来答辩。[1]

创造社和文学研究会同为新文学社团,1922年5月开始了你来我往的笔墨战。现在看这场论争,相当多的成分是意气用事,语言的火气一个比一个大,一个比一个尖刻,颇有怒不可遏的架势。茅盾看到《创造》季刊创刊号上郁达夫、郭沫若的文章后,立刻奋起反击,以"损"为笔名,在5月11日、5月21日、6月1日的《文学旬刊》上连续刊登《"创造"给我的印象》,语言同样尖刻、咄咄逼人。他在文章中先引用郁达夫的《艺文私见》中的一些观点,嬉笑怒骂起来:

> 《创造》第一期第二栏"评论"里有一篇郁达夫君的《艺

---

1. 茅盾:《我走过的道路》(上),人民文学出版社1981年10月版,第205页。

文私见》,开头说:"文艺是天才的创造物,不可以规范来测量的";又说:"文艺批评有真假的二种,真的文艺批评,是为常人而作的一种'天才的赞词'。因为天才的好处,我们凡人看不出来……"又说:"目下中国,青黄未发,新旧文艺闹作了一团,鬼怪横行,无奇不有。在这混沌的苦闷时代,若有一个批评大家出来叱咤叱咤,那些恶鬼,怕同见了太阳的毒雾一般,都要抱头逃命去呢!"又说:"Arnold 也好 Pater 也好,……无论哪一个,能生一个在我们目下的中国,我恐怕现在那些在新闻杂志上主持文艺的假批评家,都要到清水粪坑里去和蛆虫争食物去,那些被他们压下去的天才,都要从地狱里升到子午白羊宫里去呢!"郁君这一席话真痛快呀!我表万分的同情!我先得声明,我并不是"在新闻杂志上主持文艺的"人,当然不生"批评家"真假的问题,不过我现在却情愿让郁君骂是假批评家,骂是该"到清水粪坑里去和蛆虫争食物去"的假批评家,对于"创造"诸君的"创造品"说几句类乎"木斗"的话,不过我终不敢自居于"批评家"。

随后,茅盾又针对《创造》中张资平的两篇小说《她怅望着祖国的天野》《上帝的女儿们》进行批评。而对田汉的戏剧《咖啡店之一夜》,认为"未必能有怎样多的读者感受到真的趣味;或者竟至于被误会,以'打野鸡'、'折白'为新式的名士的风流派头;本无'悲哀',而强要自寻花柳场中的痛苦,那真非田君始料所及罢"。对郁达夫的《夜茫茫》，认为"只是一段人生而已，只是一个人所经过的一片生活，及其当时的零碎感想而已，并没有怎样深湛的意义。似乎缺少了中心思想，但描写得很好，使人很乐意的看下去"。郭沫若的《棠棣之花》、成仿吾的《一个流浪人的新年》等等，茅盾三言两语，都有涉及。在文章最后，茅盾又拾起郁达夫的《艺文私见》、郭沫若的《海外归鸿》中的话题，掷给对方："创造社诸君的著作恐怕也不能竟说可与世界不朽的作品比肩罢。所以我觉得现在与其多批评别人，不如自己多努力，而想当然的猜想别人是'党同伐异的劣等精神，和卑陋的政客者流不相上下'。更可不必。"让创造社的朋友拿出"真货"来。

图 1-19　1922 年 5 月，《创造》季刊在上海出版

虽然茅盾在回忆录中描述当时的情景时说过"尽可能客观地"谈论自己的"印象",但实际上,从这篇《"创造"给我的印象》的字里行间,还是看得出茅盾心中的委屈和愤怒,所以批评起来,不恭、揶揄、不屑、尖刻等语气充塞其中,连茅盾自己在回忆录中也认为:"这篇《'创造'给我的印象》大概冒犯了创造社主要人物的自尊心。我应当表示遗憾。但当时也是箭在弦上,不得不发。"

茅盾这篇"不得不发"的《"创造"给我的印象》发表后,郭沫若立刻在《创造》第二号上撰文反击,在一篇写于1922年6月24日的《批判〈意门湖〉译本及其他》的批评文章中,郭沫若批评完唐性天译《意门湖》的翻译错误问题后,突然笔锋一转,转到茅盾那篇"印象"的文章上了。他说:

读了《意门湖》的一首译歌之后,以外的译文再不想读下去了。把剩下的三张报纸揭开一看,是《文学旬刊》的三十七号、三十八号、三十九号。我知道定是载有署名"损"字的对于《创造》的批评的了。因为这篇文字早有人告诉我,并且批评者是什么人也早有人报告我了。人的直觉是比什么还要犀利,我在《创造》未出版以前,早已逆料着这样一种人来做出这样的一种批评文字的了。究竟我所说的"党同伐异的劣等精神和卑陋的政客者流不相上下"的一句话,不是想当然的猜想,现前有这样的一种批评文字来为我作证,我也要算是不幸而言中了。总之，这种鸡鸣狗盗式的批评家是我所最厌恶不过的，这种人惯用的手段是：

第一，藏名匿姓，不负言责。

第二，吞吞吐吐，射影含沙。

第三，人身攻击，自标盛德。

第四，挑剔人语，不立论衡。

既是要做一个批评家，便当堂堂正正地布出论阵来，何必要学那种怀抱琵琶半遮面的丑态呢！要说就说得一个痛快，要骂就骂得一个淋漓，何必要那样吞吞吐吐，只徒挑剔人的字句，把捉人的话头，在那里白描空吠呢！

郭沫若这种咄咄逼人的文字，更加引起茅盾等人的反感，茅盾在9月1日的《文学旬刊》上撰文，以《"半斤"VS"八两"》为题反唇相讥：

看到了一本《创造》第二期，中间有郭沫若君的一篇《批评〈意门湖〉译本及其他》，这中间又有一段牵涉到《文学旬刊》三十七—八号的《"创造"给我的印象》的一段话。郭君是不"主张"谩骂的，但"党同伐异的劣等精神和卑陋的政客者流不相上下"，"鸡鸣狗盗式的批评家"。这二段话是否谩骂，我不敢自居于"天才"，所以无从下转话，想来"谩骂"这件事，在"天才"则可，在别人则不可，所以我更不必多费时间去忖量。

同时,茅盾又回敬郭沫若关于用笔名发文章的批评,表示:要把郭沫若"送给我的几句天才式的谩骂——鸡鸣狗盗式的批评家及其他——一一璧还"。文章后面写道:"承郭君赠我一个好谩骂的头等衔,我只好勉强做了这篇,替他圆谎;但我总疑心这只好算为'凡才式的谩骂'了。因为我亦很想把郭君的话不算做谩骂,可是实在想不出什么不同,那么,所不同者,其惟才之天凡乎?"又说:"我更要申明,我这次虽是'礼尚往来',请不要误会,我是空着,专和人作无益的'才之分别'的谩骂。至于仍旧署个'损'字,也是替郭君圆一次的谎,表示我实在连署一个名字的勇气都没有呀!"当时,茅盾还意犹未尽,在通信栏中附了一封信,让郭沫若回应"空吠"两字。

茅盾这篇文章自然同样让创造社的朋友不满,也引起更多朋友的关注。在北京的周作人曾向茅盾打听事情的来龙去脉,茅盾在9月20日给周作人的信中说:"对于《创造》及郁、郭二君,我本无敌意,唯其语言太逼人,一时不耐,故亦反骂。新派不应自相争,郁君在发启《女神》出版周年纪念时,似亦有此意,不解其何以一面如此说,而一面又谩骂也。"[1]至于郭沫若指责茅盾等写文章用化名,茅盾也有些委屈,他晚年在回忆

---

1. 钟桂松主编:《茅盾全集》,黄山书社2014年3月版,第37卷,第93页。

录中讲到这件事时说:"其实'损'本是我的一个公开的化名,当时我们又规定《文学旬刊》的编辑在旬刊上写文章都用化名。"估计这是实情。而且不仅是在旬刊时期,在这之前就已经这样做了。茅盾在商务印书馆的同事胡愈之在《我的回忆》中说:"当时商务很保守,一切刊物杂志还是用文言文。我当时和沈雁冰同志都喜欢写白话文,但是怕所内老先生知道了不好,所以不敢用真名,而是用笔名投到报纸上发表。"[1] 当然,在日本留学的郭沫若、郁达夫他们这些年轻人,自然不了解这种复杂的新旧文化背景。

此时,茅盾和郑振铎与郭沫若、郁达夫、成仿吾之间已经战云密布,论战你来我往、针锋相对。双方除了在文艺创作、评论方面进行论争之外,也夹杂着不少因年轻气盛而意气用事的成分。茅盾这篇《"半斤"VS"八两"》发表后,郭沫若在《创造》第一卷第三号上发表《反响之反响》一文,回应胡适在北京《努力周报》上对郁达夫《夕阳楼日记》的批评,也回应9月1日《文学旬刊》上茅盾、郑振铎的文章和信,其中"答《文学旬刊》"一节开头是这样写的:

上海《时事新报》附带的九月一日的《文学旬刊》,有一篇沈雁冰君的《半斤八两》的文字,是专门回骂我的。还有两

---

1. 胡愈之:《我的回忆》,江苏人民出版社1990年7月版,第137页。

封对于我的公开状,一封是沈君的,一封是郑振铎君的。徒闹感情的文字,我本没有答复的必要,因为他们都要叫我答复他们,我便在此简单地答复几句。至于九月一日以后的《文学旬刊》,我因为离了上海,没有机会读他了,如其中尚有关于我的说话,那是不在此文答复之列。

郭沫若一封答复郑振铎,一封答复茅盾。其中答复茅盾的如下:

雁冰足下:

"损"先生果然就是足下,我自己解决了一个闷葫芦,你足下也表示了一次真面目,这是我们彼此的幸事。"鸡鸣狗盗式的批评家"的一个批评,我是专为藏在一个匿名之下骂人或谈俏皮话的人而发的,足下既莫有骂过人,足下的匿名又是另有一番用意的,那我就算唐突了,我就"收回自用"。我就算空吠了一场吧。其余的辩论,我也不用再生枝节了。总之自己的美丑,自己是不晓得的,要有镜子才能知道。我们彼此以后做个不要走样的镜子那就好了。

郭沫若这封公开信也同样板着脸,生着气。

因为当时作为商务印书馆杂志编辑的茅盾和郑振铎,还都没有文学创作成果,更没有创作经验;而创造社的郭沫若、郁达夫等的诗歌、小说创作却能一鸣惊人，他们早已凭自己的才华纵横文坛，起点很高。所以，创造社的几位成员有点瞧不起茅盾、郑振铎等人，用现在的话来说，他们认为文学研究会是光说不练，倡导新文学叫得很响，自己却没有新文学作品出来。而茅盾、郑振铎这些文学研究会的年轻人虽然自己还没有创作，但同样才华横溢，文学主张和文学批评是他们的强项。他们一方面评论创造社朋友的作品，在肯定的同时，更多地找出他们的毛病和不足，另一方面大力宣扬文学研究会自己的文学主张。现在看来，当时创造社与文学研究会论战双方各有所长，也各有所短，所以打起笔墨官司来，内容十分丰富。茅盾在回忆录中关于双方在文学理论交锋方面的论述甚详，看得出，当时在商务印书馆做编辑的茅盾、郑振铎在与创造社的论争中，经常采取扬长避短的战术，抓住创造社诸人在创作上、理论上的不足和漏洞给予抨击。

而创造社成员除了对茅盾等人拿不出创作作品有些不屑之外，也抓住茅盾、郑振铎的外语水平冷嘲热讽，而对于郭沫若、郁达夫、成仿吾这些有过留学经历的青年来说，外语是他们的强项。对此，茅盾在回忆录中也承认，围绕翻译问题的争论是义学研究会与创造社当年争论的一个内容，虽然"这是整个论战中最无积极意义的一部分"。

1922年7月10日，茅盾在第十三卷第七号《小说月报》上答复读者万良濬关于翻译《浮士德》《神曲》等外国经典作品是否不太经济的来信时,认为"翻译《浮士德》等书,在我看来,也不是现在切要的事;因为个人研究固能惟真理是求,而介绍给群众,则应该审度事势,分个缓急"。郭沫若看到以后十分生气,立刻在 7 月 27 日的《时事新报·学灯》上发表《论文学的研究与介绍》一文,文章开头就直接切入:

最近读《小说月报》十三卷七号,见通信栏中,有万良濬君把翻译《浮士德》、《神曲》、《哈孟雷德》,未免太不经济的旧话重提,万君以为"以上数种文学,虽产生较早,而有永久之价值者,正不妨介绍于国人",他是赞成翻译的。沈雁冰君的答函,说是"翻译《浮士德》等书,……也不是现在切要的事。"他说:"个人研究与介绍给群众是完全不相同的两件事";"因为个人研究固能惟真理是求,而介绍给群众,则应该审度事势,分个缓急"。他话里还夹了一段笑谈,因为我不懂他是什么意思,所以我也就不能涉及;总之沈君是不赞成翻译以上诸书的。

接着郭沫若又把旧账翻出来,认为去年郑振铎就有文章指责翻译《浮士德》等是不经济的,他一直憋着一肚子气。他说:因为创造社的人在译莎士比亚、歌德的作品,"所以才生出经济不经济的问题出来。说翻译以上诸书是不经济的人,我记得是郑振铎君。郑君在去年夏季的《文学旬刊》上,发表过一篇《盲目的翻译者》的一段杂谈,其中便说的是这么一回事。……我当时读了他那段杂谈的时候,本以为是有讨论之必要的,不料郑君劈头便在骂人,所以我就隐忍着,直至今日尚不曾说过只词半语"。紧接着,郭沫若从翻译的动机、翻译的效果两个方面与茅盾论争,责问:"翻译之于研究,到底还是一线的延长吗?还是切然划然,完完全全的两个事件呢?"对茅盾的"个人研究固能惟真理是求,而介绍给群众,则当审度事势,分个缓急"一句,郭沫若责问:"难道研究时可以探求真理,介绍时便可以把真理抹杀了吗?这句话我不能了解。"原来,郭沫若此时正在翻译歌德的《浮士德》,而茅盾在回复万良濬信中却认为"翻译《浮士德》等书,在我看来,也不是现在切要的事",所以,这话在郭沫若听来自然十分刺耳了。

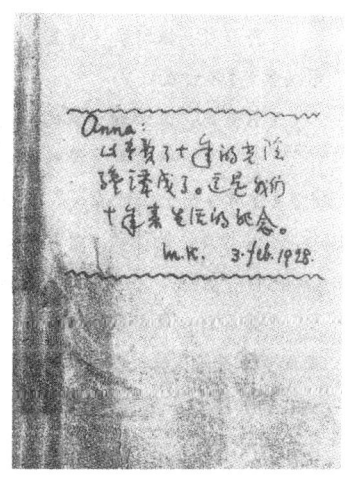

图1-20 1928年郭沫若翻译完成的《浮士德》

看到郭沫若的诘问文章，茅盾也立刻在 8 月 1 日的《文学旬刊》上发表《介绍外国文学作品的目的——兼答郭沫若君》一文，就翻译问题与郭沫若进行论争。这篇答辩的文章，茅盾在回忆录里已有相当篇幅的引用，这里不再赘述。但这篇文章依然带有情绪，指责郭沫若是"空想的诗人"，有着"过富于超乎现实的精神"。还含沙射影地指责创造社的作家们不关心社会痛苦，"醒着而住在里面的作家却宁愿装作不见，梦想他理想中的幻美"。

图 1-21　1922 年，茅盾摄于上海商务印书馆涵芬楼前花园

到此时，文学研究会与创造社的论争似乎越来越激烈。1922年下半年到1923年，这种激烈的论争依然持续。1923年2月，《创造》季刊第一卷第四号上，创造社的启事和郁达夫的启事也让文学研究会茅盾、郑振铎等人十分恼火。比如创造社启事中说："《创造》本来是同人为研究文艺，大家合力弄出来的一种出版物，创刊以来各种作品都是由同人分任，没有报酬。"本来这样的话题写下来也没有错，但偏偏写到这里，笔锋一转，又影射文学研究会及商务印书馆的《小说月报》了："但现在的高级文艺的杂志，实在不多，而且一部分有点像我们的党同伐异的政党；作者苟不是现在的名人，或不是他们的同党，就不论作品如何出类超群，要想发表出来，是万办不到的。"同样，郁达夫的启事中，也影射用笔名发表文章的茅盾、郑振铎等人说，"我平常做的东西很少"，"并且发表时都署我的真名"，"我是从来不用雅号的，请诸君不要弄错了"。诚然，郁达夫的"启事"一箭双雕，既说明自己，也骂了别人。

1923年，郑振铎翻译了泰戈尔的《新月集》，出版后，创造社成仿吾立刻著文批评，他在《创造周报》第三十号上发表《郑译〈新月集〉正误》的批评文章。《新月集》本来已经由王独清译出并已出版，但郑振铎认为王译不易懂，所以自己又参照王译重新翻译一遍。而成仿吾看了郑译之后，认为"郑君的译文不仅不比王译易懂，不仅许多地方跟着王译弄错，而且有许多地方王译本不错的他颠倒错了"。于是，成仿吾直言:"郑君的英文,我是领教过来的,然而这回我因为他有王译可以参考,极希望他不再弄出笑话来,使人齿冷,不料他依旧发挥他的个性,而且错到使人怎么也不能为他辩解。"还说:"郑君的英文程度本来是人所共晓,我原不必扬他人之恶以显自己之能;不过我既看见了,颇觉得有点胸中作呕,非吐出不行,而且郑君既然译错了,我由他的学力断定他是不能看出他自己的错处的,那么我为读此书的诸君的利益起见,似也不可不把郑译的几处大错改正一下。"显然是直截了当地批评郑振铎的翻译水平和能力了。后面,成仿吾果真罗列了郑译中的十大错误,将原文、郑译及王独清的译文放在一起,加以批评分析。

在1923年下半年这一段时间里,成仿吾似乎一直冲在论争的前面,对文学研究会茅盾、郑振铎批评的火气很旺。为什么有这种现象,这里有一个细节很有趣。当时的梁实秋似乎没有参加论战,但对此事十分关心,时不时地向成仿吾提供一些情况看法,有些甚至不是劝架而是添油加醋。梁实秋在6月12日给成仿吾的信中说:

《文学旬刊》曾有人暗射的比你做为"黑松林里跳出来的李逵"。我希望你不要以为这句话是污辱你,虽然写这句的人倒许是存心要污辱你。仿吾啊!李逵是一条好汉!……"雅典主义"恐怕永远是"雅典主义","手势戏"恐怕永远还在"开场"呢!

所谓"雅典主义"是茅盾"Atheism"的误译,成仿吾专门有文章批评茅盾、郑振铎他们翻译的错误,"雅典主义"成为攻击茅盾翻译的一个把柄。

显然,这位同样年轻的梁先生是站在成仿吾这一边的,但这封信的言语之间,却有火上添油之嫌。在第三十二号《创造周报》上刊登的梁先生给郭沫若的信,也有插一脚之嫌,他告诉郭沫若:"《文学旬刊》有一个姓梁的说仿吾译的《孤独的划者》里'Stop here, or gently pass'一句译错了。其实并未译错,倒是姓梁的没懂原文。我想这简直没有辩论的余地,英文还没学通,就出来骂人译错,未免可怜。"可见,梁先生当时对文学研究会中人是有成见的,所以看到一点不利于创造社朋友的信息,就立刻报告给郭沫若。这个细节,现在看来十分有趣,当年这些年轻人心态各异,他们之间的关系也是错综复杂的。

茅盾回忆录中对关于翻译的争论也有一段回忆,他说:

与创造社论战的另一个内容关于翻译错误问题,这类问题量最大,占了论战的大部分时间。其中直接与郭沫若有关的就有《意门湖》(茵梦湖)的错译和《少年维特之烦恼》的错译问题。中国用白话文翻译介绍外国文学作品,始于一九一九年五四运动前后,到论战发生的一九二二年才只三年。翻译家们的幼稚，水平不高，经验不足，自不待言，因而译品中有错译、误译、死译等也不足为奇。善意地交换意见，互相帮助、探讨、批评，是完全应该的，而且是提高翻译质量的重要方法。可是，关于翻译问题的论战却夹进了太多的意气和成见，以至成了一场护自己之短，揭他人之疵，讽刺、挖苦乃至骂人的混战，徒伤了感情。而且，郭译《茵梦湖》也有错误，朱偰的《漪溟湖》（这是原书的第三种从德文译出的译本）逐条指出错译十多处。可惜创造社诸公丈八台灯只照见了别人。[1]

茅盾客观地回忆了有关翻译方面的论争，认为论争客观上也促进了大家学外语的劲头。他说："我及商务编译所的几个同事，就因此而发愤自学日、德、法三种外文。学日本文，是想能够读德日文对照、注释完备的《茵梦湖》一类的书。读德、法文，是因为创造社诸公常说编译外文书必须从原本，不能依靠转译。当时，我们找到了教师，每星期有三次学习，时间都在晚上。我学日、德两种文字（法文呢，我在北大预科时学过三年，此时尚未还给先生），可惜后来别的社会活动多了，不能坚持。"[2]

这就是当年在五四运动精神熏陶下成长起来的青年知识分

---

1. 茅盾：《我走过的道路》（上），人民文学出版社1981年10月版，第215—216页。
2. 同上书，第218页。

子,他们在不同文学观念的争论中,不忘充实自己,努力克服自己存在的不足和弱点。因此,在这样的争论中,双方的人格没有降低到"俗"的程度,而是在批评他人的同时,自己依然保持上进的姿态。

1924年7月21日,《文学》周报发表了郭沫若的来信和茅盾、郑振铎的答复,断断续续进行了两年多的论战由此落下帷幕。当时,论战结束的情况是这样的。郭沫若从日本寄来一封给《文学》周报编辑的一封信,信中言辞犀利刻薄,夹杂着一些意气,"揭发"文学研究会茅盾、郑振铎等人"滥招党羽""徒广销路""敷衍情面""借刀杀人"等等,有些危言耸听。因此,郭沫若这封"讨伐"信刊发在《文学》周报第一百三十一号的同时,茅盾、郑振铎给郭沫若的复信也刊登在这一期上。复信中,茅盾等人回应了郭沫若的指责和所谓的"揭发":"郭君'揭发'杂志编者罪状,意何所指,明眼人一见而知;郭君素来痛恨模糊影响之谭,素来主张要举事实证明,何以此次适得其反?我们深为郭君的'言行一致'可惜!'打开天窗说亮话',我们认郭君这些话是隐射我们而发的,我们认为诬蔑我们的人格,我们要求郭君举事实来证明;在郭君举不出事实的证明之前,我们认郭君是发言不负责任,是故意淆乱社会的听闻!"又说:"'只寻别人错头,忘记自己过失';这是我们所见近年来学术界的一种现象。凡把装自己过失的袋儿挂在脑后的人们,每每对于同一事件,作两样的看法；譬如说杂志上收用稿件，他们自己报上刊登青年作家的作品是'提携青年作家'，然而别人报上刊登青年作品却便是'以青年伟进之心为钩钓读者之饵'了；又如互相批评，在他自己骂人的时候，骂人便是'防御战'，是极正当的行为，然而别人若一回骂，可就成了'大逆不道'了。我们老老实实说罢，当我们想起这种现象时，每不禁连想到近二年来《创造季刊》与《创造周报》的言论。……我们知道郭君，还有成仿吾君，是感情热烈的人；感情热烈者每每昨日自己说的话，今天就会忘记，所以我们十分原谅他们。……本刊同人与笔墨周旋，素限于学理范围以内，凡涉于事实方面，同人皆不愿置辩，待第三者自取证于事实，……但我们今次聊且因郭君之质问而从事实上声明如右。郭君及成君等如以学理相质，我们自当执笔周旋，但若仍旧羌无左证漫骂快意，我们敬谢不敏，不再回答。"

两年多的文学研究会与创造社的文学论争，以文学研究会挂出免战牌而宣告结束。但从本文挂一漏万的历史叙述中，我们也可从双方论战中得到一些启示。一是双方论战的主力都是五四新文化运动中成长起来的新文化战士，而且都年轻气盛，论战中夹杂一些意气用事的言语，在所难免；而且，因为相同的时代背景，论战后遗症极少。二是论战虽是打着民间社团的旗号，其实质却是个人行为，因此，虽然论战热闹但没有出现混乱，而且也没有守旧势力掺和进来。所以，这场论战也留下了不少值得重视的历史资料。同时，客观上也促进了论战的主力们发愤读书，"恶补"自己的不足。三是商务印书馆管理层对此次论战既没有插手，更没有干涉，对自己单位的雇员在本单位媒体上发表论争言论，不仅没有禁止，反而一如既往让他们执掌，可见当时商务管理层的开明和大度。

总之，这场耗时两年多的论争，是茅盾在商务印书馆职业生涯中一件不能不说的往事。当然，其中也有意外的因素。至于茅盾在商务印书馆工作时对鸳鸯蝴蝶派的抨击，与南京学衡派的斗争，作为新文化运动中成长起来的战士，是题中应有之义。所以，这里只择要介绍与创造社郭沫若、郁达夫、成仿吾这些朋友之间的论争。

第二辑

第六节 / 180
伯乐张元济

第七节 / 215
师傅孙毓修

第八节 / 250
所长王云五

第九节 / 279
难忘的那些领导、同事、朋友

第六节 伯乐张元济

在中国的新式出版事业中,张菊生确实是开辟草莱的人。他不但是个有远见、有魄力的企业家,同时又是一个学贯中西、博古通今的人。

——茅盾

茅盾后来能有如此巨大的文学贡献,与商务印书馆元老张元济先生的慧眼识才与栽培是分不开的。

张元济是茅盾1916年8月28日到上海河南路商务印书馆发行所见到的第一个商务印书馆领导,当时张元济是商务印书馆的经理。茅盾进商务印书馆的第一个工作岗位——编译所英文函授学社阅卷员，是张元济亲自安排的；茅盾进商务印书馆的工资，"月薪廿四元"，也是张元济亲自确定的——这个工资数，在当时，已经相当于12个商务印书馆学徒的月薪总和；后来茅盾给张元济写信表达对商务印书馆出版的《辞源》的建议，为张元济所肯定，并把20岁的茅盾调到更合适的工作岗位；五四运动以后，还是张元济先生，决定让茅盾出任《小说月报》主编，让茅盾在新文化运动中如虎添翼、更加有所作为！因此，张元济不只是茅盾进上海商务印书馆第一个认识的领导，也是让茅盾在商务印书馆脱颖而出的伯乐，是影响茅盾一辈子的人。

张元济对茅盾——那时还不叫茅盾，而叫沈德鸿或沈雁冰——的印象，仅止于北京商务印书馆分馆经理孙伯恒的来函介绍。但是，孙伯恒可能更多是从商务印书馆的业务发展上来分析介绍。因为茅盾的亲戚卢鉴泉先生当时是北洋政府财政部的公债司司长，握有公债票据的印刷大权，这是一笔很大的业务。而商务印书馆北京分馆有个京华印书局[1]，其中的印刷设备和印刷技术在当时的北京是一流的。于是，商务印书馆北京分馆经理孙伯恒想巴结公债司司长卢鉴泉，希望以后能够承印公债票据。而当时茅盾正好从北京大学预科毕业，这个预科相当

---

[1] 京华印书局前身是由康有为、梁启超等人创办的强学会书局改组而来的官营印刷机构，于1884年组建，1905年被上海商务印书馆买下，改名为京华印书局。

于今日之大专。毕业前夕，茅盾母亲陈爱珠及祖父沈砚耕分别给卢鉴泉写信，希望卢鉴泉为茅盾找份工作。茅盾母亲还表示，不想让自己儿子沈德鸿进官场或银行这些地方工作，希望卢鉴泉帮忙。正好此时商务印书馆北京分馆孙伯恒与卢鉴泉套近乎，卢鉴泉便顺势将自己的表侄沈德鸿推荐给孙伯恒，希望孙伯恒在上海商务印书馆给沈德鸿安排个工作。此事对孙伯恒来说求之不得，便立刻答应下来，并写信给上海商务印书馆经理张元济，说明北京分馆与公债司司长的关系，并介绍了沈德鸿，同时说明是公债司司长卢鉴泉的亲戚。那么，孙伯恒这封信什么时候寄到了张元济手上？张元济的态度又是如何呢？

从张元济的收信记录里，1916年7月5日，张元济收到孙伯恒来信，并及时回复；7月11日和19日，又两次接到孙伯恒从北京来信。此后几天，张元济为迎接孙中山来上海商务印书馆参观而忙碌。在7月27日的日记里，张元济"用人"栏里记着："伯恒来信，卢鉴泉荐沈德鸿。复以试办，月薪廿四元，无寄宿。试办后彼此允洽，再设法。"这里的"伯恒来信"具体是什么时间来信，张元济没有说，而7月19日以后这几天的"收信"栏并没有记载孙伯恒有过来信，因此，所谓"伯恒来信"应是指19日的来信。张元济收到后在案头搁置几天，中间正好有孙中山先生来访，到7月27日才正式决定下来，同意接收，并告知月薪多少，不提供宿舍等等。张元济同意接收沈德鸿后，就告诉了孙伯恒，请孙伯恒通知卢鉴泉和沈德鸿。但是，张元济具体什么时间给孙伯恒去的信，现已不可考。从这以后到沈德鸿8月28日到上海商务印书馆见张元济，中间张、孙有多次信函来往，张元济给孙伯恒发信计有：7月的29日，8月的2日、7日、9日、14日、15日和23日。而《张元济全集》的书信集中，也没有收入两人这一时期来往的书信全文，很是遗憾。

当孙伯恒接到张元济同意接收沈德鸿的来信后，立刻告诉卢鉴泉，并备函让沈德鸿去上海面见商务印书馆经理张元济。

1916年8月27日，茅盾告别母亲到上海。28日上午，带着孙伯恒的手书，茅盾走进上海河南路商务印书馆的大门。这一天，是决定茅盾一生发展方向的日子，也是茅盾第一天到商务印书馆这个东方最大的出版机构上班的日子。所以，这一天的情景，茅盾一辈子都铭记于心！

图 2-1 张元济书法
联语：言思毖动思踬过思弃 端尔躬正尔容一尔衷

茅盾在《我走过的道路》中用充满感情的笔调回忆了自己只身去上海商务印书馆求职时的见闻和初见张元济时的情景：

一九一六年八月初旬[1]，我到上海，先找个小客栈住下，然后到河南路商务印书馆发行所，请见总经理张元济（菊生）先生。我和张元济并无一面之识，我只带着商务印书馆北京分馆经理孙壮（伯恒）的一封给张元济的介绍信。我和孙伯恒也不认识，是我的表叔卢学溥（鉴泉）把我荐给孙伯恒的。当我在本年七月回家时，还不知道祖父应母亲之请写信给卢表叔请他为我找职业，也不知道母亲另有信给卢表叔，请他不要为我在官场（卢表叔在当时的政派中属于梁士诒一系，与叶恭绰友善）或银行找职业。因为有此种种缘故，当我在本年七月底回到家中时，母亲把找职业已托了卢表叔的事告诉我，并说准备在家闲居半年，因为除了官场和银行界以外，卢表叔未必马上能为我找到合适的职业。却不料八月初就收到卢表叔的信，内附孙伯恒给张菊生的信，并嘱赶快去见张总经理。卢表叔的信中还提到张元济翰林出身，是商务印书馆的创办人之一。

现在且说我到河南路商务印书馆发行所，找一个售货员问

---

[1]. "八月初旬"这一时间有误，应为八月下旬。据商务印书馆档案的职员登记卡，茅盾进商务印书馆的确切时间为1916年8月28日。

总经理办公室在哪里。发行所顾客拥挤,那个售货员忙于卖书,只把嘴一努道:"三楼。"上三楼要从营业部后面一个楼梯上去,我刚到楼梯边,就有人拦住,问,"干什么?"我答:"请见张总经理。"那人用轻蔑的眼光把我上上下下打量一番,冷冷地说:"你在这里等罢。"我真有点生气了,也冷冷地说:"不能等候。我有孙伯恒的介绍信。"一听"孙伯恒"三字,那人立刻面带笑容问道:"是北京分馆孙经理么?"我不回答,只从口袋取出印有"商务印书馆北京分馆"红字的大信封对那人一晃。那人的笑容更浓重了,很客气地说:"请,三楼另有人招呼。"我慢慢地走上三楼时,回头往下一看,果然在那人对面的一条板凳上坐着两个人,想是等候传呼然后可以上楼的。我心里想,好大的派头,不知总经理的威严又将如何?

到了三楼,觉得这所谓三楼同二楼(那是我没有进去的,只在门外经过,里边人声嘈杂)或一楼(即门市部)颇不相称。三楼矮些,又小些,门前倒有较大空地,一人坐在长方桌后,见了我,就说:"先登记。什么姓名?"我答:"沈德鸿"。那人又问:"三点水沈,是么?什么,得?"我答:"是道德的德。"又问:"三点水共字的洪罢?"答曰:"不是,是燕雀安知鸿鹄之志的鸿。"那人摇头,表示不了解。我又说:"是翩若惊鸿的鸿。"那人睁大了眼,我看他面前的登记簿上,本日已登记到十六号,而我将是第十七号,而此时不过九点钟,可知总经理已会过至少十六个客人了。此时忽听有人说:"是江鸟鸿。"我回头一看，管登记的那个人对面靠墙板凳上坐着四个人，显然是等候传见的。登记人皱着眉头说："江鸟鸿，人人都懂，你偏不说。什么事？也得登记。"我从口袋里拿出那个大信封来。登记人接过去一看，霍地站了起来，口里念道："面陈总经理张　台启　商务印书馆北京分馆孙"。这个墨笔写的大"孙"字恰恰写在红色印的"馆"字上面。登记人满面笑容对我说："我马上去传达。"推开门进去了。

我正在想：原来他们把鸿拆成江鸟；登记人已经带一个人出来，低声对他说："请稍等候。"又侧身引路，对我说："请进。"我进了门，他就把门关上了。

我见这间总经理办公室前面一排窗，光线很好，一张大写字台旁坐着一人，长眉细目，满面红光，想来就是张元济了。两旁靠墙都有几把小椅子（洋式的，圆形，当时上海人称之为圈椅，因为它的靠背只是一道木圈），写字台旁边也有一张；张元济微微欠身，手指那个圈椅说："坐近些，谈话方便。"我就坐下。张先问我读过哪些英文和中文书籍，我简短扼要地回答了，他点点头，然后说："孙伯恒早就有信来，我正等着你。我们编译所有个英文部，正缺人，你进英文部如何？"我说："可以。"张又说："编译所在闸北宝山路，你没有去过罢？"我表示不知道有什么宝山路。张拿起电话，却用很流利的英语跟对方谈话。我听他说的是："前天跟你谈过的沈先生今日来了，一会儿就到编译所见你，请同他面谈。"打完电话，张对我说：

"你听得了罢？刚才我同英文部长邝博士谈你的工作。现在，你回旅馆，我马上派人接你去宝山路。你住在哪个旅馆？"我把旅馆名和房间号码都说了，张随手取一小张纸片记下，念一遍，又对我说："派去接你的人叫通宝，是个茶房，南浔镇人。你就回旅馆去等他罢。"说着他站了起来，把手一摊，表示送客。我对他鞠躬，就走出他的所谓办公室。

我回旅馆，把简单的行李理好，此时已是九点半。我回想总经理的办公室，朴素得很，墙上不挂任何字画，大写字台对面的长几上却堆着许多书报，中、英文都有。[1]

可见初出茅庐的青年茅盾对张元济的印象多么深刻！

然而，1916年8月28日，张元济的日记里完整地记录了这一天的日程，如给弼臣、王仙华发信，中午在高梦旦家里与陆炜士、吴稚晖等谈话，与邝博士谈函授部工作等等，日程排得满满的。虽然没有记录茅盾到他办公室报到的事，但是值得关注的是，张元济在日记"用人"栏里有一段话，估计与茅盾的工作有关。不妨抄录如下：

告邝，函授部开办十一个月，有学生八百余，实收一万五千元，应加推广，约锡三同商，拟添改稿一人。邝言，

---

1. 茅盾：《我走过的道路》（上），人民文学出版社1981年10月版，第102—104页。

周越然之兄有就意。又添写信一人。（嗣与梦翁商，拟调马翔九充任。）邝言，蒋君改稿不甚着意，当谆戒之。余云，应否告乃叔。邝云可缓。余言，学生多是请免费或减费者。可即定一代募生徒奖励法，或每代招一人给奖二元。周出示万国函授学堂奖券，亦拟仿制。取书作四元用，交费作二元用。并将一、二级讲义速行修改，以励初学。[1]

这里可以看出，张元济为了安排茅盾进函授部做阅卷员，曾专门找编译所英文部部长邝富灼、西书部主任周锡三先生商量，计划增加一个阅卷员。可是，邝富灼告诉张元济：增加人可以，周越然的哥哥周由廑也很想得到这个岗位。显然，当初商务印书馆英文部阅卷员的岗位还是很抢手的。

日记中所说函授部的正式名称叫"函授学社"，茅盾回忆录中记作"函授学校"。函授学社成立于1915年7月，张元济兼任函授学社社长，所以，上述引文中，张元济说函授部开办已有11个月了。还有，从张元济日记看，周越然的哥哥周由廑在茅盾进商务时还没有进来。但茅盾在回忆录中说周由廑先生是先他到位的：

> 到了宝山路，把我的行李卸在一座半洋式二层的房子里

---

1. 张元济：《张元济全集》，商务印书馆2008年12月版，第6卷，第104页。

(这房象是宿舍,此时只有一个小茶房看守房子,见了通宝,十分恭敬),立刻到编译所,会见英文部长邝富灼,说是安排我在英文部新近设立的"英文函授学校",担任修改学生们寄来的课卷。此时英文部一共才有七个人,部长邝富灼,"函授学校"主任周越然,编辑平海澜、周由廑(周越然的哥哥),改卷员黄访书(广东人,邝富灼引进来的),办事员(等于练习生)胡雄才,加上个刚来的我。这七个人中,部长是华侨,原籍广东,外国大学毕业,得博士,大约四十多岁,广东话也不大熟练,只说英语。二周兄弟,胡雄才,都是湖州人,他们把我看成同乡。平海澜是上海人,原浦东中学英文教员。英文部中大家说话,多用英语。[1]

这里提到的周越然当时是商务印书馆函授学社副社长兼英文科科长,而不是"'函授学校'主任"。周越然生于1885年,比茅盾大11岁,他的英文水平极好,当时编著的《英语模范读本》很有名。而且,周越然也是个读书人,他在上海有一座藏书楼,名为"言言斋",是一幢西式两层楼房,内有中文图书3000余种、西文图书约5000种,后不幸毁于战火,这是后话。而周越然的兄长周由廑当时也在上海,担任湖州旅沪同乡会——湖社的执行委员,后来曾主编商务印书馆《英文周

---

1. 茅盾:《我走过的道路》(上),人民文学出版社1981年10月版,第105页。

刊》，又任湖州旅沪初级中学校长，编有《英语论说文范初集》等英语教材。[1]所以，周家兄弟是作为英语人才在商务担当编辑责任的。

茅盾进函授学社后工作十分轻松，他在回忆录中说："我的第一天工作很轻松，只改了四、五本卷子，这些学生英文程度不一，最高的不过相当于中学二年级。"因此，20岁的茅盾在工作之余仍有大量的时间读书。一个月后，茅盾读了商务印书馆上年刚出版的《辞源》之后，有感而发，"贸然"给张元济先生写了一封信，谈了自己读《辞源》的感受。不料，茅盾这封有感而发的信引起了张元济的高度重视。张元济认为沈德鸿在英文部用非其才，亲自批示并与编译所高梦旦先生商量，让他到更能发挥才能的国文部给孙毓修当助手。茅盾在回忆自己给张元济写信的经过时说：

我在英文部工作已有一月了，我并不讨厌机械式的改卷，反倒喜欢这里的必说英国话的"怪"现象。我以为这可以提高我的英文口语的能力。在北京大学预科时，虽然洋教员有四、五名之多，但我的英文的口语总不好，同学中大都如此。

我从谢冠生那里看到了当时正在发行的《辞源》，忍不住给张菊生写了一封信。当然，信是文言的，那时还没提倡白话。

---

1. 参见沈文泉编著：《湖州名人志》，杭州出版社2009年11月版，第436页。

这封信开头赞扬商务印书馆的出版事业常开风气之先,《辞源》又是一例。次举《辞源》条目引出处有"错认娘家"的,而且引书只注书名,不注篇名,对于后学不方便。最后说,《许慎说文》才九千数百字,而《康熙字典》已有四万多字,可见文化日进,旧字不足应付。欧洲文艺复兴以来,文化突飞猛进,政治、经济、科学,三者日产新词,即如本馆,早已印行严译《天演论》等名著,故《辞源》虽已收进"物竞天择"、"进化"诸新词,但仍嫌太少。此书版权页上英译为《百科辞典》,甚盼能名实相符,将来逐年修改,成为真正的百科辞典。这封信交给通宝随同编译所每日应送请总经理过目或核示诸文件专差送去。我写此信,是一时冲动,事前事后,都未对人说及。但在那天晚上,在宿舍里,谢冠生悄悄地对我说:"你那封信,总经理批交辞典部同事看后送请编译所所长高梦旦核办。"我真意想不到,这么一封平常的信,引起那样大的注意。说老实话,这封信我是随便写的,寥寥二百余字,如果我想炫才自荐,可以引经据典,写一、二千字呢。[1]

茅盾作为当事人,这段有声有色的回忆应该是事实,这一点毋庸置疑。但是,对于当时日理万机的商务印书馆经理张元济来说,此事恐怕是他每天处理的数十件事务中一件不足道

---

1. 茅盾:《我走过的道路》(上),人民文学出版社1981年10月版,第109—110页。

的小事。所以，我们今天在张元济的日记里，找不到茅盾给他写信指出《辞源》之不足这件事的半点痕迹，在张元济的工作史料里，也看不到茅盾给他写信的记录——张元济每天收信、发信都有记录。也许是沈雁冰这个小青年的来信，在当时张元济的公务处理中，还不足以在日记的收信栏里做记录。

尽管张元济在工作史料中对此没有留下丝毫痕迹，但据茅盾回忆，写过信之后，茅盾的工作岗位立刻发生了变化。这种戏剧性的变化，在今天的体制看来，简直是天方夜谭，但在当年却真实地发生了。茅盾回忆说：

> 次日上午，高梦旦在小会客室叫我去谈话。高梦旦天天来编译所办公，似乎今天他才知道编译所有我这么一个人。这也难怪，我进英文部是张菊生直接和邝博士谈妥，而且第一天进编译所便到英文部，邝亦未引我去见高所长，因为他知道高梦旦是不拘小节的。当时高梦旦开门见山就说："你的信很好。总经理同我商量过，你在英文部，用非其材，想请你同我们所里一位老先生，孙毓修，合作译书，你意下如何？"我并不认识孙毓修，当我童年时，孙毓修编的童话尚未出版，这些童话大部分是从英文童话意译来的，用白话，第一本名为《无猫国》，这是中国历史上第一次有儿童文学。我猜想这位孙老先生大概懂英文，同他合作译书，不知怎样做法，译什么书？不过我也

不多问，只说："我愿意。但先须向邝部长说明，向他告别。"高梦旦说："我同你去，邝博士还不知道要调你呢！"

见过邝富灼，我谢他一个多月对我的照顾（这是真话，一个多月来，他对我很客气，象对二周和平海澜），然后，高梦旦引我去见孙毓修，只说句："你们细谈吧"，就回到他那背阳的大写字台旁坐下。

茅盾这段岗位调动的回忆写得十分生动。在这段生动的描述中，我们也看到当时商务印书馆职场环境还是清朗的。编译所新进一个编辑，商务印书馆经理张元济可以直接与编译所下属英文部邝富灼沟通联系，竟然可以绕开编译所实际负责人高梦旦！但大度如高梦旦，不以为忤，反而安之若素。而当张元济在茅盾的信上批示，重新调整安排茅盾的工作岗位时，又由高梦旦直接调度，而茅盾所在部门的负责人邝富灼竟然不知自己部门的人要调出去。这种关系换在今天的职场看来，不免会令人匪夷所思，但在留下来的史料里，丝毫看不到高梦旦与邝富灼之间由此产生隔膜，二人确实都是谦谦君子啊！

此后几年中，茅盾给孙毓修先生当助手，编童话，协助其编纂"四部丛刊"，然后逐渐在新文学领域崭露头角，在1920年下半年，被张元济、高梦旦选为革新《小说月报》的人选，从此擎起中国新文学的大旗，利用《小说月报》这一阵地，宣传新文学,抨击旧文学,成为中国文坛的一名健将。

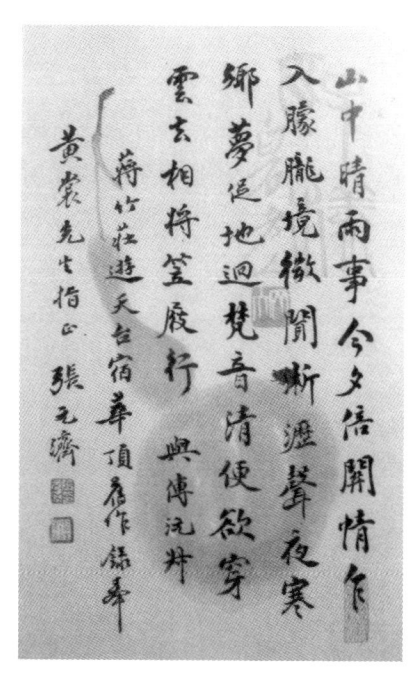

图 2-2　1916 年,张元济与傅沅叔、蒋竹庄同游天台宿峰顶作五律

诗句:山中晴雨事,今夕倍关情。乍入朦胧境,微闻淅沥声。夜寒乡梦促,地迥梵音清。便欲穿云去,相将笠屐行。

这里重点说一下选择《小说月报》革新人选的过程。当时张元济再次将目光投向茅盾,这一过程也同样富有戏剧性。

五四运动以后,商务印书馆当局也深受影响,但商务印书馆经过多年的发展,已经成为中国最大的出版机构,然而偌大的机构想紧跟风云变幻的时代潮流又谈何容易!1920 年的春天，张元济与高梦旦商量："拟设第二编译所，专办新事。以重薪聘胡适之，请其在京主持。每年约费三万元，试办一年。"[1] 显然，商务当局的高层也在努力改革创新，想从体制、机制上适应世界潮流。不知何故，张元济等请胡适在北京主持商务印书馆第二编译所的改革计划没有实行下去。假设当时商务印书馆真的走出这一步，恐怕后来茅盾的发展轨迹也会发生变化。

客观地说，商务印书馆这样的大型出版机构如果要改革，肯定是步履艰难的，应该无异于一场革命。但是，这一场革命对张元济等商务高层决策者来说已经无法回避，曾经无比风光的刊物，在五四新文化运动的冲击下销量每况愈下，例如《小说月报》到了1920年，每期销售量仅余2000册左右，这让商务当局深刻感到了新文化的巨大冲击。1920年10月上旬，张元济专门到北京拜访同乡旅京名人蒋百里，希望通过他结识北京新文化运动的风云人物。蒋百里推荐了还在学校念书的郑振铎。同时，张元济还去拜访胡适、严复、林纾、叶恭绰等人，寻找并问计商务印书馆在新文化运动中的出路。当时，张元济丢下上海商务印书馆一大摊子的工作，在北京盘桓20多天，通过新文化倡导者的推荐，才知道商务印书馆的职员沈雁冰已经是一位"墙内开花墙外香"的新文化战士。

---

1. 张元济：《张元济全集》，商务印书馆2008年12月版，第6卷，第192页。

所以，张元济在10月30日回到上海后，立刻与高梦旦等商量，决定起用茅盾担任《小说月报》《妇女杂志》的主编。但高梦旦、陈承泽找茅盾谈话时，茅盾表示只能担任《小说月报》一个杂志的主编。高梦旦和陈承泽商量后也同意了茅盾的想法。这个过程，茅盾在回忆录中说：

大约是十一月下旬，高梦旦约我在会客室谈话。在座还有陈慎侯（承泽）。高谈话大意如下：王莼农辞职，《小说月报》与《妇女杂志》都要换主编，馆方以为我这一年来帮助这两个杂志革新，写了不少文章，现在拟请我担任这两个杂志的主编，问我有什么意见。我听说连《妇女杂志》也要我主编，就说我只能担任《小说月报》，不能兼顾《妇女杂志》。高梦旦似乎还想劝我兼任，但听陈慎侯用福建话说了几句以后，也就不勉强我了，只问：全部改革《小说月报》具体办法如何？我回答说：让我先了解《小说月报》存稿情况以后，再提办法。高、陈都说很好，要我立刻办。

后来我才知道，张菊生和高梦旦十一月初旬到过北京，就和郑振铎他们见过面，郑等要求商务出版一个文学杂志，而由他们主编（如《学艺杂志》之例），张、高不愿出版新杂志，但表示可以改组《小说月报》，于是郑等就转而主张先成立一个文学会，然后再办刊物。张、高回上海后即选定我改组《小说月报》。[1]

受命革新《小说月报》,是茅盾一生中的一个重要事件,是茅盾经过商务印书馆几年磨炼之后正式走向新文学前台的一个标志;而后来事实证明,成功革新《小说月报》是茅盾为中国新文学建设做出的里程碑式的贡献,因此,茅盾对担任《小说月报》主编的过程记忆深刻。但是,他的这一回忆难免在时间上有些出入,比如回忆录中说"张菊生和高梦旦十一月初旬到过北京",事实上不是"十一月初旬",而是10月初旬。据张元济日记载,张元济是10月6日到北京,30日回上海的,所以也不仅是"到过"而已,而是在北京待了20余天,做了广泛的调研,听取了许多的意见。

商务当局既然将担子压在25岁的茅盾身上,茅盾自然不负众望,经过向原主编王莼农先生了解杂志的情况后,提出了现代编辑史上有名的三项全面革新《小说月报》的条件。

现在看来,起用年轻的茅盾为《小说月报》主编,商务当局的高管张元济、高梦旦等人确实是有魄力、有勇气的,也确实是发自内心地想改革的。即使是文化如此发达、科技如此先进的今天,恐怕也没有一个单位的领导,在不经过反复考察和研究并报上级批准的情况下,敢于将一份面向全国的文学杂志

---

1. 茅盾:《我走过的道路》(上),人民文学出版社1981年10月版,第160页。

交给一个 25 岁的青年编辑去全权负责，而 20 世纪 20 年代商务印书馆的张元济、高梦旦却有这种敢于担当的精神。而这也正是茅盾全面革新《小说月报》成功的关键。

但是，《小说月报》革新取得成功，受到国内外读者关注和好评的时候，曾经两次提拔茅盾到合适岗位上的张元济先生，却没有在史料中留下一点自喜的痕迹。笔者查阅了张元济日记，对《小说月报》的革新，以及茅盾 20 年代的脱颖而出，张元济先生没有以伯乐自居而在日记中表白一番，甚至在日记中没有一点儿表示，似乎当年接收茅盾，给茅盾调整到合适岗位，以及选择茅盾担当《小说月报》主编，都是其职责范围内的事情。所以，茅盾在走上革命道路、成为文学巨匠后，始终对张元济心存敬意——敬其人品，敬其学识，敬其人格，也敬其胸怀。

1926 年 4 月，茅盾离开了工作、战斗、生活十年的商务印书馆，也离开了张元济的直接领导。但茅盾在商务十年期间得到张元济的关照和器重，让他一生铭记。1956 年，已是新中国文化部部长的沈雁冰为张元济先生九十寿辰致祝词如下：

从戊戌以后，菊生先生致力于文化事业，创办商务印书馆；在中国于是始有近代化的出版事业。商务印书馆在介绍西洋的科学、文学，在保存和传播中国古典文学和其他学术著作方面，都有过重大的贡献。将来的历史将记录菊生先生这些对于祖国文化的贡献。[1]

泱泱大国的文化部部长沈雁冰,在前辈张元济先生面前,永远是晚辈。这一祝寿词中充满了一个晚辈对前辈的敬仰之情。

---

[1] 张树年主编:《张元济年谱》,商务印书馆1991年12月版,第580页。此祝寿词原件藏上海图书馆。

链接一

1949年：与商务的一段新缘

在《建国以来周恩来文稿》里，笔者看到周恩来在1949年8月16日《中宣部关于沈雁冰到商务馆任职的电报》文稿上的修改稿。当时，中宣部给周恩来的电报审阅稿是这样的：

上海市委、文管会及出版委员会沪分会：

商务印书馆经过陈叔通来信给沈雁冰，请沈担任出版委员会主任兼编辑部部长。请你们即将商务的情形及官僚资本问题，你们的方案，及沈是否前去的意见，研究电复。

未铣[1]

---

1. 中共中央文献研究室编：《建国以来周恩来文稿》，中央文献出版社2008年2月版，第一册，第266页。

周恩来收到后，亲自在电报稿上做了修改：一是在"上海市委"前加了"华东总分社转"；二是在"及沈是否前去的意见"一句改为"及沈是否需要前去的意见"；三是在稿末加了一句"以便张元济来北平开政协会时，我们有根据与之商谈"，并落款"中宣部"。于是，经过周恩来亲自修改后的电报稿是这样的：

华东总分社转上海市委、文管会及出版委员会沪分会：

商务印书馆经过陈叔通来信给沈雁冰，请沈担任出版委员会主任兼编辑部部长。请你们即将商务的情形及官僚资本问题，你们的方案，及沈是否需要前去的意见，研究电复，以便张元济来北平开政协会时，我们有根据与之商谈。

中宣部

未铣

未铣，是当时日期的代号。那么，这是怎么一回事呢？当时商务印书馆还在上海，而沈雁冰离开商务印书馆已经23年，1949年他也没有到过上海，怎么又想起请沈雁冰出山来担当出版委员会领导之职呢？

1949年5月，上海解放。经历了抗日战争和三年内战，商务印书馆面临百废待兴的局面。上海解放后，共产党在上海的表现让张元济这位翰林出身的老前辈信心倍增，不顾83岁的高龄，倍加关心商务的发展。他曾在一次集会上慷慨激昂地谈到汤恩伯等对上海的保卫："以后所谓大上海保卫战开始了，毁了不少地方，离散了不少家庭，人民被保卫得受不住了，解放军解放上海后，接管情形很好，这是人民之福，相信人民政府为人民服务毫无问题。"[1] 可见，张元济的感受非同一般。

当时，沈雁冰已经秘密从东北到北平参加新中国文化方面的筹建工作。但他的无党派身份和文化名人身份，为一直看着他成长的前辈张元济所关注。1949 年 7 月 19 日，张元济在寓所主持商务董事会第 488 次会议。会上，商务印书馆经理谢仁冰报告解放区各分馆概况，报告参加上海联合出版社并认购股份事宜，报告上海解放后同人待遇问题。张元济先生在会上提议就公司现状拟修订总管理处暂行章程，将原有之编审部改为出版委员会，聘请沈雁冰担任会长。张元济这个提议立即为董事会决议通过。同时，这次会上还聘任谢仁冰为经理，另外，讨论通过就公司财政困难情形呈文陈毅市长的决议。

今天我们猜想，当时张元济以 83 岁高龄决策这件事，恐怕不仅仅是想让沈雁冰这位文学家来担当出版委员会会长，恐怕另有深意。是否是在物色商务传人？从商务出来的能人、名人不少，但中华人民共和国成立后能担当此重任的，沈雁冰显然是一个合适人选。恐怕张元济当时最关心的，莫过于将自己毕

---

1. 张树年主编：《张元济年谱》，商务印书馆 1991 年 12 月版，第 544 页。

生经营的事业传给哪一位接班人。张元济在董事会上提出此议案的深层次动因是否可以做这样的猜想呢？

会后，商务印书馆给在北平的陈叔通去信，请他在北平向沈雁冰发出邀请。而沈雁冰在收到商务印书馆的信后，转请中共中央宣传部指示。

8月16日，中共中央宣传部出面给上海有关部门发出前面那封经周恩来修改过的公函电报。当时，人事安排的情况周恩来是清楚的，新政府里有沈雁冰，新政协里已有张元济，所以，他准备了解具体情况后再俟张元济来北平时面谈此事。

从《张元济年谱》看，中宣部这封电报到上海后没几天，即8月23日，张元济收到了陈叔通的信，告知张元济已被列为新政协代表。

9月8日，张元济抵达北平。但北平的气氛远比他想象的热烈，所有人都在为新中国的成立而紧张忙碌着。张元济被中共中央尊为嘉宾，所以，他也立刻被热烈的气氛所包围。

张元济到北平的消息一传开，第二天，陈叔通、郑振铎、沈雁冰、邵力子等故旧立刻来访。自然，见到沈雁冰，张元济将董事会聘请沈雁冰出任出版委员会会长的事告诉了他，并希望他能够出来协助自己振兴商务。张元济在9月9日的日记中记载："晨起早餐才了，陈叔通、郑振铎、沈雁冰、邵力子及其夫人来。雁冰语余甚愿南下，重回本馆，但此间有关涉文艺职，甚难脱身。余再三致意，渠终辞。余答以亦不敢过强。"[1]
尽管如此，后来张元济还是将聘书送给茅盾。9月11日中午，张元济宴请商务旧友，郭沫若、沈雁冰、胡愈之、沈钧儒、叶圣陶、宋云彬、马寅初、黄炎培、郑振铎、陈叔通、周建人、马叙伦等出席。在一个星期不到的时间里，周恩来在日理万机中专程抽空看望张元济，后来又宴请了这位商务印书馆的元老。9月19日，毛泽东又与张元济同游天坛。后来在新政协会议筹备过程中，张元济又参加了沈雁冰召集的关于国旗、国徽、建都、纪年问题的讨论。在繁忙的空隙，张元济又专门看望过沈雁冰，一起商讨商务印书馆在新社会的发展问题。

图 2-3　1949 年，茅盾（左）和叶圣陶在新政协筹备会上

---

1. 张元济：《张元济全集》，商务印书馆 2008 年 12 月版，第 7 卷，第 379 页。

新中国成立之后，张元济专门为商务发展大计听取名流意见。10月8日，张元济在萃华楼台约了宦乡、郑振铎、农山、沈雁冰、陈叔通一起小酌。10月11日，胡愈之陪陆定一、徐特立、沈雁冰和张元济等一起共进午餐，商议编辑"新中国丛书"的计划。席间，张元济还让沈雁冰具体策划。张元济在10月19日离京的前一天，即10月18日，和陈叔通一起找到沈雁冰，希望他能回商务出任出版委员会会长。沈雁冰早已知道自己将出任国家公职，自然无法再去商务任职，只好谢辞前辈的高情厚谊。张元济在当天的日记中写道："午后二时，偕叔通访沈雁冰。余复申前请。沈坚辞。"

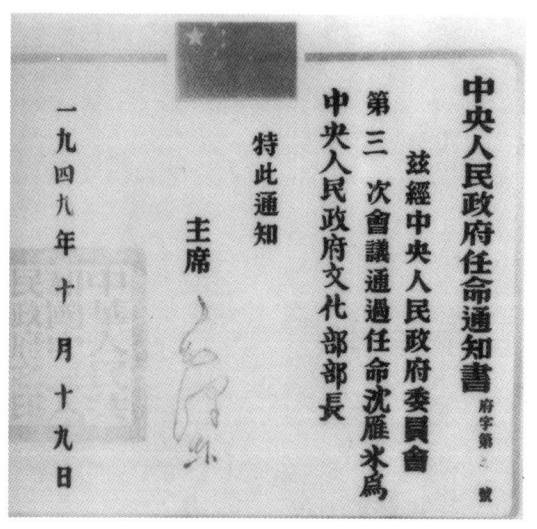

图 2-4　1949 年 10 月 19 日，沈雁冰被任命为中央人民政府文化部部长

后来，有关策划"新中国丛书"的事由沈雁冰代劳，并和郑振铎一起"商酌"。1949年10月底，陈叔通从北京回沪，带来沈雁冰拟订的"新中国丛书"计划和商务出版丛书的合同底稿，张元济仔细看后，给沈雁冰写了一封信，就"新中国丛书"提出了四条意见：（一）将"新中国丛书"改名为"新民主丛书"；（二）每种字数改为三万至五万字；（三）商务北京分馆可作编辑人员集会商计之地；（四）最好能于明春开学之期，全部完成。另外，张元济信中还托沈雁冰在京代购苏俄书籍。

沈雁冰收到张元济关于"新中国丛书"的来信后，于11月14日复信张元济：

菊老赐鉴：

接奉本月三日大札，暨各附件，敬悉一是。丛书办法，尊示各点，已商诸振铎兄，甚为赞同。如何约稿，何日期得半数等等，振铎兄均胸有成竹，一切由渠面陈。至于公司之出版委员一席，晚则实难担任。此中原委，业已屡渎清听。兹再承尊命，为实事求是计，敢推振铎兄自代。盖丛书事务，振铎兄本属主干，今若兼任公司出版委员，则与公司整个出版计划取得联系，更觉方便。愚见如此，至祈赐以考虑。承询苏联翻译白居易及他人诗集出版情形，容查明后再当奉复。专此敬请道安

乡晚沈雁冰上

十一月十四日

附缴还聘函一件[1]

当时沈雁冰写完信，放在抽屉里准备让郑振铎去上海时带呈张元济，可是原本准备去上海的郑振铎因为工作缠身迟迟没有动身，而且行期越来越没有定数。18日，张元济又致电沈雁冰，请他主持"新中国丛书"事。因此，11月19日，沈雁冰上午出席全国文联等单位联名发起和组织的鲁迅先生逝世十三周年大会，下午又出席中央人民政府委员会第三次会议，这天晚上，他又给张元济写了一封信，并在次日将之前书就的信件一起付邮：

再启者：

前函书就，本拟托振铎兄带呈，不料渠迟迟其行，照目前估计恐本月底亦未必能动身，因此改由邮寄。昨日又奉尊电，以丛书事见委。出版委员晚之不能担任，已详前函，日前大驾在京面谈，晚曾谓不居名义，愿尽力赞助，即不但不能担任委员会首席，亦不能担任委员之意也。尊电谓晚已允诺，实有误会。至于丛书，振铎兄已约得五六部稿，渠南下后当面陈详情。

将来丛书出版时，版权页上应否有编委会之类，晚与振铎

---

1. 钟桂松主编：《茅盾全集》，黄山书社2014年3月版，第37卷，第305页。

兄商过，觉得没有更方便些；盖根据经验，编委人选有甲则乙不能缺，有丁又不能缺丙，太多没有意思，太少则于约稿反生阻碍。未列名为编委者，就不大热心写稿，反难网罗名家之稿。不如仅用："新民主丛书"字样，不以编委会为号召，而以每书作者本身为号召也。（如不用编委会而列主编某人，则因丛书包罗万象亦属不妥。）

又关于丛书排印字体大小，尊意用四号字，此于顾及读者目力之耗损，自属至善。但如此则用纸较多，在此纸张缺乏，价格日涨之时，恐不能不影响书之售价，于普及有妨碍。晚意不如仍用老五号字，或者用新四号（即比老四号字为小，比老五号为大），抗战前，商务有此铜模。如能得日本制的五号字铜模，亦佳；盖日制五号字体亦较中国之老五号略大也。浅见如此，尚祈尊酌。

乡晚沈雁冰上
十一月十九日晚[1]

11月24日，张元济接到沈雁冰同时发出的言辞恳切，婉担会长、委员虚衔的两封信后，又立即给沈雁冰去信，信中谓"计划编辑新丛书，推郑振铎兄为代，犹自居于赞助之列，且感且幸。蒙示出版不以编委会之名，而以作者本身为号召，至日

---

1. 钟桂松主编：《茅盾全集》，黄山书社2014年3月版，第37卷，第306—307页。

后成书、排印方式，指示图详尤深铭感"。

12月15日，张元济在家里召开商务董事会第489次会议，距上次7月19日的第488次会议已过五个月，五个月来，世事变化翻天覆地。上次董事会决定的请沈雁冰担任出版委员会会长一事已有变化，如今沈雁冰已经担任新中国文化部部长，因而这次董事会会议上，张元济将此列为一个议程，说：出版委员会会长一职，上次会议决定聘沈雁冰担任，兹沈君以任职政府未能应聘，尚待另行选人任职。该委员会现尚未成立，所辖之编审、出版两部，暂行隶属于总管理处。

张元济是经历了清朝、民国历史风雨的，后来他北上参加新政协会议、开国大典，与中国共产党领袖，民主人士、朋友，包括沈雁冰等人接触交往，感触很深。回上海后，在商务印书馆作报告介绍参加新政协会议的情况时，这位83岁的老人感慨地说道："现在有许多人对共产党不满意。是的，共产党并非没有错处，但是现在除了共产党还有谁呢？还有谁能负起这一艰巨的责任呢？我们总应该希望国事一天一天地转好，多说些话是无益的，我们唯有在共产党的领导下，埋头苦干，奋发图强。"

这番肺腑之言，出自翰林出身、83岁的张元济先生之口，格外振聋发聩。

链接二

张元济小传

张元济,字筱斋,号菊生,浙江海盐县人。1867年10月25日(农历九月二十八日)生于广州,所以,张元济先生的童年,是在广东度过的。1880年,14岁的张元济随母亲从广东返回浙江海盐县武原镇。1892年,张元济考中进士。6月8日,受光绪皇帝召见,授翰林院庶吉士,后任刑部贵州司主事。戊戌变法前一年,张元济考入总理各国事务衙门任章京。次年,张元济与康有为等一起被光绪皇帝召见。变法失败后,张元济被清政府给予"革职永不叙用"的处分。此后,他南下到上海南洋公学办译书院,后任南洋公学总理(校长)。1901年,张元济应商务印书馆经理夏瑞芳的邀请,入股商务印书馆,开始涉足出版事务,担任商务印书馆第一任编译所所长,从此,开始编辑教科书。在张元济的主持下,"商务教科书之盛,冠于全国"。

1910年，张元济做环球旅行，考察各国教育，这使他对教育又有了新的认识。因此，辛亥革命以后，商务印书馆在张元济的主导下，依然将国民教育读物出版作为必争的立身之本，为商务的发展打下了扎实的基础。张元济主政编译所期间，为了提高商务印书馆的知名度，一些杂志陆续创刊，如《东方杂志》《少年杂志》《小说月报》《学生杂志》等20世纪期刊史上无法绕开的杂志，都是张元济在任编译所所长时创办的。此时，本来属于维新派的张元济格外重视国外思想和科学的引进，至今仍能在书店看到的《天演论》《原富》《名学》《社会进化史》等读物，早在一百年前就在商务印书馆出版了。可见，张元济进入商务印书馆后，做了大量"开风气之先"的工作，在中国近代出版史上留下了浓墨重彩的一笔。

图 2-5　张元济肖像

1914年年初，夏瑞芳遇刺后，48岁的张元济让高梦旦主持编译所工作，自己全身心地投入到商务印书馆的行政管理中。他整顿财务制度，制定稿酬条例和版税制度，商务印书馆虽然家大业大，依然精打细算，这样良好的运营状态，是与张元济在其中的率先垂范、以身作则分不开的。为了企业的发展，张元济力排众议，主张"退无用之人"，"进有用之人"；而且在实际工作中，确实做到了不受地域、年龄、资历、亲疏的影响，唯才是用。如高梦旦，连秀才也未曾中过，却因其思想进步、学问精博，而得到张元济的赏识，委以编译所所长的重任。没有学历的杜亚泉，通过自学而精通数理化，是我国近代倡导科学的先驱者之一。张元济发现后，聘杜亚泉为理化部部长。恽铁樵是一位中学教师，因其文学才华而被张元济聘为《小说月报》主编。张元济还利用商务印书馆的平台，办函授学社，办图书馆，甚至办商业补习学校，亲自兼任校长。张元济一方面不拘一格任用人才，另一方面反对职工近亲用人，甚至公司高管的子女想进商务印书馆，张元济都坚决反对，而张元济本人在这方面堪称典范。张元济的儿子张树年从美国学成回国，想进商务印书馆，张元济对儿子说："你不能进商务，我的事业不传代！"张元济曾就用人问题说过："满清之亡，亡于亲贵；公司之衰，亦必由于亲贵。"张元济的身体力行，让商务印书馆得以永葆活力。

　　张元济虽然是封建社会的进士出身，但他追求进步，在思想上力求赶上时代步伐。五四运动前后，张元济一方面出版西方学术著作，介绍科学与民主的思想，另一方面主动与胡适等新文化人士接触交往，还聘请陈独秀、罗家伦等为商务印书馆的馆外编辑，并付之高薪。

此外，张元济还不遗余力地聘请古籍专家，搜集国内外的珍贵古籍，在他的主持下，商务印书馆出版影印了一大批珍贵古籍，如"四部丛刊"、百衲本《二十四史》、"续古逸丛书"、"丛书集成初编"和"四库全书珍本初集"等，为祖国文化遗产的保存工作做出了卓越的贡献。

中华人民共和国成立前夕，张元济作为特邀代表参加全国政协会议，与中国共产党的领袖们一起共商国是。1949年10月1日，张元济登上天安门城楼，出席开国大典，见证了新中国的诞生。在北京逗留的近50天时间里，他受到毛泽东主席的亲自接见和宴请，与其同游天坛，共话历史，瞻望未来。

80多岁高龄的张元济先生以自己的亲身经历，赞赏并拥护中国共产党的领导。此后当选全国第一届、第二届人大代表，又担任上海文史研究馆馆长等职。1959年8月14日，张元济在上海与世长辞，享年93岁。商务印书馆在新世纪隆重推出十卷《张元济全集》，较为全面地记录了张元济一生所留下的文字资料，旨在纪念这位令人敬仰的"中国出版第一人"。

第七节　师傅孙毓修

也许因为当时商务印书馆的职场风气清朗、学术气息浓厚，茅盾写信给张元济，负面的反应几乎没有人提起，而正面的效果却十分显著——茅盾的工作岗位发生了戏剧性的变化，不再做函授学社的改卷工作，而是去跟孙毓修先生合作译书。换言之，商务高层让孙毓修先生带这位才华横溢的年轻人！从某种意义上讲，商务印书馆有意用师傅带徒弟的方式培养这位年轻人。

这次人生转折，为茅盾提供了一个发挥自身才能的新平台。如果茅盾当初一直在函授学社与黄访书两人改函授学生的作业卷子,那么即使"五四"后期,新文化运动的中心转移到上海,茅盾从阅卷员一下脱颖而出成为新文化战士的可能性也并不大。茅盾是幸运的,遇上张元济、高梦旦这样开明的领导,非亲非故,无派无系,却使他有了用武之地。

这里,要先特别介绍一下茅盾的直接领导——高梦旦先生。如果高梦旦没有肚量,而是"武大郎开店",看到新进的职工竟然向自己的上级"告状",不把茅盾叫过来训斥才怪呢。如果高梦旦心胸狭窄,给茅盾小鞋穿也是迟早的事。但是,高梦旦没有,高梦旦有闻过则喜的雅量。

高梦旦是茅盾父执辈的长辈,生于1870年,长茅盾26岁。茅盾进商务印书馆时,高梦旦也只有46岁。胡适先生评价高梦旦是"新时代的圣人",他说:"高先生的做人,最慈祥,最热心,他那古板的外貌里藏着一颗最仁爱暖热的心。在他的大家庭里,他的儿子、女儿都说:'吾父不仅是一个好父亲,实兼一个友谊至笃的朋友。'他的侄儿、侄女们都说:'十一叔是圣人。'这个圣人不是圣庙里陪吃冷猪肉的圣人,是一个处处能体谅人,能了解人,能帮助人,能热烈的爱人的新时代的圣人。"[1] 初出茅庐的茅盾一时冲动给张元济写信,不仅没有受到呵斥,高梦旦还让他随孙毓修先生编书。现在看来,这件事是张元济与高梦旦商量后作出的决定。按照常规,茅盾既然对

---

1. 胡适之:《高梦旦先生小传》,《商务印书馆九十年——我和商务印书馆》,商务印书馆1987年1月版,第51页。

《辞源》有独到见解，那么理应去辞典部参与辞典编写，这样才合乎情理。那么，为什么让茅盾去给孙老先生当助手，编译科学启蒙读物？估计，孙毓修先生在这之前曾向高梦旦、张元济要过助手，而此时正好有茅盾这样的年轻人合适。当然，这仅仅是假设，不足为凭。

无锡人孙毓修，字星如，号留庵，生于1871年，他的经历也颇具传奇色彩。与茅盾第一次见面时，其实孙毓修才只有45岁，正值年富力强的年纪，但是在茅盾眼中似乎已经相当老了，"孙毓修年约五十多，是个瘦长个子，有点名士派头。他是前清末年就在商务编译所任职，是个高级编译。他似乎又有点自卑感"。孙毓修24岁时考取秀才，后又进了著名的江阴南菁书院学习。1896年，考取补廪生，可以候补领取政府津贴。在维新运动的影响下，27岁的孙毓修开始学习英语。

1907年，孙毓修以一篇《地理读本叙言》获得张元济的青睐。当年3月20日，张元济给推荐人沈缦云写信，诉说对孙毓修这样的人才的渴望，信中说："昨由敝馆总理夏瑞翁交一孙君毓修《地理读本叙言》十面，云系阁下介绍，原来本馆襄办编译事宜。当与同人展读一过，至为钦佩。孙君现居何处？年岁几何？曾在何处学堂肄习英国文字？抑曾留学外洋？敝处极愿延聘。每月约需修脯几何？能否来沪每日到敝所办事？统祈示知，以便酌定，再行奉复。孙君如在沪上，并祈开示地址为荷。再敝所预备膳宿，不过商业性质，多所简略，合并奉闻！"后来，孙毓修进了商务印书馆编译所，身兼国文部和英文部两个部门的有关工作，月薪由张元济定为一百元。显然，孙毓修是作为特需人才被张元济延揽进商务印书馆的。据说，孙毓修进商务印书馆后出版的第一本译著是《地理读本甲编·欧罗巴洲》，要赠送的第一个人就是张元济，借以表达对张元济知遇之恩的感激。

后来，孙毓修主编"童话丛书"，先后出版两集，一百种左右，其中有《无猫国》等。1911年，孙毓修开始主编《少年杂志》，直到1914年止。同时，因为孙毓修精通版本目录学，所以从1908年开始，商务印书馆将编译所的图书室涵芬楼交由孙毓修兼管。可见孙毓修深得张元济倚重。也许是孙毓修先生的学术水平正合商务当局需要的缘故，渐渐地，孙毓修在编译所内成为一位德高望重的长者，日常的编译工作由孙先生自己选择，自由度比较大，有点类似于今天个人工作室的性质。张元济和高梦旦派茅盾过去做孙毓修的助手，有加强和支持孙毓修的意思。据说，商务当局还有意让孙毓修从译书中腾出手来，专注于古籍整理。

茅盾虽然不认识孙毓修，但是，已经在编译所工作了一个多月，也多少知道些孙毓修的情况，知道他在中国童话史上的地位。茅盾认为孙毓修编写的《无猫国》是"中国历史上第一次有儿童文学"，而自己念小学时得到的奖品就是孙毓修的童话书《无猫国》与《大拇指》。因为当时茅盾已经在读《西游记》

《三国演义》等小说了，便将这些童话书送给自己的弟弟沈泽民了。但是，茅盾与孙毓修先生的初次交谈，双方好像都有心理障碍似的：茅盾带着仰视的心态与孙毓修先生交谈，并聆听他的指教；而孙毓修先生则多少带点居高临下的长辈心态与茅盾交流。60年后，茅盾依然清晰地记得两人初次见面时的情景：

  他不问我对翻译感兴趣否，也不谈合译什么，却自我介绍道："我是版本目录学家，专门为涵芬楼（编译所的图书馆）鉴别版本真伪，收购真正善本。有暇，也译点书。有一部书，我译了三、四章，懒得再译了，梦旦先生说的合译，就指这个。"我说："是什么书？莎士比亚的戏曲？还是……"孙毓修插口道："不是，你看。"他从书桌上杂乱的木版书中找出一本英文书，我一看是卡本脱（他译音为谦本图）的《人如何得衣》。孙又从抽屉找出一束稿纸，是他译的该书前三章。他说他的译笔与众不同，不知道我以为如何？我把他译的那几章看了一下，原来他所谓"与众不同"者是译文的骈体色彩很显著；我又对照英文原本抽阅几段，原来他是"意译"的，如果把他的译作同林琴南的比较，则林译较好者至少有百分之六十不失原文的面目，而孙译则不能这样说。孙毓修老先生以前曾以同样方法，"译"过卡本脱《欧洲游记》，颇受读者欢迎，因为借此可以知道欧洲各国的简单历史、风土、人情等等。我想，林译的原本是西欧文学名著，而孙已出版的《欧洲游记》和译了几章搁起来的《人如何得衣》不过是通俗读物，原作者根本不是文学家，不过文字还流利生动，作为通俗读物给青年们一点知识，倒是当时欧美社会所需要的，所以在欧洲也曾列于畅销书之列，再加以出版商的广告吹嘘，也曾哄动一时，但料想是不过几年就会被人遗忘了。

我想了一会就说："老先生的文笔别具风格，我勉力续貂，能不能用，还得老先生决定。"孙毓修自负地笑道："试译一章看吧。"我重读了孙老先生"译述"的前三章原稿，就用他的意译方法，并摹仿其风格，以三、四天时间译出了一章。当我把原稿交给孙时，他带点轻视的意味说了一句："真快。毕竟年轻人精力充沛。"可是他看完了原稿后，笑道："真亏你，骤看时仿佛出于一人手笔。"我说："惭愧。还得请你斧削。"他又自负地点了点头。可是执笔沉吟半晌，只改了二、三处几个字，把原稿还给我，就说："你再译几章，会更熟练些。"我问他："不跟原书校勘一下么？也许我有译错之处。"他摇头道："本馆所出的译本，向来不对校原作，只要中文好，就付印。"这真使我大吃一惊。后来知道，这是因为当时编译所中并没人做这项校勘译文的工作，虽然所中懂外文的人并不缺乏，但谁也不愿意做这种吃力不讨好而且难免会得罪人（如果指出译笔有错误）的事。

以后译完一章，就交给孙。他也不看，忙于做他自己的版本目录之学。他的书桌是一般编译者用的两个抽屉的中国式书桌，和我用的一样，但在背后有一只长条形无抽屉的木桌，专供他堆放"参考书"之用。

　　一个半月以后，全书译完，孙老先生这才匆匆读了一遍，很得意地说："我看可以。"就把全稿（包括自己译的）交给高梦旦，高也不看译稿，听了孙的低声细语以后，点头说："你斟酌着办罢。"孙老先生回来对我说："立即要付排。可是——版权页上用你我合译或是你译我校，何者合式呢？"我猜想他是比较喜欢用"沈德鸿译，孙毓修校"的，但我干脆对他说："只用你一人的名字就好！"他料不到我不想在版权页上露面，又惊又喜，却回答道："好，就这样办。"我表示同意，心里却想，这不是什么文学名著，译者署名，可以沾点光。[1]

这段绘声绘色的回忆，把茅盾初次与孙毓修打交道的情景活龙活现地再现了出来。其实，年轻的茅盾此时还不了解孙毓修不幸的家庭背景和生活，言语间不免带些调侃。

　　孙毓修 1889 年，即 19 岁那年与张氏结婚，生有六子二女，最后只剩儿子孙贵定一人，余皆夭折。其中最让孙毓修刻骨铭心的，是他心爱的女儿贵度的去世。贵度和茅盾同年，十分聪慧和懂事，给孙先生带来极大的欣慰和快乐。但是，贵度姑娘在 15 岁那年因病去世。中年丧女，给孙毓修带来巨大

---

[1] 茅盾：《我走过的道路》（上），人民文学出版社 1981 年 10 月版，第 111—113 页。

的打击。女儿去世不到一年，即1911年夏，夫人张氏因痛失爱女而体伤，也撒手西去，这无疑给孙毓修的生活雪上加霜。1913年，孙毓修回到无锡故里，顺便参观已故妻子姑母张浣芬办的荣氏女塾，同时认识了后来的夫人顾氏。而儿子孙贵定在这一年从南洋公学毕业，赴英国留学。所以，孙毓修虽然在商务印书馆收入不菲，但家庭诸项支出不小。到茅盾进商务印书馆并协助孙毓修先生时，孙贵定已获得英国爱丁堡大学心理学学士学位和文艺科硕士学位，秋天考入该校教育学专业，攻读博士学位。自然，孙毓修并不把这个比自己儿子还小的年轻人放在眼里，言语间颇有些傲气和名士派头，这也是合乎情理的。再加上孙毓修近年家庭连遭变故，对商务的人事关系无心关注，对茅盾这样的新进员工，也只知是张元济先生直接安排的，还想当然地以为他与张元济沾亲带故。而此时的茅盾心气也不低，在他看来，这位老先生对他的傲慢态度让他有点郁闷，因此当译完《人如何得衣》后，为表谦虚，他向孙毓修先生表白，不想在版权页上留名。但是恰恰是这一点，正好符合孙毓修先生识人用人的标准——孙毓修并不是认为茅盾不在版权页上署名就好，而是觉得张元济派来的这个年轻助手谦虚、可造。

　　孙毓修觉得这个比自己儿子还小的桐乡人沈德鸿"懂事"，而青年沈德鸿觉得这位老先生有点迂。这就是互不了解的两人刚开始接触时的真实想法。

人与人之间交往，往往有这样的情况，开始因为相互不了解而有一定隔膜，后来，随着了解的深入而能够日渐融洽，从而在人生记忆中留下深刻印象。孙毓修与茅盾的关系，就是这样一种情况。这种情况表明商务印书馆当年的人际氛围还是比较单纯的，在浓厚的学术气氛中形成了相互尊重的同事关系。即使后来茅盾擎起新文学大旗，主编《小说月报》，同单位的反对者也没有到处造谣生事，最多只是将例行赠送的杂志退回《小说月报》编辑部罢了，表达一种书生式的抗议。

随着交往的深入，一老一小渐渐融洽起来。孙毓修对茅盾这个桐乡人刮目相看，是有一次偶然发现茅盾在看《困学纪闻》。《困学纪闻》是南宋学者王应麟（1223—1296）的一部著作。王应麟是个奇才，宁波鄞县人，九岁通晓《六经》，南宋淳祐元年（1241年）中进士后仍发愤读书，后官至国史编修、实录检讨兼侍读、礼部侍郎兼中书舍人等。在仕途上，王应麟与丁大全、贾似道、留梦炎等权臣不合，最终辞归故里。宋亡后，王应麟闭门著述以终。他涉猎经史百家、天文地理，熟悉掌故制度，长于考证。著有《困学纪闻》《玉海》《通鉴答问》《深宁集》《诗地理考》《三字经》等。其中《困学纪闻》考订精详，为后世所推崇。还有家喻户晓的《三字经》流传几百年不衰。看到眼前这位貌不惊人的年轻人阅读王应麟《困学纪闻》这样的著作，国学底子深厚的孙毓修深感吃惊。因此，两人面对面坐着，因这部书开始有了译书之外的交流。据茅盾回忆：

在这段时间内，我有闲暇继续阅读《困学纪闻》。孙老先生看见了，大为惊异，说："你喜欢考据之学。"我回答："谈不上考据之学。我是个'杂'家而已。"孙更惊异，问我读过些什么书。我答道："我从中学到北京大学，耳所熟闻者是'书不读秦汉以下，文章以骈体为正宗'。涉猎所及有十三经注疏，先秦诸子，四史（即《史记》、《汉书》、《后汉书》、《三国志》），《汉魏六朝百三家集》，《昭明文选》，《资治通鉴》，《昭明文选》曾通读两遍。至于《九通》，二十四史中其他各史，历代名家诗文集，只是偶然抽阅其中若干章段而已。"孙又问："你不过二十岁，你那有时间看这些书？你在中学和大学的中文教员是什么人？"我回答："其中有章太炎的同学和弟子，说出来，你也不熟悉。不过，我这些'杂'学，不尽来自学校，也来自家庭。"孙恍然大悟道："怪不得人家说你是张总经理的亲戚，张菊老是海盐名门望族。"我说不是，而且与总经理从无一面之缘，即如我的介绍人卢表叔与总经理也素不相识。孙似疑似信，又问："令亲是何出身？"我答："孝廉公，清末壬寅科乡试中式第九名。"孙问："令表叔大概有五十多岁罢？"我说："还不到四十。"孙太息道："我半世从事试帖，只青一衿而已。"又问："尊大人是何出身？"我答："我十岁丧父。"孙又问："刚才你说家庭教育，想来是祖父。"我答："不是，是家慈。"孙默然不再问了。我猜想他断定我是名门望族子弟；否则，我的母亲怎么会通晓文史呢。现在我要盘问他的底细了。此时他的名士派头收敛了,说他曾在南菁书院(清末科举未废前江阴有名的书院)中攻研八股制艺,后来从美国教堂的一个牧师学英文,半路出家,底子有限;从缪艺风学版本目录之学也只是六、七年前的事。[1]

这次交流之后,孙毓修已然觉得后生可畏,因此格外青睐茅盾,而茅盾对孙毓修则多了一些了解和敬意,常常以师傅之礼相待。

因为有了第一次的深谈,茅盾有什么事也就直接与孙毓修说了。1916年年底,茅盾接到通知,从1917年元月起,每月薪水30元,等于每月加了六元。孙毓修听说后,便愤然为茅盾抱不平,说你五个月翻译了两本半书,人家一年译一本的,月薪六七十元,他们欺侮你年纪小,我去为你说说。后来,茅盾制止了他。孙毓修还取瑟而歌,借此发牢骚,认为那些终日无所事事者却拿百元以上高薪,无非后台有人。其实,孙毓修当时的牢骚,并非无中生有。据说,当时商务印书馆编译所邝富灼推荐美国人哈格罗夫到编译所,聘期一年,每天工作半日,月薪200元。而在商务印书馆工作十多年的孙毓修天天上班,也就是百余元的月薪,而且商务当局还认为他的工作量太少,

---

1. 茅盾:《我走过的道路》(上),人民文学出版社1981年10月版,第114—115页。

效率也不高。据张元济 1916 年 12 月的日记记载,"孙星如功课太少,应每月督催"。为此,商务印书馆的高梦旦还专门找孙毓修谈了一次话,谈话后孙毓修面子上有些挂不住,发一发牢骚也是正常。

后来,孙毓修问茅盾,来年除了看《食》《住》的三校稿外,还有什么想法。茅盾表示,可以编童话或少年丛书。然而,孙毓修却说,要编一本开风气的书,即编《中国寓言》。孙先生又说:编这部书,必须要对古书有研究的人,德鸿,你正合适。可见,孙毓修了解了茅盾之后,也在努力发掘茅盾的潜能,试图发挥茅盾的才能。后来在搜集寓言材料时,茅盾不想收《百喻经》,但孙毓修先生要收,茅盾解释说,《百喻经》是印度寓言,不宜做中国寓言材料,将来应另出外篇。孙毓修一听,觉得有道理,同意了茅盾的想法。

半年后,《中国寓言初编》终于编妥,茅盾交给孙毓修审阅。孙毓修用了半个月时间,专门为这部旨在开风气的作品写了千把字的序,表达自己对中国寓言源流的认识。孙毓修的序言原文如下:

易云,称名也小,取类也大,喻言之谓矣。是以风人六义,比兴为多。金锡以喻明德,珪璋以譬秀民,螟蛉以类教诲,蜩螗以写号呼,澣衣以拟心忧,席卷以方志固,麻衣则云如雪,如舞则云两骖;或以比义,或以比类,举一可以反三,告往可以知来。楚骚既沿其波，汉赋复宗其例。姬周之末，诸子肇兴，蒙庄造学鸠之论，寓言乃启；淳于设大鸟之喻，隐语以盛。孟子言性，取象于湍水，公孙论名，借观于白马。遂使写物附言，析理者畅其悬谈；义归意正，谲谏者陈其事势，视彼风诗之婉约，不翅滥觞于江河。冰释泉涌，金相玉振，岂徒有益于文章，抑亦畅发乎名理。记曰：君子知至学之难易而知其美恶，然后能博喻，能博喻然后能为师，故夫立言者必喻而后其言至。知言者必喻喻而后其理澈。魏文听古乐而思卧，庄语之难入也；宋玉赋大言而回听，谐语之易感也。意生于权谲，则片言可以折狱；辞出于机智，则一字可以为师。往牒所载，此类实多；辑录成书，未之前闻，明万历间宣城徐太元录《喻林》百二十卷，繁辞未剪，琐语必收，博而寡要，劳而少功，盖足备摛翰者临文之助，未能供读书者研几之用也。译学既兴，浅见者流，惊伊索为独步，奉诘支为导师。贫子忘己之珠，东施效人之颦，亦文林之憾事，诚艺苑之阙典。用是发愤，钞纳成编，题曰《中国寓言》。道兼九流，辞综四代。见仁见智，应有应无。譬如凝眸多宝，有回黄转绿之观；杖策登山，涌横岭侧峰之势，其为用也，岂不大哉！若夫还社求拯于楚，喻耆井而称麦曲；叔仪乞粮于鲁，歌佩玉而呼庚癸；臧文谬书于羊裘，庄姬托辞于龙尾；此为谜语，无关喻言。义例有别，用是阙焉。作述之旨，扬榷如左；

诸子百家，寓言甚多，兹先录周秦两汉诸书，辞义兼至，脍炙人口者，以为初集，续编嗣出。

编录次第，略依四部为序。

周秦古书，如《于陵子》、《亢仓子》、《天禄阁外史》之类，辞意浅陋，依托显然，今皆不取。

世历绵渺，古籍多亡，其逸文犹见于他书者，并为甄录，存其家数。

所引诸书，并注篇名，以便覆按，一事而诸书并载则取其最先见或兴味较长者，并胪注异同，使阅者参观之而易知其意。

原文或过于冗长，或中杂他事，全录则病太谩，删改又非所宜。今凡节取者于接联处空一字为记。其于原书，都无窜易。

李瀚蒙求，每则皆有题目，期令阅者一览而知其意，终篇能括其文。兹编亦仿其制。

原书有前人注解者，兹多因之；或旧注艰深，未易领会，僭加删改，俾就浅明。原书无注者亦略加训译。每则略加评语，发明寓意之所在，触类引伸，或有当焉。

三藏经论中多比喻，微言妙义；不让蒙庄。其说来自印度，原非中国所有，别为外编，以待刊行。

中华民国六年，岁在丁巳，仲秋之月，无锡孙毓修识。[1]

---

[1] 转引自茅盾：《我走过的道路》（上），人民文学出版社1981年10月版，第116—118页。

对孙先生的这个序,年轻的茅盾并不认可,认为有点不伦不类,在其回忆录中专门引用了这个序,并表达了自己对这个序的想法:

> 孙老先生化了半个月时间作这篇骈四俪六的千把字的长序,中心内容仍是寓、喻不分,而开头引诗经的几句以为喻言之始祖,却又接以"楚骚既沿其波,汉赋复宗其例",他把我们称之为形象思维的,统统称之为喻言;至于"公孙论名,借观于白马",显然牛头不对马嘴,那时我对先秦哲学虽无研究,但在学校选读先秦诸子时,也知公孙龙的"白马非马",是"名家"辩术之一例。从此可知不能与"孟子言性,取象于湍水"相并而论。至于书中所收《愚公移山》、《夸父逐日》,则是神话,既非"寓言",也不是"喻言"。但是这一些意见,我都不同这位自负不凡的老先生说,因为他写了序和凡例,这书将必由他负责。真不料书印出来时,版权页上却写"编纂者桐乡沈德鸿,校订者无锡孙毓修"。这叫人啼笑不得,但也只能听之而已。这在别人,或者倒会引以为荣的。[1]

然而,让茅盾没有想到的是,这部《中国寓言初编》于

---

1. 茅盾:《我走过的道路》(上),人民文学出版社1981年10月版,第118页。

1917年10月出版后，竟然大受读者欢迎，一年之内加印三次。所以，平心而论，这位南菁书院习八股出身的孙毓修先生对出版选题的选择，还是有一定市场眼光的。

从某种意义上讲，茅盾的文学创作是从编写和编译童话开始的，而他编写和编译童话的机缘，是与孙毓修这位"中国童话的开山祖师"有很大关系的。在主编《小说月报》之前，茅盾编写和编译了大量童话作品，如《大槐国》《负骨报恩》《狮骡访猪》《狮受蚊欺》《傲狐辱蟹》《学由瓜得》《风雪云》《千匹绢》《平和会议》《蜂蜗之争》《鸡鳖之争》《金盏花与松树》《以镜为鉴》《寻快乐》《驴大哥》等，都是1918年在孙毓修的指导安排下或编或著出版发表的。次年还有《书呆子》《树中饿》《牧羊郎官》《一段麻》《海斯交运》《金龟》等。据说当年商务印书馆出版童话非常认真，孙毓修自己每写成一篇，都要请编译所国文部部长高梦旦过目。而高梦旦将稿子带回家，先召集儿女们演讲，孩子们听后乐了，他才自己读；如果孩子们不喜欢，或听不懂，他就动手修改，直至孩子们满意为止。[1] 可见当时商务印书馆对儿童精神食粮质量的高度重视。

茅盾在孙毓修身边耳濡目染，对编写和编译童话的兴趣很浓，也很努力。1918年至1919年，茅盾在《童话》上发表童话达23种。后来由于岗位再次变化，才慢慢少起来，1920年

---

1. 柳和城：《孙毓修评传》，上海人民出版社2011年10月版，第69页。

只有一种，1923年也只有一种。五四运动兴起后，青年茅盾的兴趣渐渐转到社会问题和妇女问题上了。同时，孙毓修的精力也从童话编著转移到古籍的收集和整理上了。据说当年要在孙毓修主编的《童话》上发表作品并非易事，即使是商务同事也是如此。商务的谢寿长回忆说："有一次，我见高（梦旦）的本家高真常写了几篇童话，经高交给孙毓修，不久出版，获得稿酬数十元，很是羡慕，因此也于业余从西文书上译了一篇，交给高梦旦，高即放在案头，隔了好久，没有下文，我有些耐不住了，一天下午下班时，高正准备回家，我赶忙冒昧询高上次那篇东西怎样了？高听了即从案头将那件文稿检出，重新坐下来从头到尾细看了一遍，遇有文句不妥顺处，用笔勾出作一标记，阅毕对我说：'明天让我交给孙先生好了，'这一来，足足花了他半个小时工夫……。"[1]这样，孙毓修才录用谢寿长编的那篇童话。

孙毓修对中国童话事业的贡献，茅盾直到晚年仍难以忘怀，也曾在多个场合提到，希望能够重印孙毓修的童话作品。在回忆录中茅盾写到，孙毓修先生"编写的《玄奘》，可以说内容翔实，深入浅出，既宜于少年阅读，也使成年人增加历史知识"，给予了高度的评价和肯定。而当年，如果茅盾没有机会在孙毓修这位"中国童话的开山祖师"身边工作，恐怕也不会有

---

1. 柳和城：《孙毓修评传》，上海人民出版社2011年10月版，第75页。

编写或编译童话的机会，而没有这个机会，茅盾就不能积累到许多创作经验，进而走上文学创作的道路了。所以，茅盾对中国童话有着不同寻常的感情，晚年他曾深情地讲道：

儿童文学最难写。试看自古至今，全世界有名的作家有多少，其中儿童文学作家只有寥寥可数的几个。

儿童文学又最重要。现在感到适合于儿童的文学性读物还是很少。七十年前，商务印书馆编译的童话如《无猫国》之类，大概有百种之多，这中间五花八门，难道都不适合于我们这时代的儿童么？何不审核一下，也许还有可以翻印的材料。[1]

茅盾上述这段话，既有自己的切身体会，即儿童文学难写，也有对当年孙毓修先生主编的《童话》的肯定。这种情感虽时隔70年，依然无法忘怀。

1979年，茅盾多次就儿童文学作品创作发表自己的意见，他还在《少儿文学的春天到来了》一文中建议："希腊罗马神话，北欧神话，有许多可以写瑰奇的少年儿童文学作品。庄子、列子、中国神话、中国寓言、百喻经（即是印度的寓言），其中都有可以改写为少年儿童文学的材料。"[2] 显然，当年和孙毓

---

1. 茅盾：《中国儿童文学是大有希望的》，《人民日报》，1979年3月26日。
2. 茅盾：《少儿文学的春天到来了》，《文汇报》，1979年12月2日。

修先生一起编写童话的情景常常浮现在这位老人脑际。年轻时《百喻经》只能作为《中国寓言》外编的想法，70多年后茅盾依然记得，并认为它可以作为少儿文学的材料。

孙毓修先生去世得早，后来世事变迁、沧海桑田，他生前不会想到，他在商务印书馆兢兢业业为中国儿童文学创作做出的贡献，时隔六七十年，由当年自己的青年助手、桐乡沈德鸿重新提起——他称孙毓修先生为"中国编辑儿童文学读物的第一人"，并在自己的回忆录中用相当篇幅记叙自己与孙毓修的交往和受到的影响，从而使孙毓修这位中国童话的开山祖师重新为文学界、出版界、学术界所认识。

在商务印书馆十年的编辑生涯中，茅盾与孙毓修先生还有过一次密切的合作，那就是1919年去南京江南图书馆为商务印书馆影印"四部丛刊"项目选书、抄写书目。"四部丛刊"是商务印书馆出版的一套大型古籍丛书。从1919年创议开编，1922年完成，集合经、史、子、集之书323种，8548卷，线装订成2100册。

关于影印这套"四部丛刊"的起因，茅盾回忆录有一个粗线条的回忆：

商务印书馆当权者此时却也为一件大事而发生争论。这件大事便是《四部丛刊》的性质究该如何？当权者的一派主张《四部丛刊》应该尽量采用宋、元、明的刊本而精工影印。

这一派可称为"善本派",也有人讥讽地称之为"制造假古董者"。另一派主张注重实用,例如《庄子》,便应该采用郭庆藩的《庄子集释》或王先谦的《庄子集解》;《墨子》就应该采用孙诒让的《墨子闲诂》等等。这是"实用派"。据说两派争论了五、六个月,最后还是"善本派"得胜。"善本派"就他们同馆外人接触而得的印象,举出这样一个理由:《四部丛刊》的购置者将是附庸风雅的大腹贾、军阀,地主阶级的书香人家,少数几个大学图书馆(那时公立图书馆寥寥可数)。至于真正做学问的寒士是买不起的,他们所需要的如《庄子集释》之类,通行本很多,他们早已买了木刻原版,不会再来买铅印本(实用派主张《四部丛刊》用铅字排印)。而况倘用铅印,合格的校对人员很难找(编译所中只有编辑《辞源》的一班人可以胜任),即使找到,薪水必高,则《四部丛刊》的成本也将随之增高,也会影响销路。如果影印善本,估计可销一千,那就已经有盈利了。这一笔经济账,使"实用派"哑口无言,因为"实用派"也不能不打经济算盘。后来中华书局所出的《四部备要》,实即商务所不采取的"实用派"的办法。[1]

茅盾这个记忆大体不错,但实际上,商务当局尤其是张元济对此事十分重视,甚至亲自负责推进,所以柳和城先生认

---

1. 茅盾:《我走过的道路》(上),人民文学出版社1981年10月版,第150—152页。

为,"四部丛刊"的"策划人与'总主编'都是张元济,孙毓修是名副其实的'副主编'"。这个说法是准确的。而且,"建议"由来已久——据柳和城先生研究,"四部丛刊"的前期准备工作是在1914年之间启动的,1915年下半年,商务印书馆曾在自己的刊物上刊登出版"四部举要"的广告[1]。所以,当1919年茅盾参与"四部丛刊"工作时,孙毓修和张元济等已做了多年的准备。

1919年1月2日,商务印书馆当局正式研究决定,请孙毓修去南京图书馆查阅旧书,张元济也在当天的日记中记载:"商定请星如赴南京图书馆查阅旧书。"在次日的日记中,还记载着:"商定,请星如先赴南京图书馆,选定可印之书,作《四部举要》之用。"茅盾记得:

这样决定以后,孙毓修可就大忙了。当时的版本目录家一致认为已知的宋、元、明刊的善本,其属于湖州陆氏皕宋楼的早已为日本人收买了去,属于常熟瞿氏铁琴铜剑楼的,则尚待托人和瞿氏情商借印。(当时估计此事不能急,因为收藏家如果把善本借给商务影印,则他所藏的原本的身价会相应缩小。这些收藏家都是有钱的,若要借印,必得有人情,不能光用钱;瞿氏谅也如此。)只有杭州丁丙(松生)的十万卷楼藏书现归

---

[1] "四部丛刊"最早名为"四部举要"。

江南图书馆所有，商务当局和当时雄踞南京的军阀素有往来，至于江南图书馆馆长，送他一些干股，他一定欣然愿于效劳。这条路马上就可以走。商务当局办事一向不许浪费时间，方针既定，一面叫南京分馆经理先向南京军阀的亲信幕僚打招呼，也和江南图书馆馆长联络；一面就派孙毓修专程到南京，查核一下南京图书馆所藏丁氏十万卷楼善本究竟有多少是够条件的"善"本？因为宋、元、明刊本中也常有不够条件的。孙毓修要带个人同去，指名要我。于是我的"打杂"工作又多一个方面。[1]

据记载，孙毓修当时去南京江南图书馆选书和摄影，去了四次。其中有两次是带着茅盾一起前往的。茅盾在回忆录中说：

我和孙毓修于本年七、八月之间到了南京。南京分馆经理事先已安排我们住在龙蟠里江南图书馆的客房内，还派了个厨子专管我二人的伙食，肴馔十分精美丰富。孙毓修每餐必邀请馆长和馆内高级职员，这样，一下子就彼此感情融洽，诸事顺手。

我们住了半个月光景。孙毓修每天很忙，他把整个江南图书馆的藏书浏览一番。我的工作倒清闲，只把孙毓修选定拟用

---

1. 茅盾：《我走过的道路》（上），人民文学出版社1981年10月版，第152页。

的书，抄个清单，注明版本，有多少卷页，多少藏书家或鉴赏家的图章（这是版本目录学家最注意的，图章愈多，书的身价愈高）。因为事情清闲，我把带去的英文书看完，又翻译了其中若干篇。[1]

这是茅盾50多年后的回忆，难免在时间上有些出入。据柳和城先生《孙毓修评传》中的介绍，茅盾陪孙毓修去南京江南图书馆，第一次是在1919年1月14日至18日，第二次是在4月17日至26日，并不是茅盾回忆录中所讲的"七、八月之间"。估计茅盾把两次南京之行当作一次了，并且把时间弄错了。孙毓修当时领了这个任务之后，指定茅盾和他一起去，而且让茅盾负责两人差旅费的保管和使用。十天之后，二人一起奔赴南京，一路上带了《善本书室书目》《江南图书馆书目》等书籍，还有算盘等。据孙毓修1919年1月14日记载："早车启行至南京。同行者沈雁宾。编译所交川资五十元，交沈君收管。午后二点至下关。天雨甚，雇车进城，暂住都督街华洋旅馆。康侯来谈，询知图书馆借阅事，渠已向省署核准，明日即可至馆。"[2] 孙毓修十分敬业，到达后的第二天就去了图书馆。然而，虽然已经经省署核准同意，但是他们仍遇到图书馆汪振之馆长的阻

---

1. 茅盾：《我走过的道路》（上），人民文学出版社1981年10月版，第152页。
2. 转引自柳和城：《孙毓修评传》，上海人民出版社2011年10月版，第236—237页。

挠。汪馆长认为快放年假了，不肯发书。后来孙毓修再三交涉恳求，才被允许看阅四天，照单发书。孙毓修与茅盾没有办法，只能在这有限的四天时间里选书。孙毓修在《江南阅书记》中说："汪君以年假在即，坚不肯发书。再三恳之，仅许留四日；照单发书，不能多阅一部。诸事谈妥，已午后矣！"[1]并且，这位年老多病的汪振之馆长敬业至极，当时孙毓修在书库看书选书，茅盾陪同做记录，他竟然在他们对面"危坐作陪"，这让茅盾他们十分不自然。据说，从15日下午到18日上午，实足三天，孙毓修共阅书180部，其中仅16日这一天就阅书70多部。孙毓修效率之高、敬业之至，让人惊叹。

茅盾回忆录中说在南京与胞弟见过两次面，这应该是他第二次到南京的事。因为第一次去南京时间很紧，而且已是农历年底，一是没有时间，二是沈泽民就读的河海水利专科学校应该已经放寒假。

第二次去南京江南图书馆，是1919年4月17日至26日，不过，茅盾比孙毓修早两天回上海。这次的任务除了选书外，还要通过省长关系办理借书和摄影事宜，所以，孙毓修一到南京就跑省长公署。当时，江苏省省长齐耀琳一方面同意商务印书馆"借照"江南图书馆书籍，另一方面要求签订合同。因此，孙毓修需要在省政府、图书馆和商务印书馆之间进行沟通

---

1. 转引自柳和城：《孙毓修评传》，上海人民出版社2011年10月版，第236—237页。

协调，忙得焦头烂额。相应地，孙毓修阅书的时间就少了，从 4 月 20 日至 26 日，孙毓修只阅书 60 余部。而茅盾则相对清闲，有时间与胞弟沈泽民见面。他说：

> 我也同泽民见了两次，他那时受"五四"运动的影响，很关心政治，见面就议论政治问题，但学校的功课他也是冒尖的，并且还喜欢文学，一年来他已翻译了不少外国文学作品。我提醒他，母亲的愿望是要他学好水利工程，因为父亲的遗愿我已经不能完成，只有靠他了，因此不要让爱好政治和文学的兴趣超过了学校的课程。他也表示同意。[1]

沈泽民生于 1900 年，比茅盾小四岁。他天资聪颖，中学毕业后，以优异成绩考入南京的河海水利工程专科学校，1920 年又辍学与同学张闻天一起东渡日本，学习马克思主义。回国后参加中国共产党，成为中国共产党的早期党员之一。后来，沈泽民被派往芜湖、南京等地工作。1925 年，以李立三翻译的身份去苏联，不久进入莫斯科中山大学。1930 年回国后，在中共六届四中全会上补选为中央候补委员，并被任命为中共中央宣传部部长。嗣后，受中共中央派遣进入鄂豫皖苏区工作，担任鄂豫皖省委书记等要职。1933 年 11 月 20 日，病逝于苏区，年

---

1. 茅盾：《我走过的道路》（上），人民文学出版社 1981 年 10 月版，第 153 页。

仅 34 岁。这是后话。

图 2-6 茅盾与张闻天（中）、沈泽民（右）的合影

正当孙毓修在南京忙于协调时，商务印书馆高梦旦给孙毓修来信，又给孙毓修布置新的任务，提出新的要求，希望孙毓修能将南京的书借到上海去拍照，但孙感觉难度太大，南京方面的沟通很多时候不是很顺畅。于是，孙毓修便让茅盾在 24 日"先行返沪"，向编译所领导汇报南京借照情况。

后来孙毓修又去过南京两次，主要是沟通拍照事宜，但没有带沈雁冰。第四次去南京时，孙毓修主要是带照相的技术人员，茅盾则被派在上海审查从南京带来的照片底片，成为"四部丛刊"的"总校对"。他说：

> 我记不清孙毓修选定而经商务采用的善本有多少，但一定

很多；书不能借到上海，摄影等等工作，只能在南京做。于是商务派了影印技术人员和裱装工匠等到南京去，就借江南图书馆近旁空房安顿这些人，又装了专用的小发电机，指定专人每天把摄影后印在特制纸上的底片带到上海。我又被派审查这些底片是否合格，是否要修饰，因为书页上的折痕或斑点，照相后印到那特制的纸上便成了黑点或黑纹；必须先用白粉细心涂去，这就叫修饰。当时调用了二、三个人做这项工作，但他们文化不高，有时会把一个字的点、捺、横，也当作折痕或斑点涂去，造成某些字的缺笔，会与真正避皇帝讳的缺笔混淆不清，所以又必须有人把修饰过的底片覆校一次。这个工作又由我来担任。当时每天从南京专人送来的底片（三十二开的）大约有二、三百张，必须当天修完校过，因此，我每天忙得很，不过这是属于技术工作，脑子倒可以休息。当时我想，我大概要和这个《四部丛刊》的影印工作周旋到底了，不料事有不然。[1]

其实，当时孙毓修带了助手姜殿扬到南京江南图书馆拍照，过程很不顺利，常常节外生枝、横生波折，甚至出现图书馆工作人员与商务印书馆拍照的技术人员吵架的情况，后经孙毓修来往上海和南京进行调解，情况有所好转，古籍拍照工作才又走上正轨。大约在1919年7、8月份，孙毓修在

---

1. 茅盾：《我走过的道路》（上），人民文学出版社1981年10月版，第153—154页。

上海坐镇主持"四部丛刊"的具体事务,派姜殿扬去南京照料、协调拍照事宜。姜殿扬比茅盾迟一年半进入商务印书馆,开始时和茅盾一样,也在函授部做事,不过他是在国文函授部,后来跟孙毓修学习古书辑印。由于姜殿扬勤奋好学,而且写的一手好字,因此同样深得孙毓修器重。[1] 在孙毓修看来,影印出版"四部丛刊"是件功德无量的大事,他先后带茅盾和姜殿扬两位助手去南京江南图书馆,也有培养二人之意。当时,姜殿扬在南京每天派专人将拍好的印在特制纸上的底片送回上海,由茅盾来负责审查,也就是茅盾回忆录中所讲的"总校对",即审查这些底片是否合格,是否要修饰,而且要审查两遍——初审和修饰后的终审。据茅盾说,每天要审查的底片有二三百页,工作量非常大。这一工作持续了大约一个月光景。

当时,商务印书馆"借印江南图书馆的书很多,后来正式编入《四部丛刊》的有四十二种,经部一种、史部两种、子部九种、集部三十种。十几种集部书都是数十或是百卷的大书"。而茅盾虽然是给孙毓修先生当助手,但其间所做出的贡献我们不应该忘记。笔者查阅了茅盾主编的两年24期《小说月报》,发现茅盾在1921年五月号的《小说月报》上,还为孙毓修发布过涵芬楼购买古旧书的广告,这也是茅盾主编《小说月报》时

---

1. 柳和城:《孙毓修评传》,上海人民出版社2011年10月版,第240页。

发布的唯一一则广告，可见茅盾和孙毓修的关系之深。当然，"四部丛刊"劳苦功高者首推孙毓修先生，他为此付出了健康的代价。

替"四部丛刊"古籍底片审查把关告一段落后，已是1919年10月，此时，茅盾在孙毓修身边已经整整三年。历史风云际会，茅盾结束了给孙毓修做助手的生涯，在商务领导的期许中，走上了革新《小说月报》的道路。

初看茅盾在《我走过的道路》中对孙毓修的回忆，孙毓修先生给人的印象似乎是迂腐的老学究，有点自以为是。其实，仔细研读可以发现，茅盾对孙毓修先生的评价极高，认为孙先生编译的《无猫国》，"是中国历史上第一次有儿童文学"，并且称孙毓修是"中国童话的开山祖师"；还披露孙毓修是商务印书馆编译所中两位善写骈体的先生之一（另一位是《小说月报》《妇女杂志》的主编王莼农）。

应该说，孙毓修对茅盾也是爱护有加的，亲自带他去南京选书；后来把审查古籍照片的重任交给茅盾，则是爱护中有培养。孙毓修也非常欣赏茅盾的学识，在合作译书时，有意让年轻人在版权页上露脸；在《中国寓言初编》出版时，版权页上署"编纂者桐乡沈德鸿，校订者无锡孙毓修"，这既是对年轻人的尊重，也体现了一位前辈的雅量。除此之外，孙毓修还尽量支持茅盾的工作，为茅盾施展才华提供平台和条件。当时，商务印书馆的资深编辑朱元善与孙毓修商量，想请茅盾为他主编的杂志撰稿,尽管孙毓修有很多事务倚重茅盾去做,还是同意他去帮忙。后来《小说月报》的主编王莼农要革新杂志,也找孙毓修等商量,想请茅盾主编"小说新潮"专栏,而孙毓修同样认为这项工作很适合茅盾,支持茅盾在新平台上施展自己的才华。茅盾在回忆录中曾写道:"我偶然地被选为打开缺口的人,又偶然地被选为进行全部革新的人。"而这其中,孙毓修对他的支持功不可没。

在给孙毓修先生做助手的三年时间里,茅盾勤学苦读,打下了扎实的文化基础。据说到上海后的第一年,茅盾除了宿舍和编译所,其他什么地方都没有去过,全部时间用在读书、译书和工作上。五四运动后,茅盾的兴趣逐渐转移到文学和政治上,译介了大量的外国文学作品,之后主编并革新《小说月报》,加入中国共产党,从事革命活动,自然与孙毓修渐行渐远。而孙毓修为"四部丛刊"的整理和出版劳累过度,加上为家务事费心劳力,积劳成疾,于1923年1月22日在上海去世,终年52岁。

茅盾在商务的十年中,有三年是与孙毓修先生一起工作、学习的,孙毓修给了茅盾师傅般的教导和长辈般的关怀。描述和探寻期间两人的交往,相信仍是一件有意义的事。

图 2-7　目前能够见到的孙毓修与茅盾（右）的唯一合影，
摄于 1920 年前后

孙毓修虽然留下来的作品不少，但是留下来的照片不多。在为数不多的照片中，有一张 1920 年左右在上海与茅盾的合影，也是目前能够见到的两人唯一一张合影，弥足珍贵。

链接

孙毓修小传

孙毓修,又名学修,字星如、恂儒,号留庵,笔名绿天翁、东吴旧孙、乐天居士、小绿天主人等。1871年8月15日(清同治十年六月廿九日)出生于无锡城西开原乡孙巷一个乡村知识分子家庭。

孙毓修祖上一向以"耕读相传"作为家风。祖父在上海经商,生意不错,但因其急公好义,扶贫济困,出手十分大方,所以"所蓄无几,仅足衣食而已"。孙毓修的祖父自己文化水平不高,但深知文化的重要。据说他"喜拾字纸,偶得残书,不忍弃去,辄补缀之,弄于家塾"[1]。孙毓修的父亲孙樾,字志伊,少年时上过私塾,后随父到上海经商。孙樾十分好学,一边经

---

1. 孙毓修:《买书记》,《小说月报》第七卷第十号,1916年10月。

商，一边自学，同辈人称他"于旧时所学未肯抛弃，暇辄温习经史，间作论文"。孙楫有时回到无锡，还专门去向舅兄荣汝楫请教学问。后来考取秀才，但乡试却屡试不第，之后摒弃科举，不再应试。不过，孙楫好学好读的性格依然不变，后人称许他"平居于研究经史外，尤好以儒先性理之书，教诲后进，刻苦自励，著述甚富"。但是，孙楫家境并不富裕，于是他到处借抄，"所读之多，过于所藏什百矣"，"字藏《禹贡汇解》两巨册，俱所手书，其他钞写百家秘帙，校勘经史诸书，亦多且精"，孙楫还让孙毓修"付工精装，待缓日择尤印刷"。孙楫的爱书情怀给孙毓修很大的影响，孙毓修后来说："（父亲）顾独踽踽凉凉，优处乡里，未及中年，绝意科举，苦志励行，敝衣恶食，穷究汉儒训诂、宋儒性命之学于荒村老屋之中。四十岁后，手注《禹贡》，累数十万言，成一家之书。先君之行可谓高矣，学可谓卓矣。然名不越闾里，身未致通显。先君宁不知所为之违俗，而一德不顾者，亦各行其志而已。"[1] 孙毓修的母亲荣氏，无锡荣巷人，与近代实业家荣宗敬、荣德生属同一家族，知书达礼。但是大约在1880年前后，荣氏病逝，当年孙毓修只有九岁。于是，父亲孙楫让孙毓修到岳父荣家的家塾读书，外祖父家的书香渊源以及两个舅父对他的教育影响很深。

1895年，已婚的孙毓修考中秀才，同时，他又考取了江阴

---

1. 转引自柳和城：《孙毓修评传》，上海人民出版社2011年10月版，第3页。

南菁书院，开始新的学习。在南菁书院，孙毓修受到严格的古文训练，在山长（即校长）林颐山的传授下，治骈体文极工，以至于后来进入商务印书馆，成为馆内两位骈体文高手之一。在南菁书院期间，孙毓修又参加一场科举考试，获补廪生。这一年，孙毓修26岁。

1897年，孙毓修结束了南菁书院三年的学习生活，应聘到苏州中西学堂教书。随之举家移居苏州，定居于苏州近郊莲花兜五亩园。在维新运动的影响下，27岁的孙毓修开始学习英语，除了刻苦自学，从1902年开始又和一位叫赖昂的美籍女士学习。受同在赖昂女士处学英文的同学谢远尘的影响，孙毓修开始研究版本目录之学。在苏州中西学堂教书期间，孙毓修又参加了朝廷的两次科举乡试（即1897年和1902年），但都名落孙山。从1903年开始，孙毓修走南闯北，居无定所。一介书生，以打零工为生，其间，他翻译了美国作家谦本图的《地理读本甲编》。十多年后，孙毓修让茅盾译的《人如何得衣》就是这位作家的著作（茅盾将作者名译为卡本脱）。1907年4月初，孙毓修凭借《地理读本叙言》的斐然文采，赢得时任商务印书馆编译所所长张元济的青睐，进入商务印书馆编译所任职。

每月百元的薪水让孙毓修的生活立刻从困顿变为小康，他结束了寄住岳父家的生活，在虹口爱而近路（今安庆路）租得一所小楼，一家人过上了安定的生活。

进商务印书馆不久，即1908年年底，孙毓修开始主编

《童话》，这套以少儿为读者对象的丛书先后出版两集，共百种左右。其中最早的一册童话叫《无猫国》，被茅盾称为"中国历史上第一次有儿童文学"。自1911年开始，孙毓修主编《少年杂志》三年，培养和发现了一批作家。同时，因为孙毓修在图书馆学方面有很高的造诣，商务印书馆将本馆的图书馆——涵芬楼交由他负责。孙毓修为涵芬楼花费了不少心血，深得商务印书馆当局肯定。1919年，经过多年前期准备的影印"四部丛刊"工程正式启动，张元济是总策划和总主编，而孙毓修则是名副其实的副主编。经过三年的努力，于1922年完成。"四部丛刊"集合经、史、子、集之书共323种，8548卷，线装订成2100册，对中华传统文化的传承做出了巨大贡献。

衣食无忧的孙毓修，在家庭生活上却连遭厄运。他与张氏生育六子二女，但最后只剩儿子孙贵定一人，其余均夭折。爱女贵度的离世，令张氏悲痛伤体，不幸于第二年（即1911年）夏天去世。后来孙毓修再婚，继室无锡顾氏。这位知书达礼的女性给孙毓修带来无限慰藉。

孙毓修在商务印书馆辛勤耕耘16年，长期伏案，积劳成疾，于1923年1月22日病逝于上海，终年52岁。当时，上海《申报》发布了他去世的消息，称其为"汉学名儒，淹贯中西"。这是对孙毓修先生的一个较为中肯的评价。

第八节　所长王云五

1921年7月胡适的上海商务印书馆之行，对茅盾产生了意想不到的影响。年轻的茅盾见到同样年轻的新文化偶像胡适，内心充满崇拜和敬仰。在胡适离开商务印书馆回北京后，茅盾一方面落实胡适的建议，一方面仍与胡适保持书信往来。但是，也正因为当时胡适自己不肯来商务印书馆编译所任职，推荐了自己曾经的老师王云五先生，直接导致茅盾辞去《小说月报》主编之职。这就是茅盾在回忆录里所讲的"一九二一年夏季发生的商务编译所的一个关系重大的人事变动"。

这件事的起因，是商务印书馆编译所所长高梦旦在新文化运动兴起之时，自觉有不胜劳累之感，因此多次向张元济提出辞呈。其实，从今天的眼光来看，高梦旦先生德高望重，担任编译所所长是再合适不过了，他懂出版、懂日文、懂管理，人缘好，不少学富五车的文人、专家、学者都愿意在其领导下工作。但是高梦旦本人却不这样想。他完全是从事业出发，自认为是老派学者，对新学"所知不多"，无法更好地适应新文化运动的冲击，因此不想占着位置，影响别人。可见，高梦旦先生的让贤是发自内心的。

但是，谁能担当商务印书馆编译所所长这个职位呢？商务印书馆当局张元济、高梦旦等颇费心思，他们将全国知识界的人才扫描一遍，认为青年才俊、北大教授胡适先生十分适合。为此，高梦旦专程跑到北京，找胡适面谈。据说，当时胡适和高梦旦会面时，胡适曾对高梦旦说：一个支配几千万儿童的知识思想的机关，当然比大学重要多了，我所虑的只是怕我自己干不了这件事。[1] 其实，此时的胡适嘴上说"干不了"，心里却在想值不值得干，在日记里，胡适写道："此事的重要，我是承认的：得着一个商务印书馆，比得着什么学校更重要。但我是三十岁的人，我还有我自己的事业要做；我自己至少应该再做十年、二十年的自己的事业，况且我自己相信不是一个没有

---

1. 胡适之：《高梦旦先生小传》，《商务印书馆九十年》，商务印书馆1987年1月版，第51页。

贡献的能力的人。"[1]他内心想的是"自己的事业"。当时，高梦旦再三劝说，让胡适哪怕去商务看看，帮商务出出点子也好。1921年4月下旬，胡适被高梦旦的诚意所感动，答应当年暑假到上海商务印书馆看看工作情况。

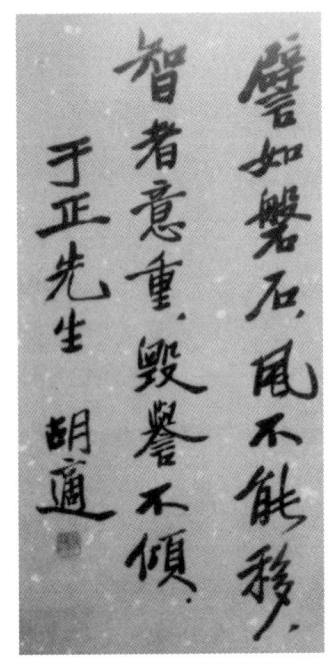

图2-8 胡适先生书法

胡适同意来商务印书馆考察后，张元济在5月15日致函胡适："敝公司从事编译，学识浅陋，深恐贻误后生，素承不弃，

---

1. 曹伯言整理：《胡适日记全编》，安徽教育出版社2001年10月版，第3卷，第226页。

极思借重长才。前月梦翁入都,特托代恳惠临指导,俾免陨越。辱蒙俯允,暑假期内先行莅馆,闻讯之下,不胜欢悦。且深望暑假既满,仍能留此主持,俾同人等得长聆教益也。"[1]这是一位德高望重的前辈、长辈写给年轻人的信,言语间对30岁的胡适的尊重,达到非常的程度。

1921年7月16日,胡适只身一人抵达上海,商务高管张元济、高梦旦、李拔可、庄俞、王显华等到火车站迎接,然后,张元济与高梦旦亲自送胡适到下榻的大东旅社。第二天中午,张元济等在一枝香餐馆宴请胡适。可见,商务印书馆对胡适的到来十分重视,而胡适享受如此之高的礼遇后,也认真地在编译所会客室每天轮流找人谈话,了解商务印书馆编译所的工作流程,了解职员的业务状况和学识能力,并听取各方的想法和意见。茅盾也是胡适谈话对象中的一个,后来胡适又专门找茅盾、郑振铎等文学新秀叙谈,并对《小说月报》中文学流派的介绍谈了自己的看法。在当时的历史语境里,25岁的茅盾对商务当局请来的胡适是极为仰视的,并在工作中积极落实胡适提出的建议,如在《小说月报》中介绍自然主义的作品等。茅盾还曾给胡适寄过中国共产党的秘密刊物。

胡适考察了一段时间后,自己不想在编译所就职,而是推荐王云五来担当编译所所长。坦率地讲,王云五先生是一个自

---

1. 张树年、张人凤编:《张元济书札(增订本)》,商务印书馆1997年12月版,第820页。

学能力极强、能说会道、又懂管理的人才，同时，他对教育、出版有实践经验，有自己的想法。当时，胡适对王云五先生非常推崇，在日记里专门记录过拜访王云五之后的感受："他是一个完全自修成功的人才，读书最多，最博。家中藏西文书一万二千本，中文书也不少。他的道德也极高，曾有一次他可得一百万元的巨款，并且可以无人知道，但他不要这种钱，他完全交给政府，只收了政府给他的百分之五的酬奖。此人的学问道德在今日可谓无双之选。今年止三十四岁，每日他必要读平均一百页的外国书。"[1] 从胡适这段日记原文，可以想见王云五先生确实"能说会道"。有人研究指出，胡适日记中所写王云五将一百万巨款"完全交给政府"一事，其实是王云五在禁烟特派员任内上缴鸦片商所给回扣一事。胡适向商务当局推荐王云五，商务当局开始都十分诧异，认为有这么优秀的人才在上海，怎么都没听说过？商务的诧异是有原因的。首先，王云五在当时，无论是学界还是出版界，用茅盾话说，都是名不见经传；其次，胡适介绍王云五时，把王云五说得太完美，道德、学问到了举世无双的地步，这样的推荐和介绍，商务自然要诧异了。而胡适当时还觉得自己的介绍很客观，对商务当局的诧异有些不理解。他在日记中写道："他们要我推荐一个相当的人，我竟不能在留学生里面寻出这样一个人来。想来想去，我推荐了云五。他们大诧异，因

---

1. 曹伯言整理：《胡适日记全编》，安徽教育出版社2001年10月版，第3卷，第395页。

为他们自命为随时留意人才，竟不曾听过这个名字！"[1]

对胡适推荐王云五之举，学界曾披露了胡适不便明说的另一个原因。十年前，胡适失业，王云五为他介绍工作，又帮助他复习官费留学必考的数学。就是说，在胡适最困难的时候，王云五不仅赏识他，而且帮助过他。现在反过来了，胡适出名了，王云五却失业在家。所以，胡适有意要帮助王云五。自然，胡适有这个想法也无可厚非，而且可以由此看出他的知恩图报。但胡适始终没有公开表达过这个意思。

图 2-9　王云五像

---

1. 曹伯言整理：《胡适日记全编》，安徽教育出版社 2001 年 10 月版，第 3 卷，第 461 页。

王云五，名鸿桢，字日祥，号岫庐，笔名出岫、之瑞等，"云五"为其14岁时取的别字。1888年7月9日出生在上海，原籍广东省香山县泮沙村。在家庭的不断迁徙中，王云五在学校读书的时间很短，他所有的知识都来自于自学，包括外文。应该说，王云五是个自学成才的典范。1921年，30多岁的王云五在知识积累、人生阅历和心智等方面都已成熟。只不过胡适替他吹嘘得有点过头，让商务印书馆的人感到别扭。王云五知道胡适推荐他出任商务印书馆编译所的所长后，内心有"正合我意"的喜悦，他在《我所认识的高梦旦先生》一文中说到当时自己的想法："我呢，因为正想从事编译工作；如果能够有一个大规模的出版家让我发展，那是无所用其客气的。而且我平素有一种特性，对于任何新的工作或如何重的责任，只要与我的兴趣相合，往往大着胆去尝试。"[1] 据说，商务印书馆里那些与王云五有点联系的人听说胡适推荐他出任编译所所长后，便往拜访王云五，表达劝说和欢迎之意。王云五晚年在台湾某次宴饮中对门生徐有守等说，当时商务印书馆各人分别往访游说，劝他就任。这些人中，有商务当局的高管，也有头脑活络的人。但是，王云五说，其中最打动他心的，是高梦旦的一番话。高梦旦对他说："公民书局虽然是你门生所开办，你可以随心所欲自定编辑计划；但公民书局毕竟创业方始，规模有

---

[1] 王云五：《我所认识的高梦旦先生》，《商务印书馆九十年》，商务印书馆1987年1月版，第41页。

限，等到它壮大以至于可以发挥阁下鸿图，实有待时日。如今商务印书馆业已成为全国规模最大出版家，世界三大出版家之一，分支馆店遍布全国大都市及海外，在传播促进文化的功效上，广泛而宏大。现在既然请阁下主长编译所，当然是由阁下主导全盘编辑计划，对传播促进文化的功效上岂止十倍于公民书局？有志于促进中华文化之士，则又何乐而不为之？"[1] 当时王云五正在替公民书局主编"公民丛书"。现在来看，王云五先生当时在门生面前的回忆可能只是官样文章。对商务印书馆编译所所长的位置，他早已心向往之。

王云五在商务印书馆高管的再三恭请下，于1921年9月16日到编译所。经过三个月的调研后，于1922年1月正式走马上任，接替高梦旦出任编译所所长，而高梦旦却愿意在王云五手下任出版部部长。

茅盾对王云五的印象里似乎颇为不佳，说他是"官僚与市侩的混合物"。茅盾在晚年回忆录中说：

> 王云五在当时学术界，可以说是"名不见经传"。但商务当局由于胡适的郑重推荐，还是不敢怠慢。高梦旦亲自拜访了"隐居"在上海的王云五。高梦旦带了郑贞文同去。郑贞文（心南），留日学生，福建人，专业化学。据郑贞文说：王云五

---

1. 徐有守：《出版家王云五》，台湾商务印书馆2004年7月版，第15页。

藏书不少，有日文、英文、德文的书籍，其中有不少科学书。有德国化学学会出版的专门化学月刊，从首卷到第一次世界大战前，整套齐全；这种杂志，郑贞文在日本理科大学图书馆曾见过，回国后却不曾见过，不料王云五却有之。经过询问，王云五只得直说是从同济大学医学院德国化学教师那里买来的，这位教师因欧战而回国。王云五所藏的外文书籍，极大多数是乘欧战既起许多外国人回国的机会，廉价买来的。

王云五也说要先了解情况，以三个月为期。三个月后他决定上台，于一九二二年一月正式就任商务编译所所长。他带来了几个私人。这几个人实在是他的耳目。这几个人为王云五吹嘘，说他兼通理、工科，善英、法、德、日四国文字，《大英百科全书》从头到底读过一遍。但这些肥皂泡不久就破了。编译所中通英、德、法、日这四国文字，留学回来，专业为理、工的人，少说也还有一打左右，他们向这位新所长"请教"一番，就匿笑而退。[1]

关于《大英百科全书》读过一遍的事，是王云五自己说的，而这套书是王云五当年向代理此书的商务印书馆分期付款购得的。他说，购得此书后，"接连约三年内，几乎每日都把《大英百科全书》翻读二三小时，除按各册顺序翻阅大概外，通常

---

1. 茅盾：《我走过的道路》（上），人民文学出版社1981年10月版，第188—189页。

系从索引方面,将某一题材与其相关题材,作较有系统的阅读"。王云五在《我的书斋》一文中说得更具体:

记得最先收购西书中包括有《英国百科全书》第九版全部,那时候我才十七岁,在英国布茂林(Charles Budd)先生所设的同文馆任教生,除得随同最高班听讲外,因兼教初级功课,月得报酬二十四元。那时候商务印书馆的西书部代理《英国百科全书》,以一次付款及分期付款两种办法推销该书。一次付款需数百元,我那时候当然没有这笔巨款;因此利用分期付款办法,每月缴十二元,约莫三年付清,但付过第一期的十二元后即可领到装潢美丽、篇幅巨大的《百科全书》三十册。我生平首次得此巨制,又以力所能任的小款得之,其愉快之情,真是不可言状。因此,我便以约莫三年功夫从头至尾把这三十巨册通读一过,其中除地名和植物条文我不感兴趣,也就忽略不读外,其他几乎都曾涉猎。[1]

这里,王云五懂英、德、法、日四国文字却是不假,而且是通过自学取得的。没有读过正式中学和大学的王云五,23岁那年因一次偶然机会与孙中山近距离接触,得到孙中山的赏识,得以担任孙中山临时大总统的秘书。后来又得蔡元培邀请

---

1. 王云五:《我的书斋》,《旧学新探——王云五论学文选》,学林出版社1997年12月版,第49页。

去教育部工作,担任协办,当时是教育部中最年轻的部员。后来教育部迁北京后,王云五担任教育部佥事兼专门司第一科科长。1912年加入国民党,参加过反袁、反北洋军阀的活动。后又担任三省禁烟特派员,卷入收购外商鸦片的存土案,因"合法"拿回扣而被迫辞职。之后就回上海"隐居"。1920年,公民书局约他主编一套"公民丛书"。应该说,这位三十岁出头的王云五先生阅历还是很丰富的,客观地说,论经历,王云五担任商务印书馆编译所所长是合适的。

调研三个月之后,王云五于1922年1月正式上任,并以改革的姿态,大刀阔斧地整顿编译所,从机构设置、业绩考核、人员调整等方面实行全面革新,编译所一下子膨胀了不少。而正在主编《小说月报》的茅盾也受到了冲击。据王云五的门生徐有守先生在《出版家王云五》一书中介绍,上任之后,王云五提出的改革措施共有七大项,大项下又列有小项,整个方案有七千字。徐有守先生将王云五上任伊始的改革方案开列了大项标题,并概括摘要出小项的内容:

甲、所内人员宜更定考成标准也。

乙、以新方法利用旧资料也。

丙、规定所内外编辑事业范围也。

(一)理想的教科书,编辑上至少当具备五条件。

(二)百科全书、辞典、字典等在编辑上所需中下级人才,以所内人担任为便。

（三）专门译著上专家分任。

丁、全所人员当作为一种有机之组织，俾收互助之效也。

戊、编著书籍当激动潮流，不宜追逐潮流也。

（一）亟宜就基础科学、应用科学等专门书籍为积极计划编印。

（二）如百科全书、各种大辞书、大字典等，本馆虽已稍稍提倡，惟距充分程度尚远。

（三）手工玩具等可以同时发展德智体美四育，乘此无人竞争之时，急起进行，对教育上之贡献非浅鲜也。

己、以新组织为旧人择事而补其缺也。

庚、改定暑假例假办法期两全也。

平心而论，王云五先生的这个改革方案，对一个文化企业来讲，是既治标又治本的方案。比如编辑书所需用的助理性质的中下级人员，可以以馆内职员担任，不需要另聘高级专家；再如在翻译方面，原来商务当局为慎重起见，聘请通晓外文的人才到馆以支薪上班的方式从事，王云五认为，可以委请该学科专家、学者在馆外从事，按字计酬，既可节约人力成本，又可提高质量；再如在选题方面，要激动潮流而不要追逐潮流的理念，发出了出版界的先声；同时，制定考核标准，有助于提高工作效率。王云五的这些改革理念，今天看来仍不过时。

但是，王云五在改革中的所谓"以新方法利用旧资料"一条，其伏笔却有点逆历史潮流而动。他所谓的"旧资料"大概也包括《小说月报》革新前大量购买的"礼拜六派"等的旧稿，稿费已付出，本准备陆续出版，但茅盾主编《小说月报》之后，全部封存，不再刊登。这在讲经济效益的王云五来看，等于是一笔很大的损失。但商务当局一年前请茅盾主持《小说月报》时，茅盾提出的条件之一，就是封存已购的"礼拜六派"的稿件。茅盾回忆说，"我和王莼农一谈，才知道他那里已经买下而尚未刊出的稿子足够一年之用，全是'礼拜六派'的稿子。此外，已经买下的林译小说也有数十万字之多。于是我向高梦旦提出意见，一是现存稿子（包括林译）都不能用，二是全部改用五号字（原来的《小说月报》全是四号字），三是馆方应当给我全权办事，不能干涉我的编辑方针。高梦旦与陈慎侯用福建话交谈以后，对我的三条意见全部接受，……。"所谓的"礼拜六派"，是因办《礼拜六》周刊而得名的文学流派，其虽有白话创作，但内容多为才子佳人，与鸳鸯蝴蝶派的旧体言情小说一样，为新文学所反对。当时《礼拜六》杂志的广告词是"宁可不娶小老婆，不可不看《礼拜六》"，可见其品位。估计王云五在调研中也了解到了这一情况，站在老板的立场上，认为这是"损失"，而"礼拜六派"的作品在小市民中还是有市场的。所以，他主张"以新方法利用旧资料"，想为商务印书馆创造"化无用为有用"的神话，更大程度地为商务印书馆创造利润。

王云五进编译所主政半年后，因茅盾在1922年第七号《小说月报》上发表的《自然主义与中国现代小说》中，点名批评《礼拜六》608期中一篇名为《留声机片》的小说，从而引起"礼拜六派"的不满，扬言要和商务印书馆打官司。王云五立刻派出心腹找到茅盾，给茅盾施加压力，要求茅盾公开道歉，但遭到茅盾的严词拒绝。法国学者戴仁先生在其《上海商务印书馆（1897—1949）》一书里，讲到这件事时也说过："事实上，沈雁冰所指的主要是礼拜六派及其附有女明星照片的流行爱情小说。"同时他又说，"此外商务印书馆正准备抛出一份观点并不十分进步的小说杂志，它不希望看到自己的某种出版物上出现争论。"[1]这就是问题所在。茅盾在回忆录里对这桩公案专门有记叙：

> 商务当局中的保守派很中意王云五。他们借口《自然主义与中国现代小说》文中点到《礼拜六》杂志，对我施加压力，说什么风闻《礼拜六》将提出诉讼，告《小说月报》破坏它的名誉，要我在《小说月报》上再写一篇短文，表示对《礼拜六》道歉。我断然拒绝，并且指出，是"礼拜六派"先骂《小说月报》和我个人，足足有半年之久，我才从文艺思想的角度

---

1. 〔法〕戴仁：《上海商务印书馆（1897—1949）》，李桐实译，商务印书馆1996年版，第34页。

批评了"礼拜六派",如果说要打官司,倒是商务印书馆早就应该控告"礼拜六派";况且文艺思想问题,北洋军阀还不敢来干涉,"礼拜六派"是什么东西,敢做北洋军阀还不敢做的事情。我又对王云五派来对我施加压力的那个人(这是王带来的私人,姓李)说:我要把这件事原原本本,包括商务的态度,用公开信的形式,登在《新青年》以及上海、北京四大副刊上(指上海《时事新报》的副刊《学灯》,上海《民国日报》的副刊《觉悟》,北京《晨报》及北京《京报》的副刊),唤起全国的舆论,看"礼拜六派"还敢不敢打官司。这一下,可把王云五派来的走狗吓坏了,他连说,"不可闹大",就灰溜溜走了。

茅盾这次与当局交锋,虽然捍卫了自己的正义和尊严,但也埋下了辞去《小说月报》主编一职的伏笔。茅盾在这里提到的王云五的李姓心腹究竟是谁,现在已无法确指。王云五当年带来的人员不少,其中心腹骨干中有一位叫李泽彰(伯嘉)的人,据商务郑贞文回忆,李泽彰办事干练,善于处理上下各种人际关系,学问也不错。所以,后来王云五安排他任编译所法制经济部部长兼事务部图画股股长。当初,很有可能王云五是派李泽彰去找茅盾的,想压制住茅盾,从而平息"礼拜六派"的抗议,害怕一旦对方真的打官司,有损自己新官上任的面子。没想到,这位新文学骨干自有正义和尊严,被拒绝是理所当然的事了。不过,虽然李泽彰可能是王云五派去协调的人,但不等于他就是"礼拜六派"的支持者。李泽彰后来在抗战中曾为商务印书馆的奋起做出过贡献。茅盾在回忆录中指姓不道名,既是一种厚道,又是尊重事实的表现。当然,是否真的就是李泽彰,这里仅是猜想,笔者并无贬损李泽彰先生的意思,只是根据史料的一种分析而已。

大概也是在这个时候,王云五觉得有必要对茅盾主编的《小说月报》进行检查,以便将"问题"消灭在萌芽之中。因此,王云五派人暗中对已发排的《小说月报》稿子进行检查,发现他们认为不合适的稿件,就在付印之前悄悄修改或抽换。对此,茅盾在回忆录中说:

但是他们不死心,他们改换了方法,对《小说月报》发排的稿子,实行检查。当这件事被我发觉了以后,我就正式向王云五提出抗议,指出当初我接编《小说月报》时曾有条件是馆方不干涉我的编辑方针,现在商务既然背约,只有两个办法,一是馆方取消内部检查,二是我辞职。商务当局经过研究,允辞《小说月报》主编之职,但又坚决挽留我仍在编译所工作,做什么事,请我自己提出,商务方面一定尊重我的意见,而且除我自己提出的愿做的事,决不用别的编辑事务打扰我。至于《小说月报》主编将由郑振铎接替,从明年一月号起。我编完十三卷十二号。郑振铎亦文学研究会人,商务借此对外表示《小说月报》虽换了主编,宗旨不变。

当时我实在不想再在商务编译所工作，而且我猜想商务之所以坚决挽留我，是怕我离了商务另办一个杂志。可是陈独秀知道此事后，劝我仍留商务编译所，理由是我若离开商务，中央要另找联络员，暂时尚无合式的人。

于是我又提出，在我仍任主编的《小说月报》第十三卷内任何一期的内容，馆方不能干涉，馆方不能用"内部审查"的方式抽去或删改任何一篇。否则，我仍将在上海与北京的四大报纸副刊上用公开信揭发商务当局的背信弃义，及其反对新文学的顽固态度。王云五无奈，只得同意。[1]

虽然茅盾在上一年就受到保守势力的攻击而曾向高梦旦提出过辞去《小说月报》主编一职，不过，由于高梦旦对茅盾改革的支持，使他打消了这一念头。但是，茅盾与王云五的这次激烈交锋，已经是明显的道不同不相为谋了，茅盾以辞去主编一职来反抗商务印书馆的"背信弃义"，而王云五则以放弃暗中检查为代价，暂时平息这种对抗。但是，商务当局坚决挽留茅盾不要离开商务印书馆。其实，茅盾此时已是中国共产党党员，并担负党中央联络员之职，他的进退去留自然要由党中央安排。时任中共中央领导人的陈独秀认为茅盾可以辞去《小说月报》主编一职，但还是不离开商务印书馆为好，这样可以继

---

1. 茅盾：《我走过的道路》（上），人民文学出版社1981年10月版，第189—190页。

续担任联络员,因为中央另选他人尚需时日,而且很难找到比茅盾更合适的人选。

图 2-10 王云五在商务印书馆工作

还有一件事同样让茅盾十分恼火。在此之前,上任不久的王云五曾找茅盾和郑振铎商量,说商务想办一个通俗刊物,取名《小说》,与《小说月报》互补,并向茅盾他们约稿。当时茅盾、郑振铎一听,觉得王云五的想法也有道理,就没有反对。茅盾将约来的王统照的稿子《夜谈》和自己的两篇译稿交给王云五,希望新刊物《小说》能够早日出版。岂料,这个新刊物实际上是王云五改革方案中"以新方法利用旧资料"的具体措施,但王云五等人怕"节外生枝"影响自己的改革,因此做得十分机密。1923年1月第一期刊物出版后,茅盾不禁大吃一惊,才知道所谓"新刊物",其实与"礼拜六派"的刊物并无二致,里面用了大量当年被茅盾封存的"礼拜六派"——如包笑天、李涵秋、赵苕狂等人的作品以及林琴南的译稿,而茅盾和王统照的作品也赫然收录其中。刊物名称也不叫《小说》,而叫《小说世界》。这让茅盾、郑振铎等新文学的倡导者大跌眼镜!茅盾晚年说:

  这件事,王云五他们做得非常机密。料想他们一定在商务当局面前自吹他们"化无用为有用",把我在接手主编《小说月报》时封存的许多"礼拜六派"的来稿和林琴南的译稿都利用上了,为商务省下一笔钱;他们一定自鸣得意,然而也充分暴露了他们比两面三刀的军阀和政客还不如!我们为把此等黑暗伎俩暴露于光天化日之下,就把王统照的《答疑古君》和给我的信,我给王统照的复信,以及原登在北京晨报副刊上的疑古的《〈小说世界〉与新文学者》,小题为《"出人意表之外"之事》,全都登载在一九二三年一月十五日的《时事新报》《学灯》栏。疑古这篇文章,不但把《小说世界》第一期出现的那些牛鬼蛇神,骂了个狗血喷头,也把商务当局冷嘲热讽,看得一文不值,说他们刚做了几件象人做的事,就不舒服了,"天下竟有不敢一心向善,非同时兼做一些恶事不可的人!"这一手,大概是王云五他们所想不到的。然而他们又奈何我们不得。[1]

疑古,就是钱玄同。王云五在改革中,对旧文学采取"化无用为有用"的手段,为商务印书馆创造利润、降低成本的同时,也将历史的车轮往后拉了,这一做法自然激怒了新文学阵线的作家。

自然,王云五的改革措施难免有很多弊端,比如引进新人才,淘汰老员工,因此得罪了不少人,并且在这一过程中,王云五还有夹带引进自己的熟人亲信,但是,总体而言,这些改革措施对商务印书馆的发展起到了积极作用。比如,对编译所组织结构的调整,大大扩充了商务印书馆的发展空间,提高了生产能力。其实,对编译所组织结构的设置,茅盾刚进商务印书馆时就看出其中的不合理处,编译所"正式有'部'的名称的,只有三个:英文部、国文部、理化部。英文部职掌前已说过。理化部顾名思义是编辑中学校用的物理、化学、动植物学教科书的,也的确在编这些书,可是,鼎鼎大名的《东方杂志》却附在理化部内,而且部长杜亚泉却是主编。至于国文部,最为庞杂。国文部部长庄俞只管编辑小学、中学教科书,不管也算是'国文部'中人员的孙毓修和我,还有编《教育杂志》和《学生杂志》的朱元善,以及正在编辑《综合英汉大辞

---

1. 茅盾:《我走过的道路》(上),人民文学出版社1981年10月版,第192页。

典》的主任黄士复、江铁及其它一些同编者"[1]。然而，这一让年轻的茅盾都困惑的状况直到王云五当所长后才有所改观，编译所无论是规模还是结构，都发生了很大变化。据有关史料介绍，到1924年，编译所人数从改革前的160人增加到260人，其中194人是1921年4月后引进的；1922年到1924年，编译所进用职工共达266人。而组织结构上，王云五也将其调整得更合理，原来只有三部的编译所，到1924年时，拥有国文部、英文部、史地部、法制经济部、算学部、博物生理部、理化部、杂纂部、出版部，另外还设四个专门委员会，即英汉实用字典委员会、国文字典委员会、英汉字典委员会、百科全书委员会。显然，这样的组织结构与时代进步的节拍是相吻合的，不复茅盾原来看不懂的"暮气沉沉"的三部了。

20世纪20年代，茅盾已在中国共产党党内担任了相当的职务，已接受马克思主义学说，成为一位坚定的共产主义者。1925年的五卅运动，茅盾是中国共产党党内的直接组织者和参与者。在这场反帝爱国浪潮中，茅盾等商务青年知识分子集资创办《公理日报》，宣传五卅精神，揭露帝国主义的卑鄙伎俩，揭露上海各报之不敢报道五卅惨案的真相。商务当局也暗中给予了资金支持，张元济、高梦旦、王云五每人各捐一百元，支持商务同人创办《公理日报》的革命行动。茅盾在回忆录中也实事求是地说：

---

1. 茅盾：《我走过的道路》（上），人民文学出版社1981年10月版，第113页。

"《公理日报》之创刊，商务印书馆当权者曾暗中给予经济上之支持，此是动用公司的公款的。此外，张菊生、高梦旦、王云五每人亦各捐一百元。"如果不是茅盾晚年回忆录中有所记载，恐怕极少有人知道，王云五曾为支持五卅运动捐过款。

然而，五卅运动也催生了商务印书馆的工会以及工人运动。1925年6月21日上午，商务印书馆工会在虹江路广舞台召开成立大会，数千工人到会，声势浩大。茅盾是商务印书馆党组织的负责人，商务印书馆罢工就是茅盾、杨贤江、徐梅坤、廖陈云等同志组织和发动的。期间，茅盾等劳方代表为职工权益与王云五等资方代表进行了针锋相对的斗争，最后迫使资方接受了工会提出的要求，罢工取得了胜利，在上海工运史上写上了浓墨重彩的一笔。茅盾直到晚年还清楚地记得当年商务印书馆罢工的情景，还记得与王云五等资方代表谈判时军阀突闯会议室的细节：

二十六日上午，劳资双方代表在总务处会客室继续谈判，忽有淞沪镇守使派来的一个营长带了几个卫兵闯进会议室，说是奉命来调解的。这个营长高踞上座，命资方代表及劳方代表各坐一边，拿起罢工中央执行委员会的条件和资方的表示能接受的答覆条件，草草看了一下，就大声说：你们工人不是要加工资么？我说可以。商务印书馆有的是钱。你们工人又说要成立工会么？那不成。联帅（孙传芳，时称五省联帅）命令取缔一切工会。几千人罢工,地方治安就不能维持了,限你们双方今天立即签字复工。这一番话,劳资双方,都不赞成,都不作声。这个营长就拍案而起,威胁说:明天我派兵来,一定要复工。说着就朝外走了。这时候,王云五突然快步上前,拉住了营长,扑的跪在地下哀求道:请营长息怒,宽限一、二天,我们自己解决,千万不要派兵来。营长不置可否就走了。王云五回身对大家痛哭道:我们双方都让步一点,免得外边人来干涉。会议无法继续开下去,双方都退席。我们编译所代表觉得此事真怪,这个营长可能是公司勾结来演这出武戏的;但当时资方人员惊惧之色,决非造作,则又不像是勾结来的。[1]

这个插曲,说明当时商务印书馆的内外形势十分复杂。

后来,王云五的人生轨迹由出版转而从政,最终又回归出版;茅盾则继续从事进步文化工作,创作了反映时代风云的力作,如《蚀》《虹》《子夜》《林家铺子》《霜叶红似二月花》等,成为一代文学巨匠,新中国成立后担任文化部部长等政府要职。茅盾与王云五,从一开始相处就发生冲突,到后来的分道扬镳,最终成为在不同道路上行进的人。

王云五1979年在台湾逝世,享年92年,而当年20多岁的《小说月报》主编茅盾,两年后在北京逝世。

---

1. 茅盾:《我走过的道路》(上),人民文学出版社1981年10月版,第283页。

链接

王云五小传

王云五，名鸿桢，字日祥，号岫庐，笔名出岫、之瑞等，云五为其别字。1888年7月9日出生在上海，原籍广东省香山。父亲王光斌，号礼堂，是个小商人，收入仅能维持全家生活。王云五有弟兄姐妹七人，他排行最幼。

王云五天资聪颖，六岁跟大哥王日华学《三字经》《千字文》等，不久即进私塾读《孟子》。13岁时随一位姓李的老师读《东莱博议》《史记》《曾文正公家书》《阅微草堂笔记》《三国演义》等。李先生的弟弟见王云五聪颖，给他起名云五，寓"日下现五色祥云"意，希望王云五长大能成就大事。14岁开始，王云五半工半读，白天在一家五金店当学徒，晚上到守真书馆读英文。读了半年光景，因成绩优异，连跳三级，从第六级跳到第三级。此后，王云五一度失学，但读到《富兰克林传》后,富兰克林那种通过刻苦学习成为大家的风范,对他影响很大。16岁那年,王云五入国文馆读书,涉猎甚广,半年后,从学生变为助教,并每月有24元收入。17岁时,王云五又应邀到益智书室执教。其时,商务印书馆正代理发行《大英百科全书》,王云五用分期付款的方式,购得这部巨著,并用三年时间通读一遍,据说连高等数学都不放过。18岁时,王云五任中国公学英文教员,次年又兼任留美预备学堂教务长,大名鼎鼎的胡适,就是此时王云五的学生。那时的胡适还未成名,学业不顺,王云五还帮助过胡适。

客观地说,王云五是个自学成才的典范,他自幼聪明过人,学习得法,没有上过中学和大学,却懂四国语言,知识渊博,口才甚佳,文章也写得漂亮,因此为熟悉他的人所推重。

因为王云五祖籍广东中山县(时称香山县)的缘故,一个偶然的机会,让王云五名声大振。辛亥革命后,孙中山先生作为中华民国临时大总统抵达上海,旅沪的香山县同乡会在戾虹园公宴孙中山,23岁的王云五被香山县同乡会推举为宴会的主持人,并即席致欢迎词。王云五的机敏和大方颇为孙中山赏识,事后孙中山邀请王云五到南京担任总统府秘书。1912年年初,王云五赴南京任孙中山秘书,孙中山卸任后,政府迁往北京,王云五随迁入京,任教育部佥事兼专门司第一科科长。此后王云五虽然在袁世凯政府工作,但却反对袁世凯一系列倒行逆施的做法。袁世凯去世后,王云五曾出任江苏、广东、江西三省的禁烟特派员,后因卷入回扣案而辞职。1918年开始,王云五重新回到书斋,继续发愤读书,并开始涉足出版。因为自己的学生赵汉卿等办公民书局,王云五应邀负责编辑"公民丛书"。一年之间,这套丛书就出版了20余种,王云五也因此自认为在出版方面很有潜质。

机会是胡适给王云五带来的。1921年,商务当局诚邀胡适到商务印书馆编译所当所长,当时已经声名远扬的北大教授胡适为商务的诚意所感动,答应利用暑假时间到馆内考察以后再做定夺。但考察一段时间后,胡适却推荐王云五以自代,把出任编译所所长的机会让给了自己的老师王云五,自己拿了500元考察费回北京了。

平心而论,王云五是编译所所长的合适人选,而且从后来的工作实绩来看,王云五的确为商务的发展做出了很大的贡献。他出任所长之后,首先大刀阔斧地改组编译所,延聘大量真才实学之士任改组后各部负责人。其次是面向市场出版学术著作,努力走学术著作市场化的路子,邀请专家编写了一系列深入浅出的学术小丛书,如"百科小丛书""学生国学丛书""国学小丛书""新时代史地丛书""农业小丛书""工业小丛书""商业小丛书""师范小丛书""算学小丛书""医学小丛书""体育小丛书"等等;同时加大力度深入开发教材教辅类出版物,让商务成为教材教辅的出版重镇。再次是利用商务资源推动社会公益活动,兴建东方图书馆,向社会开放,既服务社会，又提高了商务的影响力。

五卅运动中，王云五同情并支持民众的反帝爱国运动，还自掏腰包，资助职工创办《公理日报》。1926年，王云五退出国民党，成为无党派人士。1929年9月，王云五应蔡元培的邀请，出任中央研究院社会研究所研究员兼法制组主任，同时辞去商务编译所所长职务。然而，王云五离开编译所不到半年，商务印书馆人事发生重大变化，总经理鲍咸昌病逝，张元济、高凤池商量，决定邀请王云五回来担任总经理。王云五提出改革和出国考察作为条件，经商务同意后，于1930年9月9日回到上海，出任商务印书馆总经理。王云五主持日常事务后，虽然中间经历了"一·二八"淞沪战争，但商务印书馆在工作效率、工作业绩及职工福利等方面达到了历史最好水平。在王云五的带领下，商务印书馆影印四库珍本，印行"四部丛刊"续编及三编，出版"幼童文库""小学生文库""万有文库第二集"、《中山大辞典》等等，可谓"日出新书"。到1936年，全国出版出版物9438种，而商务占4938种，占全国总数的52%。

抗战期间，王云五将主要精力投身于政治，从国民参政员到国民政府内阁成员，期间还代表中国政府访问英国。抗战结束后，王云五以社会贤达身份参加在重庆召开的中国政治协商会议。1946年4月，王云五复员到上海，向商务印书馆董事会主席张元济提出辞呈，并举朱经农自代。次月，王云五担任国民政府经济部部长。1947年4月，王云五辞去经济部部长，改任国民政府委员兼行政院副院长。1948年5月，王云五任财政部部长，并主持币制改革，发行金圆券，但仅几个月便以失败告终，当年11月引咎辞职。辞职后的王云五先到广州，后去香港。在香港期间，创办华国出版社，出版了大量国际问题著作和反对共产党的书籍。1951年年初，王云五离开香港去台湾定居，担任"行政院"设计委员会委员，"总统府"国策顾问等。1954年8月，蒋介石特任王云五为"考试院"副院长，协助董德惠院长改革人事考试制度。次年，王云五兼任政治大学政治研究所教授，任职达15年之久。1958年7月，王云五出任台湾"行政院"副院长，一直到1963年12月辞职，为台湾的改革做了大量工作。

到台湾后的王云五仍忘情于出版鸿业，50年代，在政务之余组织编写了大量实用著作以及自己的专题回忆录。卸去"行政院"副院长之后，王云五于1964年6月又被推举为台湾商务印书馆董事长，东山再起，不到一年时间将台湾商务印书馆带出困境，走上健康发展的道路，在中国出版史上留下传奇的一笔。1967年7月8日，王云五八十寿辰，却躲在医院避寿。7日上午，蒋介石到王宅祝贺，并题"弘义益寿"寿轴一幅，由王云五的长子王学理出面接待。之后，王云五专注于学术，其学术造诣达到了巅峰，撰写了《中国政治思想史》七种二百万字，即《先秦政治思想》《西汉三国政治思想》《晋唐政治思想》《宋元政治思想》《明代政治思想》《清初到鸦片战争政治思想》《鸦片战争到现代政治思想》,陆续出版。同时,他还著有《中国数学思想史》六册。晚年的王云五还组织编写了一千万字的《中山自然科学大辞典》、七百万字的《云五社会科学大辞典》。除此之外,还动笔写了《商务印书馆与新教育年谱》。

1979年8月14日,王云五先生在台湾省台北市逝世,享年92岁。王云五先生一生风云跌宕,由出版到仕途,晚年由仕途又回归学术、回归出版,为弘扬祖国文化做出了巨大贡献。

第九节　难忘的那些领导、同事、朋友

一

张元济先生接纳茅盾进入商务印书馆，而高梦旦则是茅盾进商务印书馆编译所后的直接领导，也是选定茅盾出任《小说月报》主编的领导之一。

高梦旦本名高凤谦，福建长乐人，生于 1870 年 1 月 28 日。高家是书香门第，其长兄高凤岐，是桐城派的古文名家，1882年壬午科举人，1902 年进商务印书馆。次兄高而谦毕业于法国巴黎大学，曾在意大利当过外交官。高梦旦少有文才，思想进步。曾参加童子试，补博士弟子员之后，没有再参加科举考试。

当年梁启超在上海创办《时务报》，16岁的高梦旦就投书《时务报》，主张废除跪拜礼，深得梁启超赏识。一老一小常常书信往还，还曾在上海见面畅论时事。1898年，戊戌变法失败，梁启超流亡日本，高梦旦因不是维新党中人，免遭牵连。1901年，杭州求是书院改为求是大学堂，1902年，又改称浙江大学堂，高凤岐担任总教习，31岁的高梦旦担任教习。期间，他带十名学生赴日留学，考察日本教育。日本对教育的重视带给他深刻的体会。1902年，商务印书馆组建编译所，聘请蔡元培为所长，主持编译教科书，结果半年时间未有头绪。而蔡元培也因"苏报案"于1903年6月离开商务。于是，编译所所长的职务由张元济担任。在张元济的主持下，编译所又重新启动编译教科书工程。此时，高梦旦正好从日本回国，张元济就聘请高梦旦担任编译所的国文部部长。1903年冬，高梦旦正式入职商务印书馆。

进了编译所后，高梦旦发挥对日本教育有深刻理解的优势，全身心地投入到教科书的编辑之中。经过两三年的努力，"最新教科书"以及修身、历史、地理、唱歌、字帖等教科书很快成为商务印书馆的品牌，从而使商务印书馆执全国教科书出版市场之"牛耳"。而高梦旦在抢占教科书的制高点后，又以他独特的出版眼光，倡议编印《新字典》《辞源》等工具书。编纂《辞源》时，商务聘请陆尔奎、方毅等专家来主持编纂工作。从1908年开始，历时八年时间，于1915年出版。出版后普遍受到好评，英国顾令（Samuel Gouling）在1917年出版的《中国百科全书》中对《辞源》评价甚高:"上海商务印书馆一九一五年出版的《辞源》是一部一流出版物。这是一部百科辞典,分二百一十四个部首排列,资料甚为丰富,定义和解说可称简明扼要。在这之前,中国从未出版过这样的一种辞书。"[1]

初出茅庐的茅盾到编译所函授学社做阅卷员,偶然读到高梦旦等人花八年时间编纂成的《辞源》后,给张元济写了一封信,对新出版的《辞源》提出批评意见:条目出处有"错认娘家"的;有的只引书名,不注篇名,后学查用不方便;所收新词"仍嫌太少",与百科辞典名不符实,等等。这封批评自己顶头上司主持的文化产品的信,就这样"贸然"地送到张元济手上!而张元济一看,觉得有道理,很快就做了批示,交给高梦旦。按照现在的职场风气,茅盾可是犯了大忌。一个新入职的员工,竟然写信批评自己顶头上司的作品,而且批评信又回到顶头上司手里。然而,让今人大为感慨的是,高梦旦收到张元济转来的信后,发现茅盾是个有才气的年轻人,在函授学社阅改函授卷子用非所长,决定让茅盾随孙毓修先生译书。高梦旦不仅没有责备茅盾的意思,反而为茅盾提供发展的平台,创造发展的机会。大度如高梦旦,令今人望尘莫及!1918年,高梦旦接任张元济成为编译所所长,之后依然一如既往地关心、支持茅盾。1918年12月24日,高梦旦在给员工加薪时,充分肯

---

[1]. 参见商务印书馆百年大事记编写组编:《商务印书馆百年大事记(1897—1997)》,商务印书馆1997年4月版。

定茅盾，认为他"能力甚好"，加薪十元也"实在尚不足为相当之值"，但茅盾"本人却无十分要求也"，表达了对这位年轻人由衷的欣赏。[1] 1920年下半年，商务印书馆为《小说月报》物色主编人选时，选中了已在编译所工作四年的茅盾。茅盾的回忆录中，对当年高梦旦找他谈话的情景记忆犹新：

大约是十一月下旬，高梦旦约我在会客室谈话。在座还有陈慎侯（承译）。高谈话大意如下：王莼农辞职，《小说月报》与《妇女杂志》都要换主编，馆方以为我这一年来帮助这两个杂志革新，写了不少文章，现在拟请我担任这两个杂志的主编，问我有什么意见。我听说连《妇女杂志》也要我主编，就说我只能担任《小说月报》，不能兼顾《妇女杂志》。高梦旦似乎还想劝我兼任，但听陈慎侯用福建话说了几句以后，也就不勉强我了，只问：全部改革《小说月报》具体办法如何？我回答说：让我先了解《小说月报》存稿情况以后，再提办法。高、陈都说很好，要我立刻办。[2]

后来，茅盾主编《小说月报》，唱独角戏半年后，声誉出去了，杂志销售量也上去了，但反对声也从四面八方响起，让25

---

1. 这一加薪的档案存于浙江桐乡档案馆。
2. 茅盾：《我走过的道路》（上），人民文学出版社1981年10月版，第160页。

岁的青年茅盾身心俱疲。大概在1921年的10月初，茅盾向自己的顶头上司高梦旦诉苦，并提出要辞去《小说月报》主编。后来，高梦旦专门找茅盾谈话，肯定了茅盾革新《小说月报》的成绩，并表示自己坚决支持茅盾的工作。因此，茅盾在10月12日给周作人的信中说："梦旦先生和我谈过，他对于改革很有决心，对于新很信，所以我也决意再来试一年。"显然，因为有了高梦旦的支持，才让茅盾有信心再来试一年。

但是，此时的高梦旦同样也面临着许多压力，世界潮流浩浩荡荡，西方思潮不断涌入，在这个世界知名文化出版机构里担当重任的高梦旦心力交瘁。他和张元济一起去北京邀请当时如日中天的胡适来商务担当编译所所长，结果胡适没有来，却推荐了自己的老师王云五。于是，1922年1月开始，编译所所长的职位由王云五接任，茅盾的顶头上司也就换成了王云五。而高梦旦以大度的心态支持王云五改革，自己却在他手下做一个出版部部长。自愿让贤从编译所所长降职为编译所一个部门的负责人，可见高梦旦境界之高！

在职业生涯中，能够遇上高梦旦这样的"圣人"做自己的领导，是茅盾的幸运。其实，与高梦旦共事过、有过接触的人，都认为高梦旦先生的为人处世是他们的榜样。王云五后来也有专文高度评价高梦旦，认为高梦旦是个性圆而行方的人，是个思虑周密而非寡断的人。而胡适更是称高梦旦是"一个处处能体谅人，能了解人，能帮助人，能热烈的爱人的新时代的圣人"。认为高梦旦做人,"最慈祥,最热心,他那古板的外貌里藏着一颗最仁爱暖热的心"。他爱朋友,爱社会,爱国家,爱世界。他爱真理,爱自由,爱科学。

高梦旦十分欣赏茅盾等年轻的新文学朋友,还将自己的女儿高君箴嫁给了郑振铎。高君箴与郑振铎结婚时,茅盾、瞿秋白等都应邀去参加了婚礼。

茅盾1926年4月正式离开工作和生活了十年的商务印书馆。高梦旦则依然在商务服务,一直到1936年7月23日在上海病逝,一生为商务印书馆的发展做出了巨大贡献。

二

党中央派徐梅坤到商务印书馆编译所找茅盾,决定以商务印书馆为基础,在上海印刷工人中开展党的革命活动。茅盾向徐梅坤介绍了商务印书馆印刷工人的情况:

> 当时我主编《小说月报》,常常因为临时改换版面式样,自己到印刷所去(就在编译所的旁边),因此和排字及拼版的工人熟悉了,也认识了技术工人糜文溶和柳普青,这两位,文化程度相当高。我把他们介绍给徐梅坤,并商定先在工人中发展党、团员。糜、柳二人随后都入了党。[1]

---
1. 茅盾:《我走过的道路》(上),人民文学出版社1981年10月版,第223页。

茅盾的这段回忆发表至今已经过去30多年。但笔者一直记着糜文溶和"柳普青"这两位与茅盾并肩战斗的同志的名字。一个偶然的机会,笔者与"柳普青"的女儿柳伦同志有了联系,有了向她请教的机会。柳伦同志现在已80多岁,解放初曾在杭州工作过。承她支持,提供了不少"柳普青"同志的情况,为丰富茅盾回忆录,进一步了解茅盾在商务印书馆的革命活动,提供了不少可靠的史料。

柳普青实际名为圃青、步青、溥庆,"普青"是茅盾记忆中的名字,因为"圃青"的读音,在茅盾家乡乌镇的方言里,与"普青"相同,而溥庆是他在1931年回国后开始使用的名字。柳溥庆1900年12月4日出生在江苏省靖江县生祠镇的一个知识分子家庭,父亲柳望岑是1898年的举人,后全家迁居常州城里。辛亥革命后,柳望岑被上海中国图书公司聘为校对员,于是又举家迁沪,住在上海小南门的复善堂街。

柳溥庆在父母的教育下很早开始读书,尤其是他的母亲刘孺人,出生书香门第,知书达礼,尤善刺绣。但后来全家到上海后,家道已经中落。柳溥庆12岁辍学后进印刷厂当铸字童工。13岁拜印刷厂画师徐咏清为师,学习绘画,14岁那年随父亲和画师进入商务印书馆印刷厂图画部。辍学后的柳溥庆在工作中坚持自学,国文、英语以及数理化等课程都没有放松。1919年,商务印书馆举办印刷培训班,专门聘请美国印刷专家海林格先生讲授彩色照相制版技术,柳溥庆因为勤奋好学而成为这个培训班的学员。1920年结业后,因为成绩优秀,很快成为商务印书馆的印刷技术骨干,担任印刷所影印部副部长,同时被聘为厂内印技班教师。同时,柳溥庆又在上海美术专科学校半工半读三年。所以,茅盾记得他的"文化程度相当高"。

图 2-11　1920 年 9 月,海林格先生与上海商务印书馆印刷培训班学员的合影

1920年,柳溥庆任商务印书馆同孚储蓄会干事。1921年冬,由茅盾、杨贤江介绍加入中国社会主义青年团。1922年,任同孚消费合作社干事,兼商务印书馆同仁俱乐部(又名青年励志会)干事,提倡和开展工人团结互助。当时社会主义青年团的政治纲领是"打倒帝国主义,打倒封建军阀",柳溥庆冒着生命危险投身革命和民族解放的进步事业。柳溥庆是商务印书

馆 3000 余名职工中的第一个团员，也是上海闸北区第一个社会主义青年团员。

1923 年，组织决定由共产党员邵力子、董亦湘介绍柳溥庆加入国民党，担任区分部执行委员。1924 年初，伟大的革命先驱列宁去世，3 月 9 日，国民党左派与上海的社会主义青年团团员 300 余人在上海小西门举行列宁追悼大会。因为苏联刊物不允许在书店公开出售，中国的青年革命者不知道列宁的光辉形象，于是，柳溥庆发挥自己的美术特长，专门为列宁追悼大会绘制了列宁画像。这是中国人第一次为列宁画像，为马克思主义在中国的传播起到了积极的作用。

1924 年，柳溥庆赴法国留学，进一步学习西方的先进思想和技术。1924 年到 1931 年，柳溥庆在欧洲七年，除学习法语外，又学会了英、德、日、俄四门外语，成为我国唯一能用五种语言关注世界各国印刷动态的印刷专家。

1926 年，还在法国留学的柳溥庆经徐孝祥、沙可夫介绍，加入法国共产党，任法共海外部中国组宣传委员，兼国民党左派驻法国总支部主任秘书、代主席等职。1927 年秋，党组织决定让柳溥庆等十余人赴莫斯科中山大学学习。次年 3 月，柳溥庆与莫斯科中山大学同学周砥结为终身伴侣。4 月，柳溥庆临时调到共产国际中国代表团，在周恩来同志的直接领导下参加中共"六大"筹备工作，并与邓颖超、王明等 30 多人作为指定和旁听代表参会。在中山大学期间，柳溥庆与沈泽民、张琴秋夫妇成为好友。后来，柳溥庆因坚决反对王明的宗派小集团而受到王明一伙的"残酷斗争，无情打击"。1930年，王明以各种莫须有的罪名将柳溥庆开除出党。柳溥庆向共产国际提出申诉，在得到"回国后在实际工作中解决"的答复后，一度失去了党的直接领导。1931年回到上海后，王明依然将柳溥庆拒之革命门外。在无奈的情况下，柳溥庆由老友杭稚英介绍，到上海三一印刷公司任工务部主任兼技师长，重新回到印刷领域。

在革命中遭到挫折后，对印刷事业有着强烈使命感和深厚感情的柳溥庆，为改变中国印刷行业落后的状况呕心沥血。1933年，柳溥庆发起组建中国历史上第一个印刷团体中国印刷学会。1935年，创办出版中国第一份印刷专业杂志《中国印刷》月刊，并亲自担任主编。同年，柳溥庆与陈宏阁合作，成功研制了中国第一台手动式照相排字机。1937年，柳溥庆组建了上海华东美术照相制版印刷公司，并与陈宏阁一起仿制了德国的影写版凹印机。

1939年年初，柳溥庆与已在新四军军部工作的中山大学同学吴福海接上联系。不久，柳溥庆受命组建苏北根据地江淮银行印钞厂，为新四军和抗日根据地的发展做出了重大贡献。

新中国成立后，柳溥庆任中国人民银行印制局国家二级总工程师，后又任印制科学技术研究所首任所长，为新中国印刷事业的发展做出了不朽贡献。1974年10月24日，遭受"文革"迫害的印刷界先驱柳溥庆去世，享年74岁。

1989年，柳溥庆去世15周年之际，中共中央组织部发文撤销了王明在1930年对柳溥庆同志做出的错误处分，承认柳溥庆同志1930年至1950年的党籍，党龄从1926年算起。中华人民共和国成立60周年之际，柳溥庆被评为"新中国60年22名杰出出版家"之一。

茅盾在20世纪70年代后期撰写回忆录时，柳溥庆已经去世。因为当年20岁出头的柳溥庆是工人中的优秀知识分子，工作积极，思想进步，被党组织列为重点发展对象，所以，茅盾回忆录中的记述有些出入，以为糜文溶和柳普青"随后都入了党"，其实，糜文溶确实很快被发展为中共党员，而柳溥庆在当时则是由茅盾和杨贤江介绍先加入了社会主义青年团，直到1926年在法国留学时才加入了共产党。

在回忆商务印书馆的年轻朋友时，与柳溥庆并肩战斗的情景，永远留在茅盾的记忆里——柳溥庆是他印象深刻的一位战友。

三

茅盾刚进商务印书馆时，住的是集体宿舍，三个人一间，茅盾和同在编译所的谢冠生住一起。谢冠生虽然比茅盾小一岁，但比茅盾早一年进商务，在辞典部工作。可以说，正因为与谢冠生同住一个宿舍，茅盾才有机会及时浏览新出版的《辞源》，进而写信给张元济提出建议，并得到张元济的重视。

所以，对这位年龄相仿的同事，茅盾记忆深刻。他在回忆录中说：

> 在宿舍，同一卧室的谢冠生，也使我开了眼界。从他那里，我才知道这个宿舍并非商务印书馆办的，而是茶房元老通宝同他的儿女亲家福生（也是南浔人，资格仅次于通宝）的合股公司。福生俨然是这个宿舍的经理，厨子、两个打杂的小青年都得听他的。谢冠生又告诉我，编译所中的国文部（部长庄俞，武进人）专编小学和中学教科书的人是清一色的常州帮。（国文部还包括一些无类可归的高级编辑，那就不受庄某领导而且各省各地人都有。）理化部是绍兴帮，除了校对之类少数人也许不是绍兴人。谢冠生自吹他所属的"辞典部"（先编《辞源》已完成，现在编《人名大辞典》、《地名大辞典》等等）却不是什么帮，而是量才使用的。不过，他的薪水大约不过四十元左右，所以屈居于这个宿舍，而且常常透露不久将舍此而另找出路的意思。谢懂法文，中文自然有基础，故得厕身于"辞典部"。二、三年后，他果然离商务，据说在上海进修法文，后又留学法国；蒋介石时代，他是南京政府的司法院下的司法行政部部长。[1]

---

1. 茅盾：《我走过的道路》（上），人民文学出版社1981年10月版，第108页。

谢冠生虽然比茅盾小一岁，但因为早一年进商务印书馆，所以在宿舍里聊天时，常常告诉茅盾一些他不知道的事情，这在刚到商务的茅盾听来，自然非常新鲜，包括这个宿舍的故事，茅盾闻所未闻。茅盾尤其记得当初谢冠生所讲有关张元济的故事，让他非常感兴趣，也对张元济先生的人品、学问产生了仰慕之情，将其视为榜样。后来，茅盾从谢冠生那里看到新出版的《辞源》之后，便给张元济写信，陈述自己的看法，提出《辞源》的几点不足。茅盾为什么要给张元济写信？这与谢冠生对张元济的介绍不无关系。后来，写信的结果也是谢冠生"悄悄地"告诉茅盾的。茅盾曾在回忆录中就此事写道："这封信交给通宝随同编译所每日应送请总经理过目或核示诸文件专差送去。我写此信，是一时冲动，事前事后，都未对人说及。但在那天晚上，在宿舍里，谢冠生悄悄地对我说：'你那封信，总经理批交辞典部同事看后送请编译所所长高梦旦核办。'"

可见，如果茅盾不与谢冠生住一个宿舍，茅盾就不能及时看到《辞源》；不住一个宿舍，谢冠生就不会向茅盾谈及张元济的许多往事，茅盾也就不会贸然向张元济投书。因此，如果这样的逻辑成立的话，谢冠生在茅盾的商务时期，的确是一个不可忽视的人物。

图 2-12 《辞源》第一版题签

茅盾的回忆录中，虽然对谢冠生着墨不多，但记述得却十分生动。不过谢冠生是哪里人，一生大致行踪如何，茅盾回忆录里都没有讲。据笔者掌握的材料，谢冠生 1897 年 11 月 19 日生于浙江嵊县，名寿昌，冠生为其字。谢冠生天资聪颖，成绩优异，13 岁即考入杭州省立第一中学，1912 年转入上海徐汇中学继续读书。1914 年毕业后，因为成绩优异，留校任教。1915年，进入商务印书馆编译所，参加《辞源》的编辑。此后，又主编了《中国地名大辞典》。编完这部辞典后，谢冠生就离开了商务，去震旦大学担任校长秘书，同时进入震旦大学法科学习。1922年法科毕业后，赴法国留学，入巴黎大学法学研究所。1924年，获得法学博士学位。回国之后，投身教育事业，先后在上海震旦大学、复旦大学、持志大学、中国公学、法政大学从事法学教育与研究。1926年冬，年轻的谢冠生出任武汉国民政府外交部秘书，一度代理外交部部务。同年加入中国国民党。大革命后，任国立中央大学法律系主任兼法学院院长。1930年4月，任国民政府司法院参事。1934年，一度担任司法行政部政务次长。1936年3月，任司法院秘书处秘书长。1937年，40岁的谢冠生开始担任国民政府司法行政部部长，直到1949年12月为止，这一职务做了十多年。这期间，他曾三次主持司法官高等考试。1945年5月，当选为国民党第六届中央监察委员。1947年和1948年，两次任行政院政务委员。1948年12月，又担任公务员惩戒委员会委员长兼司法院秘书长。1949年8月，随着蒋介石政府的垮台，去往台湾。到台湾后，谢冠生依然活跃在司法界，历任台湾"司法院"副院长、院长。1971年12月22日，谢冠生在台湾去世，身后留下《中华民国宪法概论》（英文版）、《法理学大纲》、《罗马法大纲》、《中国法制史》（法文版）、《苏联与国际法》（英文版）、《篷笙堂文稿》、《模范法华字典》、《战时司法纪要》等著作。

谢冠生从商务印书馆的一个辞典编辑，经过刻苦努力，成为中国法学界大师级的人物，这既是时代的造就，也不乏在商务印书馆期间历练打下的基础。尤其让人惊叹的是，当年同宿舍的两个年轻人，在时代的风云际会之中，分别成长为享誉全国的文学大师和法学大师，二三十年后在不同的政治道路上走进政府"内阁"，当年的沈雁冰担任了中华人民共和国的文化部部长，谢冠生担任了台湾的"司法院"院长。商务印书馆这个文化重镇，在中国现代史上，不仅为出版行业做出了巨大贡献，而且从这里走出了一大批杰出人物，值得后人认真梳理和研究。

四

1921年，茅盾主编《小说月报》，提出并实行了一系列革新措施，在社会上和商务印书馆内部引起了各种各样不同的反响。第一期出版后，《时事新报》副刊主编李石岑撰文给予充分肯定，赞扬革新后的《小说月报》"佳著固多"；国内各分馆也纷纷来函，要求下期多发。但同时，革新后的《小说月报》也遭到社会上习惯势力和商务印书馆内部保守势力的反对，甚至谩骂。茅盾在回忆录中对陈叔通先生的不支持，印象深刻：当时有一天"编译所茶房送到'小说月报社'的许多书、刊、信件之中，有一本新出第一期的《小说月报》，显然是退回来的，受信人是陈叔通。这本《小说月报》尚未拆封，显而易见，受信人并没看内容就退回了。这表示他对于《小说月报》的革新这件事本身是十二分的不满意。我当时不知陈叔通为谁何，可是有人告诉我，这位陈先生是商务印书馆总管理处权力很大的一个大人物呢！我当时付之一笑"。

可见，当时陈叔通退回赠刊这件事让茅盾切切实实地感受到来自商务印书馆内部的压力，所以，事隔半个多世纪，记忆依然那么清晰。

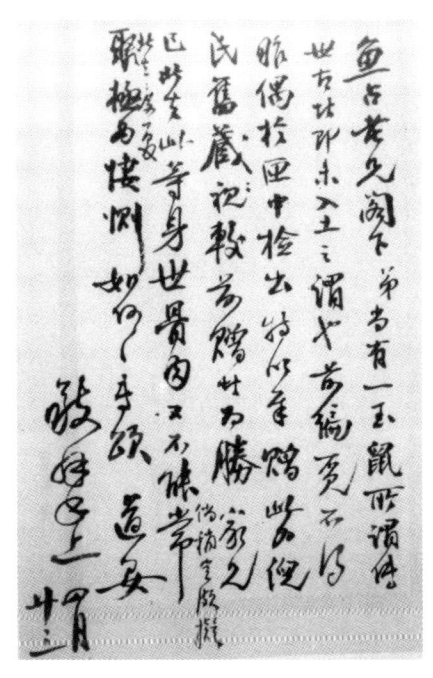

图 2-13　陈叔通手迹

但此时，茅盾虽然已经在商务印书馆编译所工作了四年多，却还不认识大自己 20 岁的陈叔通先生。

陈叔通1876年生，浙江杭县人，名敬第，字叔通，号云麋。陈叔通出生在书香门第，自幼秉承家学，对诗词古文有很深的造诣。1894年甲午战争之后，陈叔通留学日本，受日本明治维新影响，曾参加戊戌变法。1902年，浙江省举行乡试，茅盾的父亲沈伯蕃、表叔卢鉴泉，丰子恺的父亲丰镤等青年秀才均有赴考。26岁的陈叔通也去参加了当年的乡试。结果，陈叔通考中举人，卢鉴泉、丰镤等也在这一年中举。次年北京会试，陈叔通考中进士，并朝考中试，授翰林院编修。辛亥革命后，陈叔通担任第一届国会众议院议员，担任《北京日报》经理。袁世凯称帝时，陈叔通反对袁世凯。后来应张元济之请，离开《北京日报》到上海，进商务印书馆，时间是1915年。对此事，陈叔通先生1960年曾回忆说：

我是民国四年（1915年）进商务的。在此之前，当光绪末年，我由日本回国，经汪康年的介绍与张元济认识，辛亥（1911年）张曾约我进商务，未去。民国元年后，我在北京任《北京日报》经理，国会议员，民国三年（1914年），袁世凯解散国会，张给我一个电报，派李拔可来京与我面约。那时我的报馆在袁世凯的压力下，也办不下去，希望他来封闭，但又不来封，只是威胁很大。国会解散，我便摆脱《北京日报》而应商务之约离京南下。记得离京时，筹安会已经演出了。当时中华也来约我，外间谣传中华薪金大，我将去中华,其实中华确实许我月金三百元,而我却应了商务月薪二百元之约,这是由于我与张的关系深,中华要以钱买我是买不到的。[1]

陈叔通比茅盾早一年进商务印书馆,属于商务印书馆中的"特殊人才"。茅盾曾回忆说:"胡雄才又悄悄告诉我,编译所中有好多人月薪百元,但长年既不编,亦不译,只见他每年这里瞧瞧,那里看看,或则与人(和他同样的高薪而无所事事者)咬耳朵说话;这些人都有特别后台,特殊社会背景,商务老板豢养这些人,是有特殊用心的。"

事实上也正是这样。在商务印书馆拿着高薪的陈叔通并没有多少事情要做,以至于萌生离开的念头。陈叔通回忆说:"到了商务,每天只是看看各分馆的信札,有头无尾,使我觉得无事可办。有一天我便与张谈,想回杭州扫墓。"后来,张元济让陈叔通对商务印书馆的机构设置提出意见。于是,陈叔通建议在编译所、印刷所、发行所三所之外,再成立一个"总管理处",以统筹协调三所的日常事务和年度工作,避免出现所与所各自为政、无人统筹的情况。陈叔通这个建议,为张元济等商务决策者所首肯,后来总管理处正式定名为"总务处",于1915年组建,并由陈叔通主持工作。

---

1. 陈叔通:《回忆商务印书馆》,《商务印书馆九十年》1987年1月版,第136页。

陈叔通是个有学问、会管理的人，他负责总务处的工作之后，为张元济等高层省却了许多具体事务，而陈叔通的管理工作也做得得心应手，从此，商务形成了"三所一处"的格局，这是陈叔通的创意和贡献。几年之后，陈叔通在工作中渐渐感觉到商务印书馆新旧思想之间的矛盾和冲突，不禁再次萌生去意。就在茅盾主持《小说月报》革新的1921年，陈叔通向商务印书馆提出辞职，最终离开了商务。他在《回忆商务印书馆》一文中讲到自己为什么要离开商务，原因就是决策层张元济、高翰卿之间矛盾日深，甚至闹到张元济要辞职的程度。陈叔通虽然为人处世十分圆通，但他毕竟是张元济引进来的朋友，而且又处在协调"三所"的总务处的重要岗位上，自然在高层矛盾处理中有诸多不便。

其实，陈叔通虽然在五四时期思想上并没有做到与时俱进，但对名利却一直看得很淡。据说，1915年，陈叔通进商务印书馆时月薪是200元，到1921年离开商务时，仍旧只有200元。而且，他对自己的职务和名分也没有提出过任何要求，表现出一种超脱世事的淡定。同时，从其晚年所作的回忆文章来看，他认为商务在办出版的同时，也网罗了一大批人才，其中提到了沈雁冰、郑振铎、叶圣陶、陶孟和、竺可桢、周建人等当时的年轻人。自然，当年退回革新后第一期《小说月报》的事，在陈叔通先生的人生风雨中早已云散。

离开商务之后，陈叔通投身实业。自1927年，陈叔通长期担任浙江兴业银行董事。抗战期间,他积极支持抗日救亡运动。抗战胜利前夕,陈叔通参加筹组上海市各界人民团体联合会,从事民主活动。1949 年,陈叔通作为民主人士出席中国人民政治协商会议第一届全体会议。期间,张元济北上,曾与茅盾、陈叔通等商务故旧多次聚会。1949 年 10 月 1 日,中华人民共和国成立,茅盾任新中国第一任文化部部长,陈叔通则历任中央人民政府委员会委员,全国人大常委会副委员长,全国政协副主席,中华全国工商联合会第一、第二、第三届主任委员等。1966 年 2 月 17 日,陈叔通在北京因病去世,享年 90 岁。陈叔通治丧委员会在当日成立,周恩来总理任主任委员,茅盾为委员之一。就在陈叔通去世当天,71 岁的茅盾到医院向这位商务前辈的遗体告别。18 日上午,茅盾参加了中山公园中山堂举行的吊唁活动。19 日上午,茅盾参加了公祭仪式。

斯人已逝,而镌刻在历史深处的一段小小往事,却真切地反映了时代进步的艰难。

五

茅盾在商务印书馆的十年间,有一位同事并同志不能不提,因为这个人在中国革命史上曾像一颗耀眼的彗星,划过黑暗的天空。这个人,在茅盾主编《小说月报》的同时期,主编了商务印书馆的另一份全国性刊物——《学生杂志》,他就是 20

世纪20年代被杨之华同志称为"青年导师"的杨贤江。[1]对杨贤江主编的《学生杂志》,叶圣陶先生曾给予充分肯定,认为在《中国青年》创刊之前,"联系知识青年这样密切的刊物就只有《学生杂志》一种"。茅盾则在回忆录中用大量笔墨记录了与杨贤江在商务印书馆进行革命活动的经历。

杨贤江又名英甫,笔名李浩吾、李鹰扬等,生于1895年,浙江余姚县下垫桥人。由于行政区划的不断变化,当年的下垫桥今天已经归属于慈溪市长河镇。杨贤江在家乡度过了他的少儿时代。1911年,杨贤江从泗门诚意学堂毕业,次年考取了省立第一师范学校,得到经亨颐、夏丏尊、李叔同等名师的教育和熏陶。1917年暑期毕业,杨贤江回到家乡余姚,担任暑期教育研究会讲师。同年秋,应聘去南京担任南京高等师范学校职员,并旁听大学课程。当时,南京是新思想十分活跃的地方,少年中国学会在南京尤其活跃。1919年,杨贤江加入少年中国学会,并任南京分会书记。1921年1月,杨贤江进入商务印书馆,担任《学生杂志》的编辑,就在这一年,茅盾也受命担任《小说月报》主编。由于杨贤江思想进步,很快与茅盾等进步青年结下了革命的友谊。1921年,杨贤江刚到上海就加入了社会主义青年团,次年加入中国共产党,从此和茅盾并肩在商务印

---

1. 杨之华曾在《学习杨贤江同志的革命精神》一文中说过:"贤江同志是大革命时代的青年导师,一个经过考验的共产党员。他主编的《学生杂志》(商务出版)为大多数革命青年所热爱。"

书馆这个阵地上开展革命活动,并在上海地区的党组织内担当一定领导职务。

杨贤江在编译所给同事的印象是十分稳重的,并且十分勤奋。他每天坚持自修英语,利用点点滴滴的业余时间充实自己。和茅盾一样,一方面,杨贤江在商务印书馆冒着生命危险秘密从事革命活动,另一方面,他夜以继日地拼命工作,写出了大量激励和鼓舞青少年进步的文章。据说杨贤江在编辑《学生杂志》期间,发表论文达190篇、通讯130篇,成果十分丰硕。

1923年7月8日,上海召开全体党员大会,传达中共"三大"会议的相关精神,其中一个议题就是成立上海地方兼区执行委员会,除上海外,还要兼管江苏、浙江两省的党员发展工作和工人运动的组织等。当时,会议决定将上海的53名中共党员分成五个小组,其中第二组为商务印书馆组,这个组有13个人,分别为董亦湘、徐梅坤、沈泽民、杨贤江、沈雁冰、张国焘、糜文溶、黄玉衡、郭景仁、傅立权、刘仁静、张秋人、张人亚。茅盾回忆说:"这一组中,董亦湘、杨贤江和我在商务印书馆编译所工作,糜文溶、黄玉衡、郭景仁或在商务印书馆印刷厂或在发行所工作。"在茅盾担任国民运动委员会委员长时,杨贤江是这个委员会的委员之一,在推动第一次国共合作方面,做了大量开拓性的实际工作。也许因为杨贤江在编辑《学生杂志》的缘故,茅盾根据中央指示,调整国民运动委员会委员的党内分工,杨贤江与恽代英专门负责联系青年学生方面的工作。1924年1月,上海地方兼区执行委员会改组,茅盾、沈泽民、施存统、徐白民、向警予五人为执行委员,徐梅坤、杨贤江、张秋人三人为候补委员。当时,茅盾与杨贤江等的革命活动十分活跃。1923年10月20日,团中央的机关刊物《中国青年》创刊后,编《学生杂志》的杨贤江又积极参与协助编辑。茅盾记得,杨贤江协助编辑的《中国青年》周刊"内容很广泛,凡是青年们所关心的问题,包括恋爱问题、家庭问题、妇女解放、文学思想等等,无所不谈。《中国青年》当时受到广大的要求进步的青年们的热烈欢迎,发行量是最大的"[1]。

国共合作后,杨贤江加入国民党,并任改组后的国民党上海特别市党部执行委员会委员兼青年部长,并帮助家乡青年创办《余姚评论》《余姚青年》。1925年五卅运动时,茅盾与杨贤江等组织成立上海教职员救国同志会。五卅运动后,杨贤江担任上海学生会会长,继续领导学生运动。

茅盾离开商务印书馆后,杨贤江继续在上海从事秘密革命活动,参加上海工人三次武装起义的组织工作。1927年,杨贤江曾任上海特别市临时市政府教育局代理局长。"四一二"反革命政变后,杨贤江同样遭到蒋介石政府通缉。4月下旬,杨

---

1. 茅盾:《我走过的道路》(上),人民文学出版社1981年10月版,第231页。

贤江秘密到达武汉，在武汉北伐军总政治部任《革命军日报》社长兼总编辑。但没过几天，汪精卫领导的武汉国民政府也发生叛变，革命形势急转直下。这一情势下，杨贤江只好东渡日本，任留学生党组织负责人，从事进步教育论著的研究和著译工作。后来，茅盾东渡日本，与杨贤江在京都相遇。二人毗邻而居，曾经的同事、同志在异国他乡成为邻居。1929年5月，杨贤江回到国内，任中共中央文化工作委员会委员，发起组织社会科学家联盟。长期工作和革命的辛劳使杨贤江积劳成疾。1931年7月，杨贤江赴日本治病，8月9日病逝于日本长崎，年仅36岁。

杨贤江是茅盾在商务印书馆的同事、同志，是大革命时代的"青年导师"，也是中国第一个用马克思主义观点阐述教育问题的教育理论家。

第三辑

第十节 / 306
年轻时的朋友周作人

第十一节 / 354
年轻时的偶像胡适

第十节 年轻时的朋友周作人

茅盾在商务印书馆编辑《小说月报》期间，结交了全国各地一大批新文学知识分子。有的相交几十年成为一生的朋友，如郑振铎、叶圣陶等；有的年轻时是至交，几乎无话不谈，但后来时势的变化导致两人分道扬镳，其中最典型的就是周作人。

周作人1885年出生于绍兴的书香门第，茅盾比他小11岁，1896年出生于桐乡乌镇。青年时代的生活，茅盾比周作人顺遂，小学和中学课业名列前茅，顺利考入北京大学预科班。大学毕业后，直接进入全国首屈一指的出版社商务印书馆工作。而周作人的家庭和个人生活境遇颇不如意，一路坎坎坷坷，直到30岁才离开故乡到北京大学工作，从此生活和事业渐渐有了起色。周作人四岁时生了天花，大难不死。九岁开始懂事时，祖父因为科场舞弊案下了大狱，周作人与胞兄周树人（鲁迅）到亲戚家避难。12岁那年，父亲周伯宜病逝，从此，周家经济更加困顿。1887年早春，周作人到杭州陪侍待罪的祖父。14岁，与鲁迅一起参加县考，次年又参加院考，两人双双落榜。17岁时，周作人离开绍兴到南京江南水师学堂念书，期间不幸常常降临，让他无法专心致志地读书。1906年夏秋之交，周作人随鲁迅同去日本留学，后与日本姑娘羽太信子结婚。婚后两年，即1911年9月辛亥革命前夜，周作人携年轻的妻子回到故乡。

周作人在日本留学多年，回到绍兴后，似乎也没有合适他的工作，闲居半年后，只在绍兴本地的报纸上发表了《望越篇》《望华国篇》两篇文章，批评旧中国，同情辛亥志士陶成章。后来，留日同学、海盐人朱希祖向省教育司司长沈钧儒推荐了周作人，为他谋得一个课长职位。但因为上班时办公室没有他的桌椅，他就坐在地上看自己带来的书，看倦了就和衣而卧。一个新来的"海归"青年在机关里如此办公，让人匪夷所思，当时的同事钱玄同就讥笑他说这是"卧治"。一个月后，周作人"因病"辞职，回到绍兴，继续读古书、做翻译。对这一个月的"公职"经历，周作人曾在《知堂回想录·卧治时代》

中说:"我记得领过一次薪水,是大洋九十元,不过这乃是浙江军政府新发的'军用票'。"周作人对行政机关的工作好像天生不适应,可能也感觉在官场不会有什么前途。半年之后,即1913年3月,周作人被选为绍兴县教育会会长,后来,浙江省省立第五高级中学又聘他担任中学英语教员。这样,拖家带口的周作人终于有个可以维持生活的职业了。1917年,周作人在鲁迅的帮助下,离开绍兴去北京大学任职。当时,在社会各个阶层中,大学教授的薪酬是最高的。周作人被聘为文科教授后,月薪240元,这个数字足以让全家过上小康生活。而就在上一年,从北大预科毕业到商务印书馆工作的茅盾,月薪仅为24元,而且还因为是"关系户"介绍进来才有这个待遇,其他刚入职的学徒月薪只有两元。

到北京大学之后,社会转型时期的滚滚洪流,新思潮、新思想、新文化给周作人这位新青年带来巨大的影响。此时的周作人再也不是身在绍兴古城里的周作人,尤其与《新青年》杂志结缘后,周作人很快成为全国青年瞩目的人物。他在《新青年》杂志上发表文学革命的主张,译介《陀思妥耶夫斯奇之小说》,用白话翻译《古诗今译》,尤其在《新青年》上发表的译作《贞操论》,在社会上引起极大反响。后来发表《人的文学》,提倡"人的文学",反对非人的文学,成为新文学运动的纲领性文件,紧接着又发表《平民文学》《思想革命》等文章以及新诗《小河》等。在北京这一新文化运动的中心,周作人俨然已经是旗手式的人物了。此时，他与陈独秀，李大钊、胡适、钱玄同、郑振铎、刘半农等来往密切，与鲁迅更是时时沟通。教书之余，周作人或译或作，表达对新文化、新思想的追求，逐渐成为新青年的偶像。

在绍兴、杭州无法施展的才华，终于在北京得到发挥，这种地域效应，估计连周作人自己都没有想到。周作人翻译的日本女诗人与谢野晶子的《贞操论》与鲁迅的《狂人日记》在同一期的《新青年》上发表，让这对来自绍兴的同胞兄弟在全国一举成名。后来茅盾在日本写作小说《虹》时，专门写了梅女士看到《贞操论》以后思想上发生的变化。并且，还写到惠师长受新思潮的影响，赞成"新村"运动，而周作人曾经宣传过作为理想社会模范的"新村"运动。显然，当时周作人的社会影响之大，在茅盾记忆里印象很深。这是后话。

就在北京的新文化运动和五四运动进行得轰轰烈烈的时候，茅盾所在的东方大都市上海却依然保持着独有的矜持。连世界三大出版机构之一的商务印书馆，也没有掀起任何波澜。茅盾回忆说："我在报纸上看到北京的学生们举行空前大规模的示威游行，抗议北洋军阀政府的辱国外交。愤怒的学生放火烧了外交部部长的住宅。但是，这个后来被称为新文化运动的'五四'运动，对于当时的商务书馆编译所并没引起任何震动。当时编译所中一般人认为这是政治事件，与文化无关。不过，北京大学在这次运动中居于中心地位，而一年来鼓吹新文化的

《新青年》却正是北京大学的教授们所主持，这就叫人发生许多联想，但只是联想而已，无法推测其趋势。我也是这样思想状态中的人们的一个。"[1]所以，当五四运动波及上海时，茅盾也去听北京来上海串联的学生的演讲，事后他觉得这些学生的"讲演空空洞洞，思想性不深刻，只是反复喊着几句富有煽动力的话"。

直到1920年下半年开始接手主编《小说月报》时，茅盾才与北京接上联系，与北京的新青年们有了交往，与周作人的交谊也是从这个时候才开始的。

茅盾与周作人的关系，说来也很有意思。茅盾1916年7月从北大毕业，周作人于1917年4月到北大任教，可以说是茅盾前脚走，周作人后脚到，前后相差不到十个月的时间。但是，两人真正有交往是在1920年12月21日，这一天，茅盾给周作人发了一封快信，这在周作人的日记里有记载。从大的方面说，商务印书馆让茅盾主编《小说月报》，使得茅盾与周作人结缘，这是不争的事实。

1920年，因陈独秀南下的缘故，《新青年》杂志也迁到上海出版。而茅盾因为在上海写了不少进步文章而引起陈独秀的注意。1920年10月，茅盾加入共产党组织，成为中国共产党正式成立前共产主义小组的成员之一，在本职工作之外秘密从事革命活动。也就在这个时候，茅盾被张元济、高梦旦选为

---

1. 茅盾：《我走过的道路》（上），人民文学出版社1981年10月版，第149页。

革新《小说月报》的主编，他开始紧锣密鼓地筹备新《小说月报》的有关稿件。

当时，茅盾想到在编辑"小说新潮"专栏时曾经给他供稿的王剑三（王统照），便给王剑三发信，告知《小说月报》将全面革新，由自己主编，希望他可以提供稿子，并请他帮忙在北京的朋友间约稿。然而，茅盾收到的回信却是自己并不认识的郑振铎写的！原来，王剑三将茅盾给他的信在北京的朋友圈里传看，他们让郑振铎给茅盾写信，表示大家都愿意给他主编的《小说月报》供稿，并告诉茅盾，他们正想组织一个文学团体，名为"文学研究会"，发起人正是北大的周作人等，并邀请茅盾也参加。据说，郑振铎的信给了茅盾极大的信心，他立即将郑振铎的信息和自己革新《小说月报》的想法成文，发布在《小说月报》1920年的最后一期上，并宣布文学研究会的诸先生将担任新《小说月报》的撰著。同时，茅盾立刻回信同意加入文学研究会。

尽管此时文学研究会的成立尚待时日，但是茅盾为了壮大声势，率先公布了这一消息。这无疑是茅盾的聪明之举。周作人等人在北京动议成立的文学研究会，不经意间成为革新后的《小说月报》的基本作者队伍，从而为《小说月报》迅速抢占新文学阵地的制高点提供了条件。

在编辑新一期的《小说月报》时，茅盾记得："郑振铎当时又寄来冰心、叶绍钧、许地山、瞿世英、王统照的创作，再加我刚收到的投稿两篇，凑成了创作栏的七篇。郑寄来的还有周作人的《圣书与中国文学》，耿济之等人的翻译。"这里做一个小小的考证。茅盾回忆录中讲，收到郑振铎五篇创作的稿子，而另外是"刚收到的投稿两篇"，查《小说月报》第十二卷第一号，发现茅盾回忆录中所讲的"刚收到的"两篇投稿，一篇是署名"潘垂统"的《一个确实的消息》，另一篇是署名"慕之"的《不幸的人》。20世纪八九十年代，《不幸的人》曾被误认为是茅盾的作品而收入《茅盾全集》第11卷，后来，有人考证，这篇《不幸的人》作者不是茅盾，而是郑振铎，从而这篇作品的作者究竟是谁有了定论。那么，茅盾的回忆显然有两种可能：一种是郑振铎将此稿寄给茅盾，茅盾误记成一般作者投稿；一种是因为稿子的署名用了笔名，导致茅盾也不记得是谁的稿子了，所以晚年写回忆录时，误认为是投稿。

革新后第一期《小说月报》编妥后，茅盾在1920年12月中旬收到郑振铎寄来的文学研究会的宣言、简章、发起人名单等，茅盾将这些材料作为"附录"，在1921年1月的《小说月报》上刊登。其实，文学研究会的成立时间是1921年1月4日，而茅盾在1920年12月中旬收到的郑振铎寄来的关于文学研究会的材料，显然是成立之前的材料。而这些材料与周作人有着密切的关系，其中《文学研究会宣言》就是周作人起草的。周作人当时在宣言中提出，成立文学研究会：一是"联络感情",二是"增进知识",三是"建立著作工会的基础"。虽然宣言没有署名,但茅盾清楚是周作人起草的。

革新后第一期《小说月报》,周作人的文章《圣书与中国文学》被列为第一篇。这自然不是茅盾随意编排的,虽然周作人与茅盾没有见过面,但此时的周作人名声如日中天,是新文化运动中偶像式的人物。从第一期的作者阵容看,周作人是知名度最高的,因此,将周作人的《圣书与中国文学》列为革新后第一期《小说月报》的第一篇文章,一是名至实归,二是容易吸引受众的关注。(同期刊登的还有周作人翻译的日本加藤武雄的《乡愁》。)可以肯定地说,当时茅盾得到周作人的这篇投稿,内心是非常兴奋的,这是作为新文学运动名人的周作人对新任主编茅盾的有力支持。周作人的这篇并不显赫的论文则是他1920年的一篇讲演稿。由于周作人后来的"变节",导致他声名狼藉,所以,茅盾在回忆录中对当时安排《圣书与中国文学》作为革新后《小说月报》的首篇特地作了解释,认为:"周作人的论文提出的意见,只代表一个人;我与大多数文学研究会同人并不赞成,不过他是'名教授',所以把此义排在前面,表示'尊重'而已。"这是茅盾晚年的回忆,仔细推敲起来,有点可以理解的言不由衷。

当文学研究会"开张"锣鼓响起的时候,当革新后第一期《小说月报》出版的时候,周作人却生了一场大病,病了大半年时间。所以，文学研究会1921年1月4日成立时，这位起草宣言的周教授也没能参加，他对革新《小说月报》虽有新想法，却无力给予更多的支持。但因此，周作人和比自己小11岁的上海刊物主编茅盾有了联系。

茅盾与周作人直接联系的动因，就是革新《小说月报》，至于具体时间，从现有史料看，茅盾最早给周作人的快信是1920年12月21日，周作人23日晚上收到信件，并在12月27日回信，告诉茅盾自己身体欠佳，同时就翻译古典文学谈了自己的看法。周作人在信中说：

雁冰先生，来信敬悉，《民心》也收到了。自月初以来，很是多病，以至连寄回信也迟延了。致于译稿，更不能如意进行，第二期中我大约可以有一篇短的千家元麿的戏曲，（不过千余字），前已译好，又有一篇《日本的歌》（民谣及新诗不在内）[1]也可以送上。这也是以前起的草，此刻因精神不好，不及另作文章了。鲁迅君恐怕一时不能做东西。来信所说谢六逸君不曾知道，问别人也没有人知道。

陈胡诸君主张翻译古典主义的著作，原也很有道理；不过我个人的意见，以为在中国此刻，大可不必。那些东西大约只在要寻讨文学源流的人，才有趣味；其次便是不大喜欢现代的

---

1. 信中所说《日本的歌》，后来以《日本的诗歌》为题，刊登在《小说月报》第十二卷第五号上。下文均写作《日本的诗歌》。

思想的人们。日本从前曾由文部省发起，要译古典的东西，（后来也中止了），一面看来，也是好意，其实是一种"现实回避"的取巧方法；得提倡文艺的美名，而其所提倡的，也无"危险思想"之虑。中国虽然不是如此，但终不大好。因为人心总有点复古的，译近代著作十年，固然可以使社会上略发出影响，但还不及一部《神曲》出来，足以使大多数慕古。在中国特别情形（容易盲从，又最好古，不能客观）底下，古典东西可以缓译；看了古曲有用的人大约总可以去看一种外国文的译本。而且中国此刻人手缺乏，连译点近代的东西还不够，岂能再分去做那些事情呢？但是个人性情有特别相宜的，去译那些东西，自然也没有什么反对，不过这只是尊重他的自由罢了。倘若先生放下了现在所做最适当的事业，去译《神曲》或《失乐园》那实在是中国文学界的大损失了。我以为我们可以在世界文学上分出不可不读的及供研究的两项：不可不读的（大抵以近代为主）应译出来；供研究的应该酌量了：如《神曲》我最不能领解，《浮司德》尚可以译，莎士比亚剧的一二种，Cervantes 的 *Don Quixote* 似乎也在可译之列。但比那些东西，现代的作品似乎还稍重要一点。这是我个人的意见，不觉唠唠叨叨的说了许多，请先生不要见笑。

周作人　一二、二七[1]

---

1. 钟桂松主编：《茅盾全集》，黄山书社2014年3月版，第18卷，第81—82页。

据周作人日记载,周作人在22日就觉得自己身体乏力、疲倦,24日晚上低烧,25日体温上升到38.3℃,并且伴有咳嗽。所以,周作人27日是在疲惫和咳嗽中给茅盾写的回信。

现在看,90多年前的邮件递送还是非常快速的。五天以后,即12月31日,茅盾立即回信,呼应周作人的来信。信中说:

启明先生:

廿七日手书敬悉,尊体已大好否?敬念。……先生论翻译古典文学的话,我赞同。系统介绍这个办法,在科学和哲学方面,诚然是天经地义,而在文学方面,似乎应当别论;我现在仔细想来,觉得研究是非系统不可,介绍确不必定从系统(单就文学讲),若定照系统介绍的办法办去,则古典的著作又如许其浩瀚,我们不知到什么时候才能赶上世界文学的步伐,不做个落伍者!思想方面的弊害,姑尚不说呢。而且古典文学的介绍,所需时日人力,定比介绍近代文学为多,先生所说现在人手不够,这是我们现在实在的情形,……

先生说我们应该有个分别:分别哪些是不可不读的及供研究的两项,不可不读的,大抵以近代为主。我以为这个办法,虽然又欲被某派人骂为包办,然而确是很要紧的事。我们很可找几个人合编定这门一个目录。而我个人的意见:以为不可不读中，还是少取讽刺体的及主观浓的作品，多取全面表现的，普通呼吁的作品。我目下很不大相信文学作品要什么主义不主义，但是有些文学作品，能叫读者起一种相反的（与作家本意相反）感动，那是确有几分可信，不是无稽的事。似乎讽刺体及主观极浓的作品，都有向这个弊害的倾向。安得列夫的著作，我是倾倒的，然而其中如 *Savov*，如 *The Black Masks*，如 *The Wall*，如 *The Governor* 等，我都以为给现在烦闷而志气未定的青年看了，要发生大危险——否定一切。新成英译之 *Satan's Diary* 我亦佩服他做的好极，然而不愿译他出来；萧伯纳的讽刺体我先前极欢喜的，现在也有些不愿多译。以我个人的见解说来，萧的著作愈好的愈有安得列夫的面目，反是他的少作，极端提倡反共社会主义时的著作，能振兴人精神。《人及超人》第三幕遍批各种社会主义，文章是绝好的，然我也嫌太蹈入空虚；和《人及超人》相象的罗兰之 *Liluli* 我也不很满意，虽然我是极欢喜罗兰著作的。此外如阿支拔绥夫的著作，自然是绝好的文章；但我很恭维他的革命短篇小说和 *The Working Man Shevyrev*（鲁迅先生已译的长（短）篇小说《工人》是否即为此篇？想来必是的）和 *The Millionairs* 等短篇，又如 *The Women That Stood Between* 我也喜欢，并主张翻译的；但如 *Sanin* 我就不以为然，《沙宁》内容的唯我主义唱得那么高，恐在从来不知有社会有人类的中国社会中，要发生极大的不意的反动。自然这种思想也是代表人类某时期的自然的倾向，其原因——发源——是在社会的背景，我们不能怪安得列夫和阿支拔绥夫，然而我们若把来翻译，未免欲和翻译古典一样，使人迷惑；我们中国社会现状如竟欲发生这种的思想，我们诚然无力阻制，但在这观念未明了的时候，我们似乎不该说他出来，反使人明了。我相信：个人的无政府主义的思想，自然早在斯丁纳做 The Ego and His Own 之前，一片一段地在人类生活中存伏着；但自从斯丁纳把这一片一段的归束拢来，写成一本书，这可把不明了的个人无政府主义思想，变成明了的主义，就是素来不感着这思想的人们，见了这本书，自然而然要深深地印下一个痕；而且欲随时发出来了。我因为是这样相信的，所以曾说新浪漫主义的十分好，这话完全肯定的弊端，我也时时觉着；现在我个人的意见，以为文学上分什么主义，实是多事，我们定目录的时候，自然更可不分了，唠唠叨叨说得很多，而且是极杂乱的，请先生莫笑他稚气的利害！

沈雁冰　一九二〇年最末日[1]

12月29日上午，周作人到北京山本医院检查，确诊为肋膜炎。因此，周作人收到茅盾这封长信时，正是他检查出自己患肋膜炎的时候。从1921年1月1日起，周作人开始

---

1. 钟桂松主编：《茅盾全集》，黄山书社2014年3月版，第18卷，第78—81页。

"卧病"。但是，尽管如此，病症依然没有要好转的迹象，弄得周作人心情很差。所以，周作人收到茅盾的信后，没有立即回信。但是，茅盾从郑振铎的来信中知道周作人的病况，于是，茅盾没等周作人回信，在收到郑振铎信件的当天，即1921年1月7日，立刻又给周作人写了一封信，表达自己的关切之情：

启明先生：

今日得振铎兄信，始知先生患肋膜炎，卧病；听了这话，好生焦忧，深望先生的病能早一日痊好！

医生说须得将息一个月，我一面很望医生的话不中，先生的病立刻就会好，但一面又深望先生能休息一个月多，免得什么的肋膜炎再来讨厌。二号《小说月报》少了先生的一篇《日本的诗》，真是我们和读者的大不幸；第三号俄国文学号相差只有一月，想来先生那时精神未必就能大好，而且我也深望先生能多将息些日子，不过一个俄国文学专号里若没有先生的文，那真是不了（得）的事；所以我再三想，还是把这专号移到第四号中，再把其分为上下两期——本来稿子加倍，差不多有两期多的稿子——如此一本，即可多有一月的间隔，而且先生五文之中尽可移三篇登在专号的下期，便可有两个月的间隔。先生在四期的稿子，三月中寄不迟，五月的稿子四月寄，不知那时成否，然我总深信医生的话往前。先生不久即健，敢以此慰先生,并以自慰。

我又不顾先生在病中,多说话了,请恕稚气。

此请

痊安

沈雁冰　元月七日[1]

从茅盾这封信中,可以看出茅盾一方面关心周作人的身体,毕竟隔得远,不知周作人到底病到什么程度,另一方面仍然在与周作人谈稿子的事。原来,周作人答应有千家元麿的戏曲和《日本的诗歌》两篇稿子可以在《小说月报》第十二卷第二号刊登,但因生病而未能供稿。所以,茅盾在信中对第二期没有周作人的文章发表表示遗憾。后来,茅盾在第二期《小说月报》上专门发了一个"记者附白"称:"周作人先生本允做的两篇文章,现在因周先生病了,不及做来登在第二期了;我们很不幸,不能早读周先生的文章。只得请大家等着一下了。"其实,周作人的《日本的诗歌》是在他患病之前就作好的,只是估计赶不上第二期罢了,而茅盾以为是周作人病了才未提供稿件。

周作人在山本医院住了两个月,正如他自己说的,"在医院里的时候,因为生的病是肋膜炎,是胸部的疾病,多少

---

1. 钟桂松主编:《茅盾全集》,黄山书社2014年3月版,第37卷,第14—15页。

和肺病有点关系，到了午后就热度高了起来，晚间几乎是昏沉了"，这种病让他十分痛苦。从 3 月 29 日住院到 5 月 31 日出院，足足两个月。在这期间，周作人只能做些新诗，如《过去的生命》《中国人的悲哀》《歧路》《苍蝇》《小孩》等。5 月 31 日出院后，周作人立即到北京西郊的西山碧云寺养病，在这里一直住到 9 月 21 日，才回西直门内八道湾 11 号的家里。

期间，周作人与茅盾的联系一直没有中断，周作人将译稿《到网走去》（日本志贺直哉的短篇小说名作）寄给茅盾。（这篇译稿也是在 1920 年 12 月 28 日写了作者介绍之后寄给茅盾的。）后来茅盾将它发表在 1921 年 4 月的《小说月报》上。3 月下旬，周作人的病情很不稳定，时好时坏，一时无法给《小说月报》写文章。但在上年 12 月 27 日给茅盾的信中，周作人就承诺给《小说月报》撰写有关日本诗歌的论文，后来肋膜炎一时还不能康复，周作人便在入院前的 3 月 20 日将已经写好的文稿重新看了一遍，并在文末写了这么几句话："这一篇稿子还是以前的旧作，这回拿去付印，本要稍加修正，并多加几篇译歌，适值生病，不能如愿，所以仍照本来的形式发表了。一九二一年三月二十日。"茅盾收到《日本的诗歌》的稿件后，立即将其刊登在五月号的《小说月报》上。由此可以看出，当时茅盾迫切需要周作人的稿子，甚至到了"等米下锅"的程度，亦可见茅盾对周作人作品的重视。

周作人在西山养病期间，与茅盾的通信仍十分密切。也许是养病与治病的不同吧，养病时周作人的心情相对好些，因而有心情与茅盾谈论稿子，谈论读书，甚至谈论生活中的琐事。1921年7月2日，周作人给茅盾写信，告诉茅盾，波兰显克微支的小说《二草原》已经译妥；还与茅盾谈起东欧捷克的小说，建议他找来看看。收到来信后，茅盾立即回复：

启明先生：

顷奉七月二号手书。先生已译出之波兰小说拟在《新青年》发表欤，抑尚未寄，可就与《小说月报》发表否？第八期只有犹太宾斯奇的短剧一篇，如先生译的波兰小说能惠下，更好了。

捷克小说，我尚未得到，三月前见告白，立即写信去买，但至今未到；二号《小说月报》的介绍短短的，是抄了纽约《太晤士书报周刊》上的介绍话的。想来不久总可以得到这部书了。据同书坊所出的《新希腊短篇小说》上后面的告白说续拟出者还有巨哥斯拉夫小说等，然至今未见广告，想来还没有出。至于捷克童话集两本则去年秋就已买到，可惜代不了。德国介绍外国文学似乎无论什么地方都比英美多些。我非常想学德文，但为工作所扰，年来屡试而不成功；下半年舍弟泽民要进上海同济的德文预备科去，专攻一年德文；据说一年本可

以通的，但到底也欲到将来看哩，说了许多空话，好笑。顺颂
健康

弟沈雁冰　七月五日[1]

　　茅盾在给周作人的信中提到的波兰小说，就是周作人已经译妥的《二草原》，因为尚未寄出，茅盾得到这个信息，就立刻说，希望他能给《小说月报》发表。后来，周作人果然将原拟给《新青年》的《二草原》给了茅盾，而茅盾立刻将《二草原》编入1921年九月号的《小说月报》。

　　从这封信开始，两人常常谈论稿子以外的私事，包括自己的想法、困惑，也会在通信中表达，两人的友谊已经从编辑与作者的关系更进了一步。这封信中，茅盾告诉周作人自己很想学德文，却常常因为工作忙而耽搁，"屡试而不成功"；还讲到自己的胞弟沈泽民想进上海同济大学进修德文的想法。沈泽民因为热心政治、投身革命而没有获得大学毕业文凭，据说当时仅差三个月。后来，沈泽民和好友张闻天去日本半年，想通过日文学习马克思主义。1921年年初，沈泽民从日本回上海不久，由茅盾等介绍加入中国共产党，成为中国共产党成立前的党员之一。之后为组织和发展安徽的革命力量，由恽代英、高语罕介绍，沈泽民到安徽芜湖五中任算学教员。当时马克思主

---

1. 钟桂松主编：《茅盾全集》，黄山书社2014年3月版，第37卷，第21页。

义的书籍，包括英文版本的在中国很少，而德文版本的很多，因此，茅盾兄弟俩计划通过学习德语，进一步研究马克思主义。在给周作人的信中，茅盾只说兄弟俩想学德文，至于为什么想学德文没有明说，因为此时兄弟俩已经都是共产党员，在秘密从事革命工作了。

收到茅盾的信后过了几天，周作人给茅盾写了回信，表示波兰显克微支的小说《二草原》可以给《小说月报》，同时在信中也谈了对人名地名的译名用注音字母的看法，顺便问及陈望道的近况。茅盾收到后立刻复信，信中除了感谢周作人同意将显克微支的小说给《小说月报》外，还向周作人介绍自己想编一期"被压迫民族文学号"的计划，向周作人约稿。茅盾这封信写于7月20日：

启明先生：

十六日函敬悉。承允寄波兰小说，甚感。Benecke 的《波兰小说集》及《续集》，弟处有之，现在想译其中短者。二星期前（即在写给先生那封六日的信之次日）寄到了一本巴尔干短篇小说集，*Short Stories From the Balkans*, Tr.by Edna Worthley Underwood, 此书一九一九年出版，去年春间见了告白去定，因错了出版家（现在的是 Marshall Jones Co.）往返两次信，始于今月接到。这本书里有短篇十四篇，其中波希米亚作者三位,(1)Jan Neruda（有短篇二）(2)S.Cech（作品一）

（3）J.Vrchlicky（作品一）塞尔维亚作家一位 Laza K.Lazarevic（作品一）匈牙利一位 Kalman Mikszath（作品二）（以上原书皆附小传）及罗马尼亚，Croatia 作家各一，都不附小传。波希米亚三作者（2）（3）皆见 Lutzow 之《波希米亚文学》中提起，独（1）不见。而据此书上附的小传则谓 Neruda 是六十年代的著作家，比（2）（3）为早，不知何以反不提起了。现在我已译了 Neruda 的一篇，其余两篇都想按次译出。又 Poet Lore 一九二〇年冬季只有捷克现存作家 Alois Jirasek（即海外文坛消息第五十五介绍消息内之一人）的一篇长剧，我看也很可以翻译。上次我想起一些计划，正想请教先生，乘如今便写：

《小说月报》在十月号拟出一个"被压迫民族文学号"（名儿不妥，请改一个好的）里头除登小说外，也登这些小民族文学的论文。现在拟的论文题目是：

1. 波兰文学概观（如此类之名而已）

2. 波兰文学之特质（早稻田文学上原文，已请人译出）

3. 捷克文学概观

4. 犹太新兴文学概观

5. 芬兰文学概观

6. 塞尔维亚文学概观

其中除（2）是译，余并拟做。（1）（3）两篇定请先生做，（4）（5）（6）三篇中拟请先生择一为之，关于（4）

的，大概德文中很多，鲁迅先生肯担任一篇否？（5）我只见《十九世纪及其后》一九〇四年十一月份上一篇的《芬兰文学》（Kermione Ramsden 著），似乎译出也还可用，但这是万一无人做的说法，如果先生能做更好。（6）也只见 Chode Mijatovich 著的《塞尔维亚论》中《文学》一章。略长些，如无人做，也只好把这个节译出来了。但不知先生精神适于作长文否？十月出版，离今尚有一月。日子似乎还宽，请先生酌示。此外译的小说拟

    1. 芬兰：哀禾，先生已译；

    2. 塞尔维亚：即用巴尔干短篇小说集中之一，如无好的；

    3. 波兰：先生已译；

    4. 犹太：阿布诺维支剧（在《六犹太剧》中）；

    5. 捷克；

    6. 罗马尼亚等。

上次鲁迅先生来信允为《小说月报》译巴尔干小国之短篇，那么罗马尼亚等国的东西，他一定可以赐一二篇了。如今不另写信给鲁迅先生，即请先生转达为感。

先生对于人地名译音主用注音字母，我也以为注音字母比汉字好；惟现今注音字母尚未普遍，一时行不出。但照现在推行注音字母的努力看来，普遍这事，也不远了。可决定三五年后，凡读书人总认得注音字母；振铎兄拟统一，弟亦极赞成人地名之统一，外国地名听说本已有一个会，设已多年，但不见

成绩。译外国人地名,我最怕,一则地名不熟,现成的也要记不得;二则俄国人波兰人捷克……等等,竟不知如何读,只有乱写一个,很想在这上头研究研究,不知可有什么方法,也请先生便示。我想不知如何读的人,一定也很多,因此愈觉得译音是必要了。

望道先生日内仍在沪,听说不久就要到杭州去。

此颂

健康

弟雁冰白 七月廿日[1]

茅盾这封信发出后很快就收到了周作人的回信。估计,在休养中的周作人看到茅盾编辑专号的设想,也有些不谋而合的激动,便在25日复信茅盾,并对茅盾编辑专号的计划做了许多补充;同时告诉茅盾,鲁迅也可以供稿。对此,茅盾自然十分高兴,也立即给周作人写信,进一步落实相关稿件:

启明先生:

二十五日手示敬悉。先生的意见:(一)加入保加利亚文学作品一篇,(二)新希腊小说;我都很赞成。保加利亚因弟一时想不出何处有短篇,故不入;如今鲁迅先生有,再好也没有。

---

1. 钟桂松主编:《茅盾全集》,黄山书社2014年3月版,第37卷,第23—25页。

新希腊当就该集中选一二篇译出。

论文务请先生担任波兰与捷克；鲁迅先生来信说新犹太论文打算不做，我去信又申前请，一面请先生再帮着一句。

巴尔干小说集的目录遵命开上，其中哥罗的亚的一位作家想来鲁迅先生必知道。我不知此位作家。

乌克兰短篇小说没有，但在一本 *Five Russian Plays* 上中附有一篇乌克兰人的短剧，(剧名及作者都记不得了)或者也译出来凑数。《日本诗人乙茶的诗》收到，(已由鲁迅先生寄来了)即在九号中发表。

梅德林的《玛兰绮公主》稿本《小说月报》需用，且亦未经人译过，即请先生寄下。波兰小说全收到了。

转译之本不尽可靠，诚如先生所言，但 Benecke 女士译本，以弟观之，总还是好的。她的文章很美妙动人。我觉得只要不失原作者精意，只要能如原作一样的能够动人，字句上有点出入，倒不妨。我从前空着没事，把手头寻得到的两译对看，总觉不很能同。便是字句不改，语气及句子构造也不能同。又如鲁迅先生之《工人绥惠略夫》据德文本译，英国 Perey Pinkerton 的英译和他对起来，直可称吻合无间，不漏一字，但句子组织却不同，分段也有不同处，主张定要从原文直译者若观此，便一定振振有词，但我以为却可以反证重译不妨，只要译得好。因为德与英两译本之句构，既不同，二者必有一不合原文的，或两者都不合。今两者在英德都被读书界承认，便见得这译本两都有力。译本有力,读者能感动,如读原本时一样的感动,能推想,如读原本后一样的推想,那这译本便尽了责任了。我的意见如此,先生以为对否?

  要和先生借《小学校里的文学》的,问过振铎,就是他写给先生的信。借者恐是他的朋友了。

沈雁冰 七月卅日[1]

  但是,茅盾在写这封信的同时,周作人的前一封信似乎言犹未尽,在同一天又给茅盾去信,介绍刘半农的译稿,了解落华生的情况,向茅盾谈论自己对中国文学的想法。所以,茅盾寄出7月30日的信后三天,就收到周作人7月30日的来信,于是茅盾在8月3日又给周作人去信:

启明先生:

  顷得三十日手示敬悉。刘半农先生稿件即请先生寄下王尔德散文诗。不知此外还有何项佳作可以给《说报》,请先生酌寄。刘先生法国常住否?

  落华生即许地山先生别字,他这篇比其余的好,因为这就是写他自己的事。他的妻去年亡故,现留一女,在沪上其兄寓中,不过仅只三四岁,比承欢等小得多了。但因全篇的情绪总

---

[1] 钟桂松主编:《茅盾全集》,黄山书社2014年3月版,第37卷,第26—28页。

是真实的，所以就好了。

《说报》每月收到外间投稿（大抵不相识者）总在五十份以上，长篇短制都有。但好的竟很难得；觉得他们都有几个缺点是共同的：（一）是描写事境，本身初未尝有过经验，（二）是要创作然后创作，并不是印象深了有不能不言之概，然后写出来，（三）是不能用客观的观察法做底子，（四）是只注重了人物便忽略了境地，只注重了境地忽略了人物，一篇中的境地和人物生关系的很少，不能使读者看后想到，这境地才会生出这种人。虽然有些先生们偶然投一二篇来，却写得实在很好，但大多数创作先生们是不很好的。弟觉得这些普遍的毛病惟有自然主义可疗，近来我觉得自然主义在中国应有一年以上的提倡和研究，庶几将来的创作不至于复回旧日"风花雪月"的老调里去，先生对于这意见以为对否？

《说报》中长篇都有结束，惟《妇人镇》一篇之第二幕至今未续，一则无此一大篇幅，二则泽民尚未译出，但今年内总想登他出来。

新希腊小说已请人译出一篇，其余尚有多篇，拟择短者译之，今附上目录，先生已译的 Ephtaliotis 短篇请即寄下备十号用如何？因新希腊短篇集内的几篇，大概寓意不很好也。

欧化国语讨论拟在九号上辑集各方议论，先生的信便于此时一并登出。

三十日寄上一信言十月号筹备事，想已寄到，捷克与波兰

两篇论文,务请先生担任。余后白,即颂

  健康!

沈雁冰　八月三日

  再有一事渎神:舍弟本拟于下半年进上海之同济预科,现在听说此科并非专为预备德文而设,乃为预备入同济本科而设,故其中有物理化学算术等科,仍很注重。泽民只在读文字,进去不上算。故拟改入北大的德文班。不知此班能否旁听?每星期科目如何?敢请先生便示一二,至为感激。

  又顿[1]

  此时,因为主编《小说月报》的关系,茅盾与周作人及鲁迅的通信十分频繁,就在上一天,即8月2日,茅盾给鲁迅写信,而下一天就收到周作人的信,又立即给周作人写信。在这封信中,茅盾除了讲编辑过程中收到的投稿存在的共同缺点之外,仍然继续向周作人约稿,同时就自己胞弟沈泽民想学德语的事,请周作人帮助联系。因为同济大学的德语班是为升本科而设,因此如果进去学德语,还要同时学习物理、化学、数学等,但这些对已经读过大学的革命家沈泽民来说,没有什么意义。因此,茅盾想请周作人这个北大著名教授帮忙联系,能否到北京大学德文班旁听。茅盾还告诉周作人,7月30日关于

---

1. 钟桂松主编:《茅盾全集》,黄山书社2014年3月版,第37卷,第28—30页。

"语体文欧化讨论"的信,将在九月号《小说月报》上推出,起到带头号召的作用。

此时的周作人虽然还在西山养病,但读书、译书十分勤奋,对文学研究会的活动也十分关心。茅盾托他设法联系沈泽民入北大学德语的事情,周作人也十分认真地去了解,并将了解到的情况及时告诉茅盾:在北大听课,还要有文凭才行。同时,周作人在信中也提到文学研究会,认为还应该在下面另设一会等。

茅盾接到周作人8月7日的来信后,11日立即作复。信中就沈泽民去北京旁听德语事,请周作人帮忙从中周旋。同时,还就周作人提出文学研究会之下应设分会等的设想作出回应。

启明先生:

前日快信谅蒙鉴矣。今得七日手书,敬悉一是。舍弟德文一无程度,大概不能入德文系旁听,只可先入英文系,随后再到德文旁听(如此办法,应否先向顾孟馀先生一说否,请先生酌示)。唯文凭一层颇为难,因舍弟从未正式读完一个学校,河海工程只差三个月,故亦没有毕业文凭;不知能否通融。大概下半年总得进个学堂,强制的振振精神。

刘半农先生所云勃洛克的《十二个》,想系俄国诗人Alexander Bloke的《十二个》一篇。此篇长诗英译有《自由人》杂志（*Freeman*）去年九月号载过，虽有三页之多，但不算甚长，刘先生之书价六先令，想来所载不止此书，或有一长序也。《自由人》上所载，不著译者姓名，后记得于他处见此诗单印本之广告，下有译者名，但已记不起，且并此广告亦无法觅矣。《十二个》刘先生译得如寄来时，也请先生寄下。

文学研究会分子只限对于文学有研究者，实际是狭一点；先生拟设一会之办法，极端赞成；财力不怕不足，就只怕少人。我想北京一定可以先举办一个讲演会（北京人也多些），就把讲演稿作为讲义，分发远处，似尚易行。《小说月报》投稿者亦常便问种种文学上的常识话头，又有特写信来问有什么中文本书可看者，弟本思于七号起提出一段工夫来专写这些信，即在《说报》通讯栏中答复。现在工夫既没有，《说报》篇幅亦不够，已成泡影了。如北京能成立文学讲演会，则讲义印刷一事，商务定可办到。上海举行此会，很不容易。因上海谩骂之报纸太多，《晶报》常与《小说月报》开玩笑，我们要办他事，更成功少而笑骂多；且上海同人太少，力量亦不及。

捷克材料缺乏，只好付缺。先生所云 Mijatović 之书乃塞尔维亚。我前信误写，前日记起，急函先生说明，故有"仍请先生任之"一语；今当从先生之说不如缺乏。鲁迅先生说"象文学史上的一页，未必有益于国人"，真痛快，彻底讲来，自是小说有影响于人心，文学史仅仅为研究者参考，但总觉这"聋子的耳朵"，不能忍得舍去。据实说，《小说月报》读者一千人中至少有九百人不欲看论文（他们来信骂的亦骂论文，说不能供他们消遣了）！

祝先生健康

雁冰　八月十一日[1]

茅盾信里讲到的文学研究会下设一个会，用今天的话来说，有点像协会下设若干专业委员会一样。至于托周作人为沈泽民联系北京大学旁听德语一事，茅盾似乎有些迫切，但估计此事对周作人来说有点难，未能落实。沈泽民从芜湖回上海后，没有固定工作，1922年开始在《民国日报》打工，不久党中央派他去南京建邺大学教书，同时开展南京党组织工作。看来，当时周作人虽然是北大知名教授，但办此类事却无从着手，沈泽民最终没有能够去北大旁听。如果当初周作人能帮这个忙，沈泽民的人生道路恐怕是另外一种状况，当然这仅仅是今天的想象。

1921年九月号《小说月报》上，茅盾以周作人7月30日来信为号召，开展"语体文欧化讨论"，周作人的来信如下：

记者先生：

关于国语欧化的问题，我以为只要以实际上必要与否为

---

1. 钟桂松主编：《茅盾全集》，黄山书社2014年3月版，第37卷，第33—35页。

断，一切理论都是空话。反对者自己应该先去试验一回，将欧化的国语所写的一节创作或译文，用不欧化的国语去改作，如他证明了欧化国语的缺点，倘若仍旧有人要用，也只能听之，因为天下万事没有统一的办法，在艺术的共和国里，尤应容许各人自由的发展。所以我以为这个讨论，只是各表意见，不能多数取决。

七月三十日　周作人

后来，这场由周作人开头的语体文欧化讨论，延续了半年左右，一直到1922年四月号《小说月报》上还有此类讨论，对倡导、推广白话文起到了积极作用。

因为茅盾全权处理《小说月报》的编辑事务，所以茅盾的许多想法和理念能够按计划实现，比如7月20日信中与周作人信中商量的"被压迫民族文学号"这一想法，就在十月号上的《小说月报》上实现了。征求了周作人的意见后，名称改为"被损害民族的文学号"。这一期的文章，几乎由茅盾昆仲和鲁迅、周作人兄弟"承包"了，这也成为沈、周兄弟们友谊的文学见证。

茅盾主编《小说月报》大半年，既让刊物面貌一新，新文学在商务印书馆占有了一席之地，又让曾经奄奄一息的《小说月报》销量大增，第一期印5000册，第二期印7000册，后来印到10000册，这在当时已是相当可观的印数。革新的《小说月报》一举成功让商务的管理层对茅盾刮目相看,但旧文化势力的反对和指责,商务同人的忌妒和中伤,让茅盾在感到心寒的同时不胜其烦。1921年下半年,编译所人事发生重大变化,曾请茅盾主编《小说月报》的高梦旦提出辞去所长职务,商务当局引进了胡适推荐的王云五接替高梦旦担任编译所所长。

图 3-1　周作人扇面《论文章之道》

茅盾正处在复杂而紧张的生活、学习和斗争之中时,周作人在西山碧云寺养病却颇为清闲。晨钟暮鼓之中,看看佛经,写写文章,但他依然感觉自己的思想无所依托,十分迷茫。他在信中和人讲起自己在碧云寺养病时的情状:"清早和黄昏时候的清澈的磬声,仿佛催促我们无所信仰,无所归依的人,拣定一条道路精进向前。"又说:"我近来的思想动摇与混乱,可谓已至其极了,托尔斯泰的无我爱与尼采的超人,共产主义与善种学，耶佛孔老的教训与科学的例证，我都一样的喜欢尊重，却又不能调和统一起来，造成一条可以实行的大路。"虽然思想上不免"动摇与混乱"，但养病的时光毕竟清闲，经过一个夏天的休养，周作人的身体渐渐康复，于9月21日从山上下来，回到城里。刚回到家里不几天，周作人就收到了茅盾写来的信。茅盾在信中告知了稿子的处理情况，也向周作人诉说了自己的处境——感觉主编杂志很累，常常被"乌子夹搭"的事情干扰，所以，已向高梦旦提出辞呈。俨然是向老朋友的倾诉。

茅盾9月21日给周作人的信如下：

启明先生：

两信奉悉。《伊伯拉辛》一篇之后即排《在希腊诸岛》而低一字，本想托人把法文杂志中一个《希腊文学近信》译出，也放进这号里，但如今来不及，又兼稿子已足，可以敷衍过去了。逖先生译的《生田长江》两个小本如肯发表，最好不过；如今反对新文学，未必全是看不懂欧化的语体文之故，实在恐怕也因为未明近代思想大概情形的缘故。从前看《小说月报》者大抵是老秀才，新旧幕友及自附于"风雅"之商人，思想是什么东西，他们不会想到；他们看《说报》，一则可以消闲，二则可以学点滥调，新近有个定《小说月报》而大失所望（今年起）的"老先生"来信痛骂今年的报，说从前第十卷第九卷时真堪为中学教科书，如今实是废纸，原来这九、十两卷便是滥调文字最多的两卷也。更有一位老先生巴巴的从云南寄一封信来痛骂,他说当今国家危亡之秋,哪有心情看小说消遣,印小说已是不经济的事,何况印这些看不懂的小说,叫人看一页要费半天工夫,真是更不经济。这位先生以"大义"来责我们,我实在惶恐,怪他不得,中国本来的小说委实配受他老先生那样的痛骂的。这些信我都一一保存,想细细回答,发表出来,学学从前《新青年》的样,只不骂,而专辩。但照现在那样唱"独脚戏"无论如何没有工夫干复信的事。

《小说月报》出了八期,一点好影响没有,却引起了特别的意外的反动,发生许多对于个人的无谓的攻击,最想来好笑的是因为第一号出后有两家报纸来称赞而引起同是一般的工人的嫉妒;我是自私心极重的,本来今年揽了这劳什子,没有充分时间念书,难过得很,又加上这些乌子夹搭的事,对于现在手头的事件觉得很无意味了。我这里已提出辞职,到年底为止,明年不管。从明年起想空出身子,做四件事:(一)看点中国书。因为我有个研究中国文学的痴心梦想;(二)收集各种专讲各国民情风俗的书看一点;(三)试再读一种外国语;(四)寻着我自己的白话文。

九月二十一日[1]

---

1. 钟桂松主编:《茅盾全集》,黄山书社2014年3月版,第37卷,第37—39页。

茅盾这封给周作人的信，没有署上自己的名字，但所述内容却是事实。

还有一件事。当时《新青年》迁至上海出版后，陈独秀也到了上海。后来，陈独秀等一大批先进知识分子创立了中国共产党。中共"一大"以后，作为总书记的陈独秀根据"第三国际"代表马林的要求，于1921年9月从广州回到上海，主持党中央的工作，负起总书记的责任。陈独秀常常在自己的住所——环龙路渔阳里二号开支部会，研究共产党建设和革命工作，当时茅盾是每次都要参加这个支部会的。此外，《新青年》编辑部也在里面，所以陈独秀的住所常常人来人往，十分热闹。后来，渔阳里二号的革命活动被法国巡捕房所关注。大概在10月上旬，陈独秀的住所突然被巡捕房查抄，陈独秀和夫人高君曼以及正在陈独秀家里的包惠僧、杨明斋、柯庆施等一并被巡捕房带走。此事引起了知识界的轰动。茅盾在回忆录中也说到这件事："这年残冬，渔阳里二号被法捕房查抄，陈独秀和夫人高君梅[1]，以及当时适在陈寓的包惠僧、柯怪君（庆施）也被带到法捕房拘押。第二天上午九时初审，陈夫人当堂开释。当天黄昏，陈独秀取保释放，包惠僧等三人于五天后才保释。第三国际代表马林对此事是出了力的。他请一个外国律师为陈独秀辩护。"

---

1. 高君曼又名君梅，本名小众。

当时，刚刚从西山养病回家的周作人从茅盾快信中得悉陈独秀在上海被捕的事，十分关心。所以，茅盾在10月12日给周作人的信中说到此事的后续情况：

启明先生：

前信想已达览矣。仲甫先生已出，并闻法公堂有十九日公讯之说，大概什么事都可用律师来解决了。

《新时代丛书》已交两稿，一为高畠素之的《社会主义与进化论》，一为堺利彦的《女性中心说》，此外没有了。先生的两部不知已着手否？何日可以望成？函祈示知。建人先生已当面和他说了。

关于《小说月报》编辑一事，自向总编辑部辞职后，梦旦先生和我谈过，他对于改革很有决心，对于新很信，所以我也决意再来试一年。但明年体例，究竟如何，我没了主意。请先生开示一些意见！前天见仲甫先生，他说可以放得普通（通俗）一些，望道劝我仿《文章俱乐部》办法，多收创作而别以"读者文艺"一栏收容之。我觉得这两者都是应当的。先生意见以为怎样？译件自然不可无，我以为译剧或者不妨少些。一切都盼先生尽情指教。

雁冰　十月十二日

鲁迅先生均此

再者：李石曾君明年接办《教育杂志》，他想弄一篇教育小说或剧本登一登。我想译 Wedekind 的《春醒》，但此书没有，不知先生有否？想和你一借。再此剧尚嫌其长，先生想得起有其他短篇可译，尚望指示。

又顿[1]

茅盾回忆录中讲到陈独秀寓所被抄的时间是"残冬"，但是从茅盾给周作人的信件来考证，应在10月上旬。可能当时的10月初，天气已有些肃杀，所以茅盾记忆中有"残冬"的印象。这封信的开头有"前信想已达览"一词，可以知道当时茅盾曾为陈独秀被捕一事给周作人通报过，所以紧接着有"仲甫先生已出"的话。另外，茅盾在这封信中又主动提起辞去主编的事，告诉周作人，领导已经找他谈过，表明了态度，所以自己"决定再来试一年"；同时，想听听周作人对1922年如何办好《小说月报》的意见。

10月12日给周作人的信发出之后，茅盾又收到周作人9日的来信。这封信大致提到以下几方面的事情，如了解陈独秀被捕事以及为什么会出事，再如询问《小说月报》为何推迟出版，同时又询及自己和鲁迅稿费的问题。所以茅盾在10月15日又给周作人去信：

---

1. 钟桂松主编：《茅盾全集》，黄山书社2014年3月版，第37卷，第39—40页。

启明先生：

九日手书接到了。仲甫先生的事大概罚金及逐出租界可以了局，闻此次仍为《新青年》事，因（据别人说）近来《新青年》在《觉悟》上登告白，请上海自定之户，速来取书，故法公堂以为"目无官宪"，用野蛮手段来了。《新青年》销售方面因此不免有些受影响，想来自是意中事。

《说报》出版稍迟，排字人赶不及之故；现在赶紧于十二号前回至从前预定出版期；明年或者可以更快一些。十二号拟借纪念法国 Flaubert 百年生日纪念，出一自然主义号，请先生发表一些意见，自然主义小史最好能有一篇，别人都不敢动手，不知先生有空闲做否？日子已经不多，大概十一月十号前要稿子。以吾想来，做一篇短论文，大概还从容，有劳先生做一篇，小史则只好唯先生便了。十号的稿子比平常多三分之一，现在也一齐印出，定价不加（或者零买者要加一些价也难说），出版期总想在本月底赶出来。俄国文学号内容很不行，但销场倒好，大概一般读者被厚重的篇幅迷昏了。上海人所谓"卖野人头"，似乎中国卖野人头是行得通的；很足以叹。辞职事现在取消，再试一年看；先生教我奋斗，我不知怎的，求效心甚急，似乎非一下成功，就完全无望，现在且领教下一年水磨工程，再看如何。如再一年而无效验，无论如何无颜为之矣。

尊稿及鲁迅先生稿费，我真荒唐，忘记了，今始知，照会计处送上，请原谅。

振铎到家乡葬祖去了,十一号中本想附个太戈尔研究,他的文章却交不来,只好将来了。对于明年《说报》先生有何见教。我意每月附一个"文学家研究,"如"太戈尔研究"之类,较详的介绍此位作家。拟表如下,请指正:

(一)太戈尔(因已有材料,故首)

(二)陀斯妥以夫斯基

(三)Hardy & Meredith

(四)安得来夫

(五)罗兰

(六)包以尔

以上拟定的六位妥否,请指教。

雁冰　十月十五日[1]

此时的周作人和茅盾都怀着急切的心情与对方联系,所以通信常常在邮途中交叉。周作人也在10月15日同一天给茅盾写信,而茅盾在收到周作人15日的信件后,于22日又给周作人写信:

启明先生:

十五日函敬悉。文艺迁就社会,万不能办到,先生之论,

---

1. 钟桂松主编:《茅盾全集》,黄山书社2014年3月版,第37卷,第41—42页。

鄙意正合；仲甫先生谓普通一点，乃指程度不妨放低之意，如论文，史传，创作登载标准，不妨用初步的浅显的，以期初学者可以入门；此意弟以为很是。曾有数友谓如今《月报》虽不能说高深，然已不是对于西洋文学一无研究（或可说是嗜好耳）者所能看懂；譬如一篇论文，讲到某文学家某文学派，使读者全然不知什么人是某文学家，什么是某文派，则无论如何愿意之人不能不弃书长叹；而中国现在不知所谓派（主义），以及某某某某文学之阅《小说月报》者，必在数千之多也。先生前月信中亦曾说及"有许多中学程度之人，尚不得其门，而没有书可给他们看"，拟发起讲演会；我现在想：《月报》如欲便利初学，设立通讯一门，固是一法，然尚恐零零碎碎，不如竟添《西洋小说发达史》一门；现在中文的这类书，似乎还没有；在《月报》上登一本，大概总是需要的；将来即行合印为单行本。惟是明年一号的稿在本年十二月初即要发排的，急切想不起请谁做这本书；听说鲁迅先生在高师讲的就是这一种，可否请鲁迅先生把这讲义给《月报》排。即请先生转商，不另写信给鲁迅先生了。《工人绥惠》后发见了误字，当可挖改，附闻。

沈雁冰　十月二十二日

明年《小说月报》拟分类如下：

一、长篇及短篇小说（译作合在一处）

二、西洋小说发达史

三、诗歌及戏剧（译作合在一处）

四、论说

五、文学家传记及研究

六、海外文坛消息

七、读者文艺[1]

　　1922年，依然是茅盾十分忙碌的年份。作为一名共产党员，他一方面要接待全国各地来上海向党中央汇报的人员，安排好他们的住宿和接头方法后向中央报告，另一方面他又要参加中国共产党上海地区组织的领导工作。同时，茅盾与桐乡的萧觉先、曹辛汉、朱文叔等一批知识青年，模仿新青年，组织了桐乡青年社。桐乡青年社成为"五四"以后浙江较早的新文化社团之一。因此，茅盾将相当一部分精力投入到革命政治斗争中去了。再加上一个人主编《小说月报》，应对旧文学的斗争，去松江、宁波等地演讲等等，茅盾更是忙得团团转。但是，茅盾与周作人的联系依然没有中断，文坛信息、《小说月报》的约稿等依然是二人通信的主要内容。不过，1922年的周作人忙于教学的同时，还在北京《晨报》副刊上开设了"自己的园地"专栏，与陈独秀等论辩宗教自由问题，与俄国盲诗人爱罗先珂来往，应付其他刊物的稿约等等，也占用了他不少

---

1. 钟桂松主编：《茅盾全集》，黄山书社2014年3月版，第37卷，第43—44页。

的创作时间,因此,在《小说月报》上发表文章的数量明显不如上一年,仅在二月号上发表一篇随笔,四月号上发表一篇日本剧本译作,十一月号上发表古希腊路吉亚诺思的一篇译文。

因此,1922年,茅盾致周作人的信函仅留下来四封,第一封写于2月9日,是茅盾对周作人2月6日来信的回复。信件内容如下:

启明先生:

六日手示敬悉。《学衡》上梅光迪君谩骂而以"包办"为言,正骂中的下品、劣手。我很想等他什么不骂人而发挥主张的文章出来时或者有可以辩驳之处,再正式的对梅君讨论。但如果梅君不骂及新派,我意且不睬他,赶快我们把文学小丛书编几种出来,青年有简明的系统的书可读,当不至再信梅君的"诡辩"了。我觉得自己出货,赶先宣传,倒很要紧。但是如今《学衡》初出,若不乘此稍稍辩论,又恐"扶得东来西又倒"的青年先入了这些话;所以赶紧订正他们,又很重要。《学灯》本可多主张些,但如今主其事者极怕得罪人,没法;单靠在《觉悟》发表,有些人对于《觉悟》有偏见,(不知何故,或许因为是国民党机关报的缘故),加之上海方面作文的人亦少。《晨报附刊》连日几篇非常的好,我想法要把来请《觉悟》转载一下。

Poet Lore 一本今日挂号寄上。如那篇可用,请先生转交李君。甚缺日本小说,先生有暇望赐下一二。此颂

健康

弟沈雁冰 二月九日[1]

从这封信中,可以看到周作人对茅盾的关注,他将《学衡》上看到的梅光迪的文章情况告诉茅盾,所以茅盾认为"如果梅君不骂及新派",则"我意且不睬他",并希望赶快做自己该做的事;但又认为"《学衡》初出,若不乘此稍稍辩论,又恐'扶得东来西又倒'的青年先入了这些话;所以赶紧订正他们,又很重要"。于是后来,茅盾在《时事新报·文学旬刊》第二十九期上发表《评梅光迪之所评》一文,针对梅光迪的《评提倡新文化者》,驳斥他反对文学进化论的观点,公开对学衡派进行批判。

1922年,茅盾给周作人的第二封信写于6月6日。这封信一方面回复周作人6月2日的来信,另一方面为《小说月报》向周作人和鲁迅约稿——当时,茅盾与周作人的关系显然比他与鲁迅的关系更加密切,但言语中对鲁迅的推崇一以贯之。此信的内容如下:

---

1. 钟桂松主编:《茅盾全集》,黄山书社2014年3月版,第37卷,第52—53页。

启明先生：

六月二日手示奉悉。《书报介绍》（英文的杂志我常看看，亦想抄几个名字）乃指旧出之书的介绍，读者来信要求的，亦是此种；故如先生稍抽暇时，每书作二三千言之介绍，便已嘉惠初学不浅。用是仍恳先生拨冗写二三种。别的译文既已蒙见诺，无论何时赐下都不妨。

潘训君等稿都已收到。其中《沉默》一篇或者要稍缓发表，大约在九号，因为八号中想登五篇匈牙利人的东西也。Loulon既经译出，请便中寄下，弟可校读一过。

鲁迅先生如有创作，极盼其赐下。《月报》中最缺创作，他人最不满意于《月报》之处亦在不多登创作，其实我们不是不愿意多登，只是少好的，没有法子。所以务请鲁迅先生能替《月报》做一篇。专此即颂

健康

沈雁冰　六月六日[1]

自1922年5月茅盾发表《"创造"给我的印象》，与创造社开展论战之后，周作人非常关注南方新文学界的论战。因此，在9月12日给茅盾的信中谈及新文学界的论战以及文学变迁史的情况。茅盾收到这封信后，没有像往常那样立刻回

---

1. 钟桂松主编：《茅盾全集》，黄山书社2014年3月版，第37卷，第71—72页。

复，而是隔了四五天后才回了一封长信，告诉周作人，"对于《创造》及郁、郭二君，我本无敌意，唯其语言太逼人，一时不耐，故亦反骂。新派不应自相争，郁在发启《女神》出版周年纪念时，似亦有此意，不解其何以一面如此说，而一面又谩骂也"。同时详告与编写《文学变迁史》的前前后后，信中还向周作人这位老朋友诉说《小说月报》的销量比上年有所下降，以及他的担心和苦恼。全信如下：

启明先生：

十二日手奉悉。《冥土旅行》因《东方》的日本小说已经印就，故已取回，在《说报》十一号发表。对于《创造》及郁、郭二君，我本无敌意，唯其语言太逼人，一时不耐，故亦反骂。新派不应自相争，郁君在发启《女神》出版周年纪念时，似亦有此意，不解其何以一面如此说，而一面又谩骂也。

中国文学变迁史一事，已作一启事在《文学旬刊》上声明；该书亦已看见，后面附录实非捏名。说到这件，其话甚长，而且是我自己不是。大前年郭虞裳君编《学灯》时，约我投稿，我那时正开始研究文学，头了几本书读，随译些出来作为札记，就把那些札记送给虞裳看看。其中曾有一节译Charles那本书中的象征意义一章的，登在大前年《时事新报》《学灯》新年增刊上，后来虞裳说有个小书店想出"新文化"书，托他代找着稿子，并说他们想出一部《文学变迁史》，分人撰述，中国的一部做得还好,介绍我去做外国一部,我说不能,然而虞裳尚劝,后来并和闻野鹤见过一次,始知他们那部书实在是注重本国,不过要以外国眼光来看本国材料,而苦于并无此等中文书云云。所以他们要的外国材料只是做参考,不是要登。当时说了极客气的话恭维我,我因为实在不行,就转荐愈之;愈之后来和他们见过,晓得是供材料,觉得不伦不类,也就辞却。虞裳于此时也要到英国去了,和宗白华同走,东荪替他们送行,在兴华川请客,我也去的,虞裳又提起这话,并说就把前次送在他处的札记给他们如何,并说那札记就有点连贯的。我以为是给他们看一看,当时就答应了。虞裳走后,那书坊又有人来找我,可是没有碰到,后来又寄了三十块钱来。我收下了,算是一件事了结。这一收是不该的,因为如此就算卖稿子了;我一向因见商务买稿有契约,以为他们并无契约,即不是卖,其实太呆气了,现在看他们所出的,大概是以前的计划不成,而又不舍得已花的三十元,故此胡乱一来,并且替我的原稿修饰,把他首尾凑结起来。其实他们何不早对我说一声,我可以付回三十元,岂不都便。因有此等周折,故而我反不能不承认。现在我写信质问他们:(一)为何如此合订出版,(二)与从前的说法不同,未出版时为何不先关照。但曾见一面的闻野鹤据说早已不在上海,我这"抗议",或者竟至无效。总之,这件事在我个人,简直是只好不认真,因为实在是自己不是,总算得了个教训,以后倒要随处谨慎些了。《说报》今年销数比去年减些，我觉得非常惭愧，尚有三期，未必即能有多大影响，挽回些什么。我想不出今年的报要比去年的坏，坏在哪里。先生有所见，请不客气的指教。噜哩噜苏太多了。即颂

健康

沈雁冰　九月二十日[1]

周作人收到茅盾的来信之后，立刻给茅盾回信。因此，茅盾在10月2日给周作人回信道：

启明先生：

　　二十四日来信敬悉。青社现在出版了一种《长青》，不知先生亦见过否？他们发卖方法极好，凡小烟纸店、卖报人、乃至本埠各学校的门房里都有寄售。近又闻今夏新开的一个滑头学校"上海专科大学"亦和他们勾结起来了。该"专科大学"创办人是一个青年，在上海专科师范毕业的学生陈织云，完全是骗人上当的，不知怎，一招生就有二百多人上当，听说是外省人居多，学费收有八千余元，大概那位陈先生还想捞几个，所以未曾走。但是事机不密，早被学生看出破绽，就把他私押起来，曾被关在一个空房子里一日，后来放他出来，可是派人跟他，防他逃走。陈到此时换了手段，一面离间学生的团

---

1. 钟桂松主编：《茅盾全集》，黄山书社2014年3月版，第37卷，第93—95页。

体,一面向外找人"顶"这个学校(因为学生只要有教员,有书读,就成)。恰巧就碰在胡寄尘他们一般人身上了,他们在这学校里愚弄许多外省青年,其恶影响比出版几本《礼拜六》还要大。此等学校,理应勒令停办,但上海"租界当局"在此等事上,真是宽之又宽,那就没法,昨见《晨报副刊》中有先生一篇杂感,讲中学国文教员之缺乏。我在上月还有一个是广东琼州托代介绍一个新的国文教员。没有替他找到。似乎新的人才缺乏,各地皆然。只要有人,发展的机会不患没有。就是出版物亦是如此。杭州新开张几种报纸,大都也来鼓吹新思潮的——其用心如何,只好不问,不过他们的确热心鼓吹——亦苦的没人去帮忙替他们做些好点的文章。

此颂

健康

沈雁冰　十月二日[1]

这是茅盾留存下来的1922年给周作人的最后一封信,从内容来看,两人的书信交往并没有结束,依然常常在信中交流看法和观点。而根据周作人的日记,我们可以知晓,1923年两人仍然保持着书信往来,可惜这些书信大都佚散。从目前保存下来的这些信件看,主编《小说月报》时期,茅盾与周作人的热

---

1. 钟桂松主编:《茅盾全集》,黄山书社2014年3月版,第37卷,第95—96页。

络程度远远超过我们的想象。据笔者不完全统计，从1920年12月至1922年12月，茅盾给周作人写了35封信，周作人给茅盾写了32封信。而且在内容上，除了"公务"外，两人还有深厚的私交。有时连向鲁迅约稿，也是通过周作人转告。可见，茅盾编辑《小说月报》时期与周作人的交往，是一个有趣的、值得研究的话题。茅盾在商务印书馆工作期间与周作人是否还有其他方面的交往，相信随着史料的不断披露，还会有新的发现。

后来，周作人和茅盾两人的人生轨迹渐行渐远。茅盾始终站在时代进步的前沿，与国家、民族同呼吸、共命运，创作了大量优秀的文学作品，成为无产阶级革命作家；而周作人则在民族危难的关头沦为汉奸，在历史上留下无法抹去的污点。

当年同为新文化运动的战士，结果却有天壤之别，不禁让人唏嘘，也给后人留下一个值得永远思考的话题。

第十一节　年轻时的偶像胡适

　　文坛上许多过去以为是定论的事，后来因为机缘巧合起了变化。因为主编《茅盾全集》，从一些学者的著作中发现了几封从未编进过书信集的茅盾致胡适的佚信。人民文学出版社的《茅盾全集》中，书信集有三卷，收茅盾书信1354通，最早的是1919年11月16日写给郭虞裳先生的。其中并没有收入茅盾写给胡适的信。2006年，人民文学出版社又出版《茅盾全集：补遗》（上下），补遗茅盾书信37封，同样没有收入茅盾致胡适的信。

　　茅盾致胡适的信，现在发现的有四封，在黄山书社1994年出版的《胡适遗稿及秘藏书信》第 27 册里。21 世纪之初，现代文学研究专家沈卫威先生在《胡适周围》里曾经引用过茅盾致胡适的这些信，但没有作为佚信看待，所以为大家所忽略。其中，因为手稿久远，辨认颇为困难，一些字有误差，一些字表示辨认不出。[1] 笔者此次复印了茅盾这四封信的手稿，请教了有关专家，弄清了其中难以辨认的字，对 20 世纪 20 年代初茅盾与胡适之间的联系有了与以往不同的认识，也看到了当年这两位年轻的新锐人物的另一面。

胡适年龄虽然比茅盾没有大多少，但出道比茅盾早，影响也比茅盾大。胡适生于 1891 年，茅盾生于 1896 年，胡适比茅盾大五岁。胡适幼年丧父，茅盾也是十岁时父亲去世，两人都是由母亲一手带大。胡适和茅盾都是 14 岁那年离开故里外出负笈求学的，胡适到上海，后来到美国；而茅盾先进湖州府中学堂，后去嘉兴、杭州，中学毕业考取北京大学预科。胡适美国留学归来，1917 年被蔡元培聘为北京大学教授，为他倡导文学革命提供了一个大舞台；而茅盾 1916 年从北京大学预科毕业，踏进上海商务印书馆编译所，成为一名职业编辑。如果茅盾预科毕业进一步在北大深造的话，那么，胡适就可以当茅盾的老师了。茅盾恰巧是在胡适来北京大学任教的前一年，离开北大，回到了南方。

---

1. 沈卫威：《胡适周围》，中国工人出版社 2003 年 1 月版，第 198、199、201 页。

从《文学改良刍议》开始，胡适身体力行，很快在五四新文化运动中崭露头角。到 1920 年 3 月，《尝试集》出版，胡适已是中国新青年的偶像；而茅盾此时在商务印书馆也崭露头角，从阅卷员到孙毓修的助理编辑，再到被王莼农选为主持"小说新潮"栏目的编辑，茅盾的影响逐渐扩大。一年后，新文学的春风终于吹进商务印书馆，茅盾主持革新《小说月报》，乘着五四新文化运动的浪潮，终于成功"打开缺口"，擎起新文学运动的大旗。

图 3-2　胡适肖像

此时，因为同样倡导新文化，陈独秀、周作人等成为胡适与茅盾共同的朋友。1920 年年初，《新青年》杂志的主编陈独秀，敏锐地从上海商务印书馆编辑茅盾的文章里感受到他的进步和锐气，所以他一到上海，就约了陈望道、李汉俊、李达、茅盾四个人谈话。茅盾第一次见到大名鼎鼎的陈独秀，对陈独秀有非常好的印象，"中等身材，四十来岁，头顶微秃，举动随便，说话和气，没有一点'大人物'的派头"。在十里洋场见惯名士派头的茅盾，感觉眼前一亮。

经过五四运动，胡适的名声如日中天。1921年的春天，商务印书馆编译所所长高梦旦面对世界潮流的变幻莫测，深感力不从心。在征得张元济的同意后，赴北大游说胡适，希望胡适南下，来商务印书馆编译所任职。胡适在1921年4月27日的日记中说："高梦旦先生来谈，他这一次来京，屡次来谈，力劝我辞去北京大学的事，到商务印书馆去办编辑部。我几次婉转辞谢他。他后来提出一个调停的方法：他让我今年夏天到上海去玩三个月，做他们的客人，替他们看看他们的办事情形，和他们的人物谈谈。这件事，我已答应了。"[1]

暑假里的上海之约，胡适还是如期而至。7月15日上午10时到达上海，胡适受到隆重接待，张元济、高梦旦、李拔可、庄俞、王显华等商务印书馆高管亲自到火车站迎接，后下榻大东旅馆。第二天，商务高层在一枝香餐馆宴请胡适。7月18日，胡适到编译所又问起高梦旦，到底让他来做什么。高梦旦答非所问，反问胡适能住多久，胡适表示开学时"即须回去"。

---

[1] 曹伯言整理：《胡适日记全编》，安徽教育出版社2001年10月版，第3卷，第226页。

高梦旦看胡适的情形,知道不能留住他。于是,只好说希望他对编译所了解后,能够提些意见和建议。

就在这一天,胡适约见了李石岑、郑振铎、沈雁冰、叶圣陶。这是茅盾第一次与胡适见面。而在此之前,胡适是知道沈雁冰其名的。胡适在日记中写道:

今天我专访问编辑所中的熟人。先看傅纬平先生(运森),他是我家兄弟的老朋友,十二年不曾见着了。

见李石岑、郑振铎、沈雁冰、叶圣陶。

胡适计划对编译所做些了解,以便向商务当局提出一些改革建议,以报商务热情。茅盾则在晚年回忆录里,对第一次见面语多不屑和调侃:

大约是当年(一九二一年)七月,胡适来了。他把编译所的一间会客室作为办公地点,轮流"召见"编译所的高等编辑和各杂志的主编,提出问题,了解情况。我也是被"召见"的一个。我从没有见过胡适,但早从陈独秀挟《新青年》到上海来编辑、发行那时,就知道在北京大学的教授中,胡适是保守势力的头子。我只回答他的询问(那都是琐屑的事),不想多谈。我只觉得这位大教授的服装有点奇特。他穿的是绸长衫、西式裤、黑丝袜、黄皮鞋。当时我确实没有见过这样中西合璧的打扮。[1]

在1949年之后的大陆,胡适一直是作为反面形象出现的,因此,直到70年代茅盾写回忆录时,言语中依然流露出对他的不屑和调侃。

不过,茅盾的回忆中仍透露出当年见到大名鼎鼎的胡适时,内心的那种久仰之情。7月22日,即胡适与茅盾等编译所高级职员谈话四天之后,胡适又主动约茅盾和郑振铎谈话,谈话的内容胡适在自己的日记里记了个大概:

我昨日读《小说月报》第七期的论创作诸文,颇有点意见,故与振铎及雁冰谈此事。我劝他们要慎重,不可滥收。创作不是空泛的滥作,须有经验作底子。我又劝雁冰不可滥唱什么"新浪漫主义"。现在西洋的新浪漫主义的文学所以能立脚,全靠经过一番写实主义的洗礼。有写实主义作手段,故不致堕落到空虚的坏处。如梅特林克,如辛兀(Meterlinck, Synge),都是极能运用写实主义的方法的人。不过他们的意境高,故能免去自然主义的病境。

胡适与茅盾、郑振铎的这番谈话,现在感受起来,还是十分语

---

1. 茅盾:《我走过的道路》(上),人民文学出版社1981年10月版,第187页。

重心长的，谈话内容也相当内行。所以，当时给年轻的茅盾留下了深刻印象。显然，从胡适日记里的口吻，他们相互之间已经是可以深谈的人了。又过了五天，高梦旦约了一些年轻人到自己家里陪胡适一起吃饭，那天胡适的日记中记载："晚间梦旦邀了一班'新人'到他家中吃饭，与我会谈。到者：杨端六、郑振铎、郑贞文、钱经宇、胡愈之、沈雁冰。"在高梦旦的家宴上，这班"新人"当着高梦旦的面，诉说自己在编译所里感觉没有长进。胡适给大家支了几招，比如每年派一二人出洋留学；再如把图书馆完备起来；还有，可以办试验所——按今天的话来说，就是建一个实验基地，让书斋里的物理、化学、生物等研究者有一个深入研究的场所；此外，胡适还建议增加编译员的假期，"使人人有修养的机会"。那天晚上，这班年轻人与胡适谈得还是十分热闹的，胡适感觉到，他提的几个想法，这些新人"都很赞成"。

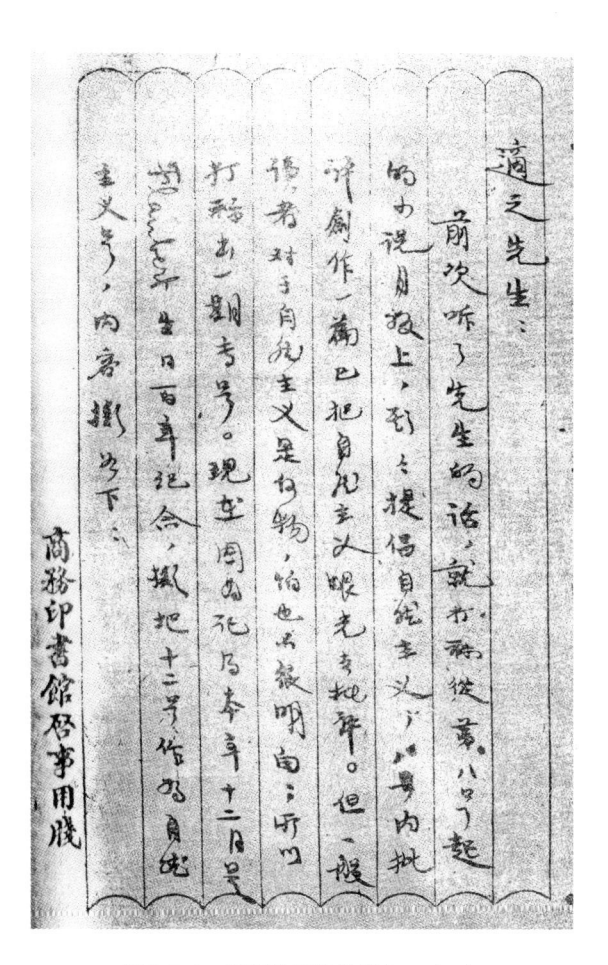

图 3-3-1 茅盾致胡适的信之一（一）

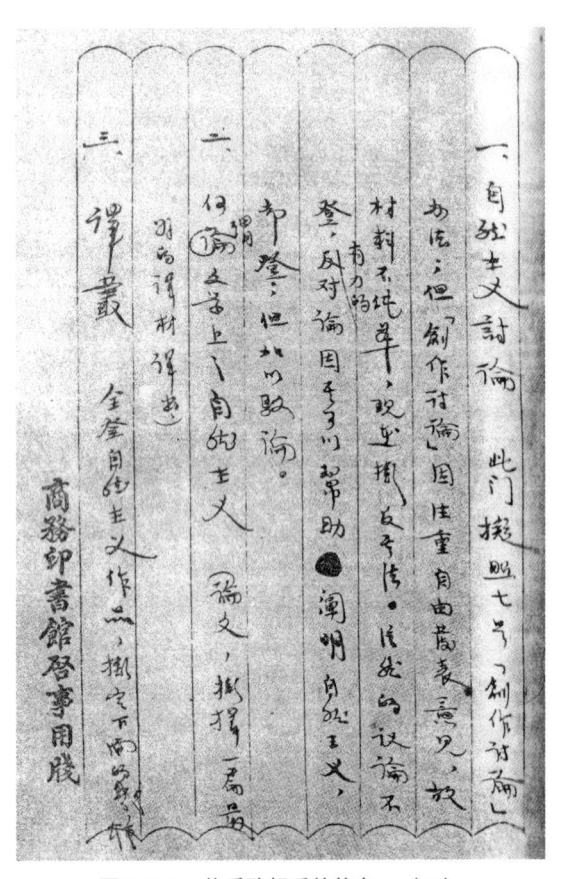

图 3-3-2 茅盾致胡适的信之一（二）

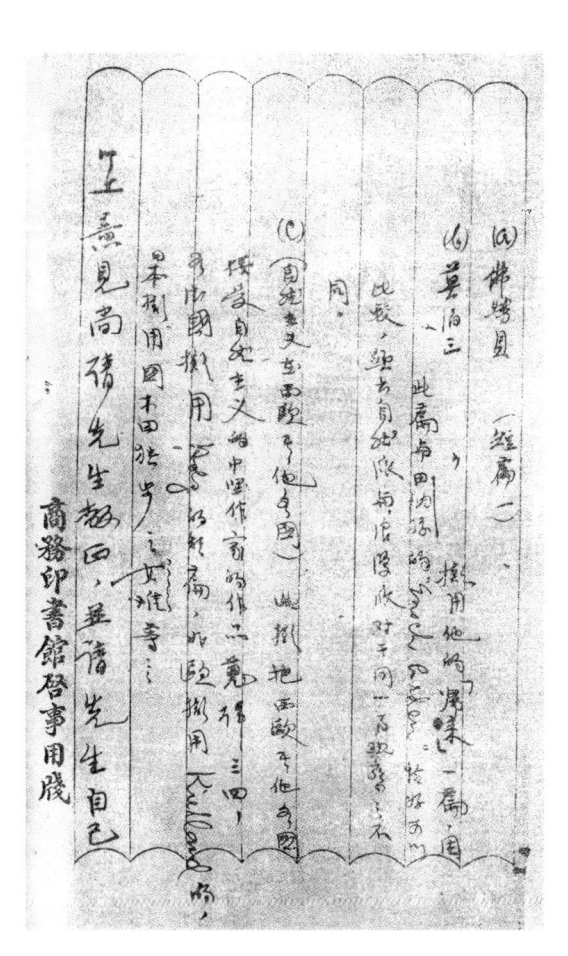

图333 茅盾致胡适的信之一（三）

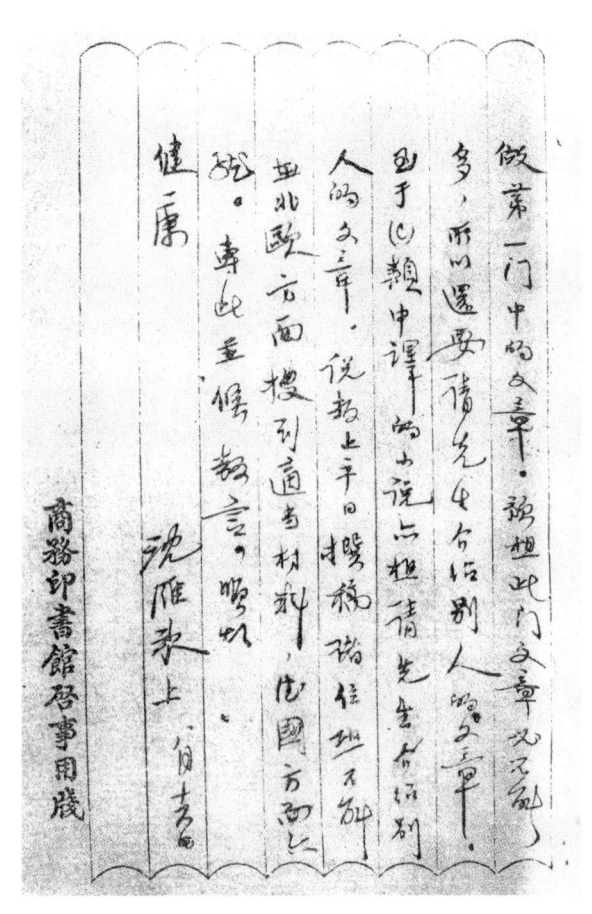

图 3-3-4 茅盾致胡适的信之一（四）

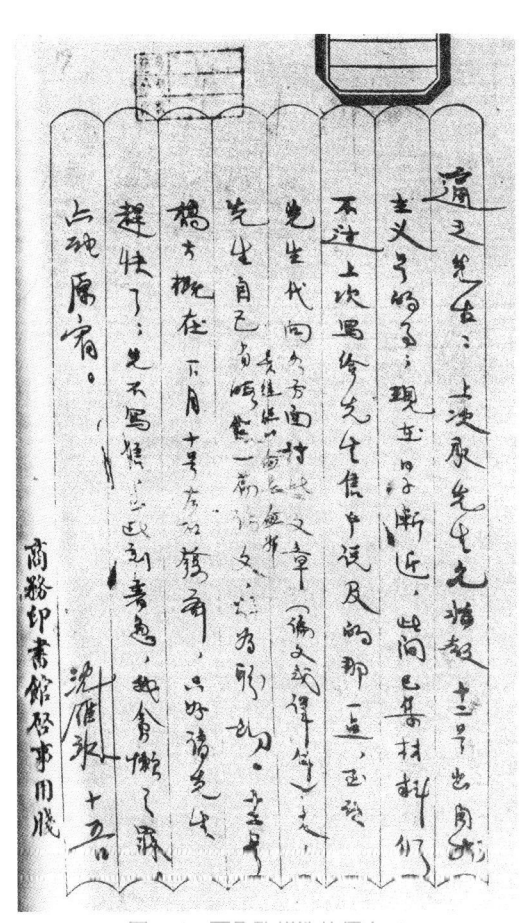

图 3-4　茅盾致胡适的信之二

适之先生：

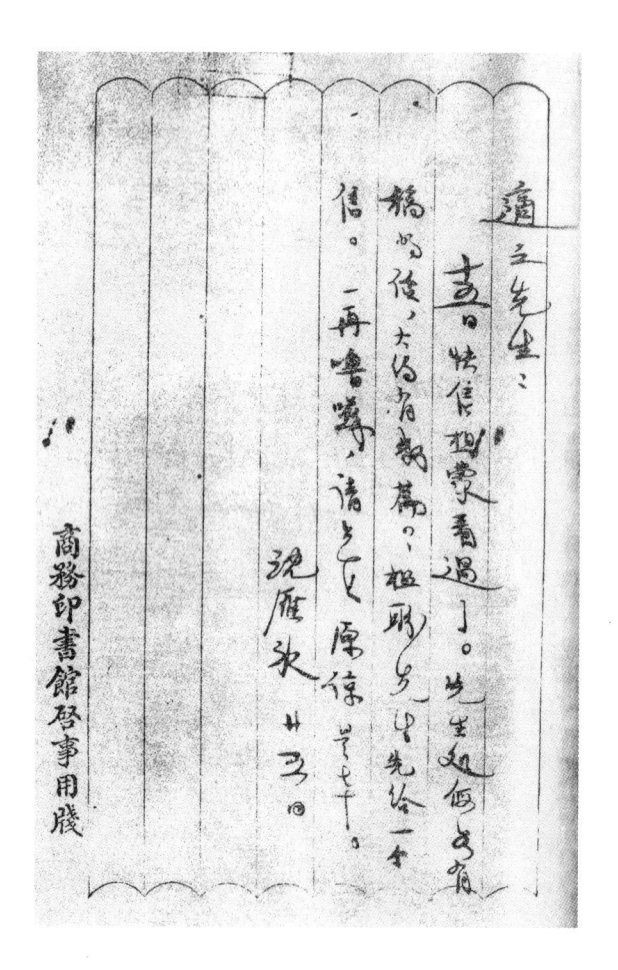

昨日抬信想蒙看过了。先生处何处有稿的信，大约有数篇？拟眀九中先给一个信。一再噜苏，请多多原谅。专此。

现候　张　廿三。

图 3-5　茅盾致胡适的信之三

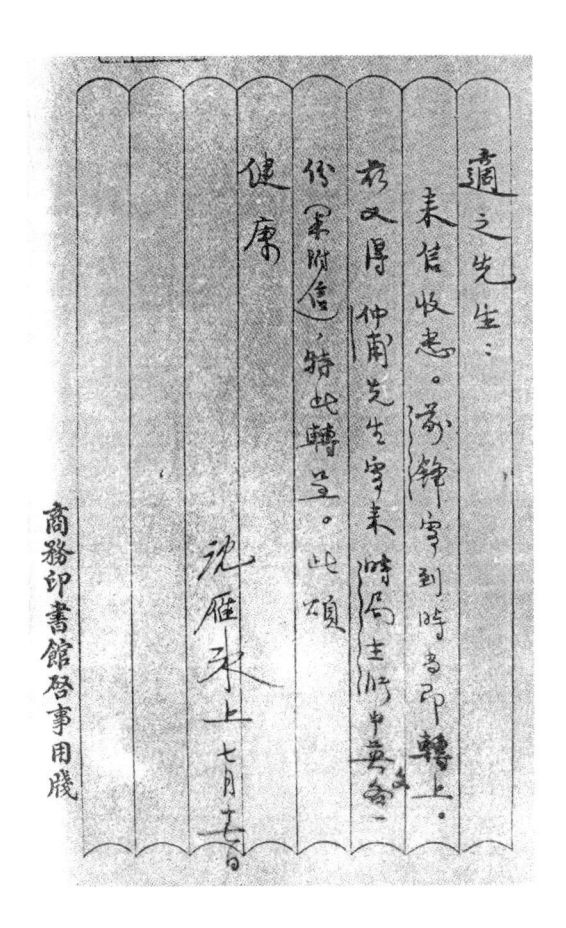

图 3-6　茅盾致胡适的信之四

其实，当时茅盾虽然归属"新人"一派，但他对编译所的改革似乎还无暇顾及，此时他的精力全部放在《小说月报》的革新上，所以他并没有参与编译所改革的讨论——尽管当时有的人积极性很高，专门形成文字方案送给胡适，希冀胡适振臂一呼,编译所立刻面貌一新。然而,茅盾却依旧记着7月22日胡适就《小说月报》提出的意见,于是,他在8月16日给胡适写了一封长信,对这些意见做了呼应。这是现在所能见到的茅盾致胡适的第一封信,全信如下:

适之先生:

前次听了先生的话,就打算从第八号起的《小说月报》上,期期提倡自然主义;八号内批评创作一篇已把自然主义眼光去批评。但一般读者对于自然主义是何物,怕也不很明白,所以打算出一期专号。现在因为记得本年十二月是Flaubert生日百年纪念,拟把十二号作为自然主义号,内容拟如下:

一、自然主义讨论 此门拟照七号"创作讨论"办法;但"创作讨论"因注重自由发表意见,故材料不纯萃(粹),现在拟反其法。泛然的议论不登,有力的反对论因其可以帮助阐明自然主义,却登;但加以驳论。

二、何谓文学上之自然主义 (论文,拟择一篇最好的译材译出)。

三、译丛 全登自然主义作品,拟定下面的几种:

(a)佛劳贝 (短篇一)

(b)莫泊三 拟用他的《归来》一篇,因此篇与田纳孙的"Enoch Arden"恰好可以比较,显出自然派与浪漫派对于同一事观察之不同。

（c）（自然主义在西欧其他各国） 此拟把西欧其他各国接受自然主义的中坚作家的作品蒐译三四，如法国拟用 Holg 的短篇，北欧拟用 Kielland 的，日本拟用国木田独步之《女难》等等。

以上意见尚请先生教正，并请先生自己做第一门中的文章。预想此门文章必不能多，所以还要请先生介绍别人文章。至于（c）类中译的小说亦想请先生介绍别人的文章。《说报》上平日撰稿诸位恐不能在北欧方面搜到适当材料，法国方面亦然。专此并候教言，顺颂

健康

沈雁冰上　八月十六日[1]

从这封信来看，茅盾对胡适的意见还是十分重视的，虽然写信的时间已经是胡适到商务印书馆一个月之后，但是做这样的表态和追随，也符合谨言慎行的茅盾的个性。但是，胡适给茅盾的回信我们至今没有找到，所以，胡适的态度无从知晓。但胡适保存了茅盾大约在1921年10月15日写给他的信，从这封信可以知道，当时胡适是给茅盾回过信的。这封信是这样写的：

---

1. 钟桂松主编：《茅盾全集》，黄山书社2014年3月版，第37卷，第35—36页。

适之先生：

　　上次承先生之指教十二号出自然主义号的事，现在日子渐近，此间已集材料仍不过上次写给先生信中说及的那一点，至于先生代向各方面讨些文章（论文或译作）来，先生自己当暇写一篇论文（长短总的愈长愈好），极为盼切。十二号稿大概在下月十号左右发齐，只好请先生赶快了；先不写信，到此刻着急，我贪懒之罪，亦望原宥。

　　　　　　　　　　　　　　　沈雁冰　十五日[1]

　　这封信发出以后，有没有收到，收到了的话胡适有何态度，在胡适10月份残存的日记里没有透露半点信息。而此时，胡适在北京大学依然忙于讲课、写作、开会、会友等。但是在上海的茅盾却热切希望得到胡适回信，俟过一封信来回约十天的时间后，茅盾又写了一封信，催促胡适：

适之先生：

　　十五日快信想蒙看过了。先生处假如有稿的话，大约有几篇？极盼先生先给一个信。一再噜哧，请先生原谅是幸。

　　　　　　　　　　　　　　　沈雁冰　廿五日[2]

---

1. 钟桂松主编：《茅盾全集》，黄山书社2014年3月版，第37卷，第37页。
2. 同上。

茅盾为《小说月报》约稿的这两封信，胡适的日记里没有记载，但却被胡适保存下来了。从茅盾向胡适写信并约稿这个事实看，当时胡适到商务印书馆编译所考察，茅盾与胡适两个年轻人在工作场合和私人场合均有见面畅谈，而且茅盾对胡适的文学观点也深以为然，并且身体力行，很快在《小说月报》上体现出来。1921年十二月号《小说月报》的内容安排上，茅盾完全根据胡适的建议，用相当篇幅来宣传自然主义。茅盾亲自写作了《纪念佛罗贝尔的百年生日》；晓风及时翻译了日本岛村抱月的《文艺上的自然主义》；另外，在"译丛"专栏中，茅盾采用了8月16日给胡适信中提及的莫泊桑的《归来》、日本作家国木田独步的《女难》等，浓墨重彩地宣传胡适倡导的自然主义。

茅盾在《纪念佛罗贝尔的百年生日》一文中说："法国自然主义的文学，在近代文学中，当然占有重要的地位，而且的确已经对于世界文学给予了重大的影响，这是不用疑惑的；而佛罗贝尔呢，即使不能算是自然主义之母，至少也该算他是个先驱者。""佛罗贝尔"就是今人所共知的福楼拜。

而晓风专门为十二月号翻译的《文艺上的自然主义》同样是一篇重量级文章，文章作者是日本的岛村抱月，是当时日本提倡介绍自然主义的一个主要人物，出版过论文集《近代文艺的研究》，《文艺上的自然主义》就是这部论文集中的一篇，也是日本自然主义文学史上重要的理论名篇。

十二月号《小说月报》刊登的《归来》和《女难》，都是自然主义作品，后面都有译者对作家、作品以及自然主义的介绍。翻译《归来》的沈泽民认为："抛弃不真实的而求真实的描写，这便是自然主义的信条啊！"可谓一针见血。翻译《女难》的夏丏尊在译后记中说："自然主义文学者将性欲当做人生底一件事实来看，描写的态度，很是严肃，丝毫不掺入游戏的分子。……近来文学上算已经有过改革了，却是黑幕派和功利派底势力还盛，这种魔障，非用了自然主义的火来烧，是除不掉的。自然主义，在世界文学上，已经老了，却是在中国，我觉得还须经过一次自然主义的洗礼。"这一段话，与胡适看了七月号《小说月报》之后的想法何其相似，可见茅盾在编辑十二月号《小说月报》时，加重了对自然主义宣传介绍的分量，其力度是空前的，其中胡适的影响是显而易见的。

有一件事很有意思，胡适的《尝试集》出版后，备受欢迎的同时，也受到南京《学衡》杂志的批评，胡先骕先生的《评尝试集》就全盘否定了胡适这部"开风气之先"的作品，认为"以172页之小册，自序、他序、目录已占去44页，旧式之诗词复占去50页，所余之78页之《尝试集》中，似诗非诗似词非词之新体诗复须除去44首。至胡君自序中所承认为真正之白话诗者，仅有14篇，而其中《老洛伯》《关不住了》《希望》三诗尚为翻译之作"。可见反对者的抨击是何等的强烈！但是，拥护者的观点也是非常鲜明的。1922年2月4日，北京《晨报》刊登了一篇署名"式芬"的杂感《〈评尝试集〉匡谬》。这篇为胡适打抱不平的文章，同时为在北京的胡适和在上海的茅盾所关注和肯定。

胡适在这一天专门将这篇文章剪下来附在日记里，并在日记中专门说："东南大学梅迪生等出的《学衡》，几乎专是攻击我的。出版之后，《中华新报》（上海）有赞成的论调，《时事新报》有谩骂的批评，多无价值。今天《晨报》有'式芬'的批评，颇有中肯的话，末段尤不错。"

而茅盾在3月初收到江西南昌一位叫管毅甫的读者来信。信中，管毅甫根据胡先骕文章的观点批评胡适的《尝试集》，引起茅盾的注意。3月10日，茅盾在杂志上公开给这位管先生回信，信中说：

> 细看尊信的议论，都根据《学衡》杂志胡先骕君的《评尝试集》一文。尊信杂采胡文各段，杂凑而成；二月四号的北京《晨报》曾载有式芬君批评胡君该文的一篇杂感，不知你先生曾见过否？兹附录於下……[1]

茅盾把"式芬"为胡适辩护的文章以附录的方式重新刊登在自

---

[1] 钟桂松主编：《茅盾全集》，黄山书社2014年3月版，第37卷，第59页。

己主编的《小说月报》上，十分巧妙地支持和肯定了胡适的《尝试集》，也给反对新文学的学衡派一个巧妙的反击。有意思的是，胡适和茅盾，一个将"式芬"的文章保存在自己的日记里，另一个则将其附录在自己给别人的信里，两个人表达的是同一个观点、同一种态度。

胡适到编译所做了一番调研之后，认识了不少年轻的编辑，也了解了编译所的一些不为外人知道的内情，期间也曾经收到几份关于编译所改革的建议书。商务印书馆高层的本意是让胡适跳槽来编译所。当时胡适的人气很旺，有点类似今天的文化明星，商务印书馆高层懂得市场竞争就是人才竞争的道理，希望从北大把胡适挖过来。但是，高梦旦这样的高管是真心诚意想把胡适引进来，甚至愿意把自己的职位让出来，这样的境界不是今天所谓的人才引进所能比拟的。可见，商务印书馆并不是把引进胡适作为花瓶秀一下，来一点影响就收场的。而胡适充当的角色，今天看来很有意思，有点像专门替企业把脉开方的文化策划咨询公司。只不过胡适是单枪匹马一个人去编译所调研，自己不愿接受高梦旦的诚意邀请加盟，却还要替编译所开出一个改革方案，方案包括设备、待遇、政策、组织四部分，十分详尽，连员工的月薪多少都有建议。在这个过程中，还有两件事值得一说。一是胡适自己不接受商务的邀请，却推荐了曾经教自己的老师王云五到编译所。商务高层经过考察，这件事竟然成功了。此事直接关系到商务印书馆后来的发展,所以常为后人道及;另一件事却很少有人谈到,当时胡适考察结束时,即9月3日,商务给胡适送来1000元酬金,胡适不愿受酬,"力劝梦旦收回"。但高梦旦无论如何也不肯收回。1000元在当时是一个不小的数字,像茅盾这样的高级职员,一个月工资也就是三四十元,即使到1925年时,商务一般的学徒,第一年月薪也只有三元。显然,胡适并不是贪图钱财之辈,他算了一下,"我只消五百元便可供这一个半月的费用了"。于是第二天,胡适专门去拜访高梦旦,"还了他五百元"。从中可以看出胡适的做事风格。

胡适回北京后不久,王云五就到商务印书馆编译所视事,按照他的风格进行改革,而茅盾因在《小说月报》的革新上与商务当局的做法不合,便辞去《小说月报》主编,1923年起主编一职改由另一位文学研究会的骨干郑振铎担任。但茅盾与胡适还保持着书信来往。当时胡适因与陈独秀的关系,对政治也十分关心,也想了解当时共产党的宣传和主张,期间,茅盾还充当过胡适与陈独秀之间的信息传递员——当时茅盾是中共中央的联络员,利用商务印书馆编辑的身份,收发全国地方共产党组织向党中央的报告和信函。不过,胡适与陈独秀之间私人信函的传递,是否也是茅盾的分内工作还不敢确定。胡适秘藏书信中保存有一封署七月十七日的茅盾来信,全文如下:

适之先生：

　　来信收悉。《前锋》寄到时即转上。兹又得仲甫先生寄来《时局主张》中、英文各一份（未附信），特此转呈。此颂
　　健康

沈雁冰上　七月十七日[1]

　　这封信没有注明年份，据笔者考证，应写于 1923 年。因为信中提到的《前锋》是共产党机关内部刊物，创刊于民国十二年（即 1923 年）7 月 1 日。为了蒙蔽敌人，杂志假托在广州出版，由广州平民书社发行，实际上是在上海出版。杂志由瞿秋白主编，陈独秀、张太雷、向警予等人均为《前锋》的主要撰稿人。《前锋》的内容主要为分析和探讨中国革命问题，宣传中国共产党第三次代表大会制定的方针、策略。每期辟有"寸铁"栏目，由陈独秀、瞿秋白等撰稿，以短小精悍的文字揭露时政弊端。1924 年 2 月出至第三期时停刊。因此，可以确定茅盾的这封佚信写于 1923 年 7 月 17 日。从这封信中，我们还可以知道，当时胡适还十分关心中国革命问题，为了解中国共产党的宣传和主张，积极阅读党的秘密刊物。可惜的是，已经面世的胡适 1923 年的日记残缺不全，无法从其日记里看到进一步的信息和资料。

---

1. 钟桂松主编：《茅盾全集》，黄山书社 2014 年 3 月版，第 37 卷，第 110—111 页。

从茅盾致胡适的四封信，我们看到了茅盾与胡适年轻时曾经有过意气相投的交往，胡适甚至还是年轻茅盾的偶像。细述这些沧桑的往事，也让我们看到了两位大家年轻时的另一种面影。

附录 | **茅盾在商务印书馆年表**
（一九一六年八月至一九二六年四月）

一九一六年（二十岁）

八月

二十七日　到上海，住小客栈。
二十八日　上午持北京分馆经理孙伯恒写的介绍信，面见张元济经理。被安排在编译所英文部做阅卷员。随之去宝山路编译所，面见英文部主任邝富灼，被分派到该部上年设立的英文函授学社，负责修改学生课卷的工作。月薪二十四元。

九月

写了一封二百余字的信给商务印书馆经理张元济先生，对正在发行的《辞源》提出建议，受到张元济先生的重视，批转给编译所高梦旦先生，高梦旦安排茅盾与孙毓修先生合作译书。

十月

与孙毓修合译《人如何得衣》之后，又开始编译《人如何得住》《人如何得食》。

十二月

接会计通知，自下年一月起，月薪加六元，增至三十元。当时，孙毓修为之抱不平。

年底，给母亲写信，告诉加薪的事情。母亲回信，嘱"安心做学问"，并让茅盾去信卢鉴泉表叔，报告进商务印书馆以后的情况。后来卢表叔回信，告诉茅盾"只要有学问，何愁不立事业"，"借此研究学问是正办"。

一九一七年（二十一岁）

一月

五日 从英文杂志上选译科幻小说《三百年后孵化之卵》，署名雁冰，载《学生杂志》第四卷第一、第二、第四号。这是茅盾第一次在报刊上发表翻译作品。

本月 回乌镇过春节。

十月

与孙毓修合作编辑的《中国寓言初编》由商务印书馆出版发行。

秋，助编《学生杂志》。同时继续编写寓言。

十二月

五日 发表《学生与社会》，署名雁冰，载《学生杂志》第四卷第十二号。这是茅盾发表的第一篇论文。

本年 结识胞弟沈泽民在南京河海工程专门学校的同学张闻天，并成为终生挚友。

一九一八年（二十二岁）

一月

五日 发表《一九一八年之学生》，署名雁冰，载《学生杂志》第五卷第一号；发表与沈泽民合作的翻译作品《两月中之建筑谭》（〔美国〕洛赛尔·彭特著），载《学生杂志》第五卷第一、第二、第三、第四、第六、第八、第九、第十二号。

二月

十一日 回乌镇度春节，准备结婚。
春节后 与乌镇东栅孔家小姐孔德沚在老家举行婚礼。

四月

五日 发表译作《履人传》，署名雁冰，载《学生杂志》第五卷第四号。
本月 结束婚假回上海，临行前与岳父孔祥生、岳母沈宝生辞行。

六月

五日 发表《〈履人传·乔治·福克思〉论》《〈履人传·克罗斯·萧物尔〉论》《〈履人传·约翰·邦特〉论》，署名雁冰，均载《学生杂志》第五卷第六号。

本月 发表童话《大槐国》，署名沈德鸿，收入由商务印书馆出版的《童话》第一集第六十九编。

母亲来信告知，经亲戚介绍，德沚到石门湾上小学，即振华女校，由丰子恺先生的大姐丰瀛创办。

七月

五日 发表《二十世纪之南极》，载《学生杂志》第五卷第七号。

本月 发表童话《负骨报恩》，署名沈德鸿，收入由商务印书馆出版的《童话》第一集第七十一编。

趁暑假回乌镇，知妻子德沚读书"果然专心，大有进步，能看浅近文言"。

八月

发表童话《千匹绢》，收入商务印书馆出版的《童话》第一集第七十编。

发表童话《狮骡访猪》《狮受蚊欺》《傲狐辱蟹》《学由瓜得》《风雪云》，署名沈德鸿，收入由商务印书馆出版的《童话》第一集第七十四编，以《狮骡访猪》作书名。

九月

五日 发表编译的《缝工传》，署名沈德鸿，计有约翰·百特培、约翰·恩披特、乔治·裘安斯、约翰·胡耳门、乔治·汤姆生、安迪里·约翰生六位传主,每篇后有简要"传者曰",载《学生杂志》第五卷第九、第十号。

本月 发表童话《平和会议》《蜂蜗之争》《鸡鳖之争》《金盏花与松树》《以镜为鉴》,收入由商务印书馆出版的《童话》第一集第七十五编,以《平和会议》作书名。

十月

五日 发表警世新剧《求幸福》,署名雁冰,载《学生杂志》第五卷第十号,该刊第十一号续完。

十一月

发表童话《寻快乐》《驴大哥》,署名沈德鸿,分别收入由商务印书馆出版的《童话》第一集第七十六、第七十九编。

一九一九年(二十三岁)

一月

二日 商务印书馆决定启动"四部丛刊",让孙毓修负责去南京江南图书馆选书,孙点名茅盾随行。

五日 发表传记《福熙将军》,署名雁冰,载《学生杂志》第六卷第一号。

十四日 茅盾随孙毓修坐火车去南京,茅盾负责川资管理。

十五日至十八日 孙毓修每天在江南图书馆选书,茅盾陪同做记录。

本月 发表童话《蛙公主》《兔娶妇》《怪花园》，署名沈德鸿，分别收入由商务印书馆出版的《童话》第一集第八十、第八十一、第八十二编。其中，《兔娶妇》包括《兔娶妇》《鼠择婿》《狐兔入井》三篇。

受《新青年》启示，开始注意俄国文学。

二月

五日 发表《萧伯讷》，署名雁冰，载《学生杂志》第六卷第二号，至第三号续完。发表译作《地狱中之对谭》及前言，署名四珍，载《学生杂志》第六卷第二号。

三月

中旬 发表童话《书呆子》，署名沈德鸿，收入由商务印书馆出版的《童话》第一集第八十三编。

本月 托管理宿舍的经理福生找住房。后将边上的"小披"修整一新，有了安静的环境，每晚工作读书至深夜。

四月

五日 发表《托尔斯泰与今日之俄罗斯》，署名雁冰，连续载《学生杂志》第六卷第四、第五号。

十七日至二十六日 随孙毓修去江南图书馆选书并联系拍照事宜，以便影印。这次在南京与胞弟沈泽民见面畅叙。

本月 发表童话《树中饿》《牧羊郎官》，署名沈德鸿，分别收入由商务印书馆出版的《童话》第一集第八十五、第八十六编。

五月

发表童话《一段麻》,署名沈德鸿,收入由商务印书馆出版的《童话》第一集第八十四编。

五四运动爆发。

七月

五日 开始陆续发表《近代戏剧家传》,署名雁冰,连续载《学生杂志》第六卷第七号至第十二号。

二十五日 发表《对于黄蔼女士讨论小组织问题一文的意见》,署名冰,载《时事新报·学灯》。

本月 发表童话《海斯交运》,署名沈德鸿,收入由商务印书馆出版的《童话》第一集第八十七编。

七、八月间

孙毓修派助手姜殿扬去江南图书馆将选定的图书拍照,然后将照相底片送上海,由茅盾在上海负责审查底片的工作。

八月

二十日 发表译作《在家里》,署〔俄〕A. Tchekhov著,冰译,载《时事新报·学灯》,至二十二日载完。这是茅盾用白话文翻译的第一篇短篇小说。

二十八日 发表剧本译作《界石》(署〔奥国〕Arthur Schnitzler著,冰译)及小记,载《时事新报·学灯》,至三十日载完。

本月 受北京五四运动的影响,与夫人孔德沚、弟弟沈泽民以及同乡萧觉先、王会先(字敏台,李达妻兄)、程志和、严家淦等发起组织桐乡青年社,还出版了不定期刊物《新乡人》。

九月

一日 发表《我们为什么读书》，署名雁冰，载《新乡人》第二期。认为"我们读书是欲求学问，求学问是欲尽'人'的责分去谋人类的共同幸福"。 发表《骄傲》，署名雁冰，载《新乡人》第二期，指出"明白人，决不骄傲；骄傲的决不是真明白人"。

十八日 发表译作《他的仆》（署Strindberg著，冰译）及译后记，载《时事新报·学灯》。

三十日 发表译作《夜》，署Elizabeth J.Gootsworth著，冰译；发表译作《日落》，署Evelynwell著，冰译，均载《时事新报·学灯》。

十月

七日 发表译作《一段弦线》（署〔法〕G.de Maupassant著，冰译）及译者前言，载《时事新报·学灯》，至十一日载完。

十一日 发表译作《卖诽谤的》，署〔俄〕A.Tchekhov著，冰译，载《时事新报·学灯》，至十四日载完。

十五日 发表剧本译作《丁泰琪的死》，署〔比国〕Maurice Maeterlinck著，雁冰译，载《解放与改造》第一卷第四号。

二十五日 发表译作《情人》（署高尔该著，冰译）及前记，载《时事新报·学灯》，至二十八日载完。

本月 发表童话《金龟》，署名沈德鸿，收入由商务印书馆出版的《童话》第一集第八十八编。

十一月

月初 开始协助王莼农编"小说新潮"栏。同时应王莼农约请，为他兼主编的《妇女杂志》写文章，开始涉足妇女解放话题。

十五日　发表《解放的妇女与妇女的解放》及附白，署名佩韦，载《妇女杂志》第五卷第十一号。发表译作《新偶象》（署〔德〕尼采著，雁冰译）及译者前言，载《解放与改造》第一卷第六号。

十八、十九日　发表致虞裳的信，署名沈雁冰，载《时事新报·学灯》。

二十四日　发表《萧伯纳的〈华伦夫人之职业〉》，署名雁冰，载《时事新报·学灯》。

二十九日　作《诱惑》前言和译后记，署名雁冰，后载十二月十八日《时事新报·学灯》。

十二月

一日　发表论文《罗塞尔〈到自由的几条拟径〉》以及文前说明，署名雁冰；发表译作《市场之蝇》（署〔德〕尼采著，沈雁冰译），均载《解放与改造》第一卷第七号。

五日　发表《探"极"的潜艇》前言和《第一次飞渡大西洋R34号》，署名雁冰，载《学生杂志》第六卷第十二号。

八日　发表《文学家的托尔斯泰》，署名雁冰，载《时事新报·学灯》。

十五日　发表译作《社会主义下的科学与艺术》（罗塞尔著），署名雁冰，载《解放与改造》第一卷第八号。

十八日　发表译作《诱惑》（署〔波兰〕Stefan Zeromski著，雁冰转译）及前言和译后记，载《时事新报·学灯》。

二十四日　发表译作《万卡》，署〔俄〕A.Tchekhov著，冰译，载《时事新报·学灯》，至二十五日载完。

二十五日　发表《"小说新潮"栏预告》，未署名，载《小说月报》第十卷第十二号。

二十七日　发表译作《一个农夫养两个官》（署〔俄〕M.Y.Saltykov著，冰译）及前记，载《时事新报·学灯》，至二十九号载完。

本年　发表《诚实》，署名雁冰，载《新乡人》第一期。发表《本镇开办电灯厂的问题》，署名雁冰，载《新乡人》第三期。发表《人到底是什么》，署名佩韦，载《新乡人》第三期。岳母病逝，前往乌镇奔丧。丧事既毕，德沚却因课程荒废太多，不愿回振华女校，遂在家自学。

一九二〇年（二十四岁）

一月

一日　发表《我对于介绍西洋文学的意见》，署名冰，载《时事新报·学灯》。发表《广义派政府下的教育》，载《解放与改造》第二卷第一号。

五日　发表译作《现在妇女所要求的是什么？》，署Margaret Liewelyn Davies女士著，四珍译；发表《读〈少年中国〉妇女号》，署名雁冰；发表《妇女解放问题的建设方面》，署名佩韦；发表《历史上的妇人》（署Lester F.Ward著，雁冰译）及译者按；发表译作《小儿心病治疗法》，据八月二十八日伦敦《太晤士教育周刊》译出，署名佩韦；发表《家庭与科学》，署名佩韦；发表译作《强迫的婚姻》（署A.Strindberg著，冰译）及附记；发表《归矣》，署名冰文译；发表《世界妇女消息——

英国女子在工业上的情形》，署名佩韦，均载《妇女杂志》第六卷第一号。发表《沉船？宝藏？探"宝"潜艇！》，署名佩韦，载《学生杂志》第七卷第一号。发表译作《活尸》（署〔俄〕托尔斯泰著，雁冰译）及前言，载《学生杂志》第七卷第一号至第六号。发表《尼采的学说》，署名雁冰，载《学生杂志》第七卷第一至第四号。发表《表象主义的戏曲》，载《时事新报·学灯》，至七日载完。

十日 发表《现在文学家的责任是什么？》，署名佩韦，载《东方杂志》第十七卷第一号。发表译作《巴苦宁和无强权主义》（罗塞尔著）及译者按，署名雁冰，连续载《东方杂志》第十七卷第一、第二号。

十二日 发表译作《暮》（署〔波兰〕Stefan Zeromski著，雁冰译）及后记，载《时事新报·学灯》。

二十五日 发表《新旧文学平议之评议》，署名冰；发表《俄国近代文学杂谭（上）》《安得列夫死耗》，署名冰；发表《"小说新潮"栏宣言》，署名记者，均载《小说月报》第十一卷第一号。发表《佩服与崇拜》，署名雁冰，载《时事新报·学灯》。发表译作《髑髅》（署〔印度〕台莪尔著，雁冰译）及小记，载《东方杂志》第十七卷第二号。

本月 茅盾第一次会见陈独秀。

二月

三日 发表《一个礼拜日》，署名玄，载《时事新报·学灯》。

四日 发表《对于系统的经济的介绍西洋文学底意见》，署名沈雁冰，载《时事新报·学灯》。

五日 发表《男女社交公开问题管见》，署名雁冰；发表《评〈新妇女〉》，署名佩韦；发表《生物界之奇谭》，署名佩韦；

发表译作《将来的育儿问题》，署Margaret McMillan著，佩韦译；发表译作《欧洲妇女的结合》（恩淑南氏著），署名雁冰；发表译作《结婚日的早晨》（署〔奥国〕Arthur Schnitzler著，冰译）及译者前言，均载《妇女杂志》第六卷第二号。发表《谭天——新发见的星》，署名雁冰；发表《脑相学的新说明》，署名佩韦，均载《学生杂志》第七卷第二号。

十日 发表译作《俄国人民及苏维埃政府》，署Jerome Davis著，雁冰译；发表译作《圣诞节的客人》（署〔瑞典〕罗格洛孚女士著，雁冰译）及译者识；发表《世界两大系的妇人运动和中国的妇人运动》，署名佩韦，均载《东方杂志》第十七卷第三号。

十三日 张闻天与茅盾兄弟一起到乌镇过春节，小住三周后回到上海。

十五日 发表《评女子参政运动》，署名雁冰，载《解放与改造》第二卷第四号。

二十五日 发表《我们现在可以提倡表象主义的文学么？》，署名雁冰；发表《俄国近代文学杂谭（下）》，署名雁冰，均载《小说月报》第十一卷第二号。翻译《女子的觉悟》并作译者按，署名雁冰，后载四月五日《妇女杂志》。

三月

五日 发表《我们该怎样预备了去谭妇女解放问题》，署名雁冰；发表译作《爱情与结婚》（署爱伦·凯著，四珍译）及译者按，均载《妇女杂志》第六卷第三号。发表《关于咮觉的新发见》，署名佩韦，载《学生杂志》第七卷第三号。

二十五日 发表译作《沙漏》（署〔爱尔兰〕夏脱著，雁冰译）及译者前记，载《东方杂志》第十七卷第六号。发表《近代文学的反流——爱尔兰的新文学》，署名雁冰，连续载《东方杂志》

第十七卷第六、第七号。

约同月 接母亲信,说德沚受王会悟影响,拟到湖郡女塾求学。因了解此校系教会所办,以英文为主,遂复函母亲劝阻德沚。不久,接母亲信,知德沚"年轻心活,又固执",遂不再阻止。

四月

五日 发表译作《情敌》(署A.Strindberg著,雁冰重译)及前记;发表译作《女子的觉悟》(署海尔夫人著,雁冰译)及前记,署名雁冰,均载《妇女杂志》第六卷第四号。发表《人工降雨》,署名佩韦,载《学生杂志》第七卷第四号。

二十五日 发表《答黄君厚生〈读小说新潮宣言的感想〉》,署名雁冰,载《小说月报》第十一卷第四号。

三十日 发表致宗白华的信,署名沈雁冰,载《时事新报·学灯》。

本月 发表《I.W.W.的研究》及译者说明,署雁冰编译,连续载《解放与改造》第二卷第七、第八、第九号。

五月

三日 发表《非杀论的文学家》,署名冰,载《时事新报·学灯》。

五日 发表《怎样缩减生活费呢?》,署名佩韦;发表《家庭服务与经济独立》,署名Y.P,载《学生杂志》第七卷第五号。

七日 发表《科学方法论》,署名明心,载《时事新报·学灯》。

十日 发表译作《未来社会之家庭》,署〔俄〕Alexandra Kollontay著,雁冰译,载《东方杂志》第十七卷第九号。

二十五日 发表《蓝沙勒司》(署〔俄〕安得列夫著,明心译)

及附识;发表译作《安得列夫》(署Moissaye J.Olgin著,雁冰译)及附录,均载《东方杂志》第十七卷第十号。

六月

一日 发表《组织劳动运动团体的我见》,署名雁冰,载《解放与改造》第二卷第十一号。

五日 发表《怎样方能使妇女运动有实力》,署名雁冰,载《妇女杂志》第六卷第六号。

十九日 作《室内》译者前记和后记,署名雁冰,载八月五日的《学生杂志》。

二十五日 发表译作《为母的》(署〔法〕巴比塞著,雁冰译)及译者前记,载《东方杂志》第十七卷第十二号。

约同月 从母亲来信中获悉德沚已从湖郡女塾辍学回乌镇。

七月

一日 发表《巴比塞的小说〈名誉十字架〉》,署名雁冰,载《解放与改造》第二卷第十三号。

五日 发表译作《时间空间的新概念》,署名雁冰;发表《天河与人类的关系》及附白,署名雁冰,均载《学生杂志》第七卷第七号。发表与沈泽民合译的《理工学生在校记》,连续载《学生杂志》第七卷第七号至第十二号、第八卷第二号至第三号,"是有意译出来,给那时中学生一点实用科学的知识"。发表译作《两性间的道德关系》及前记,据Patrick Geddes和J.Arthur Thomson合著的《两性论》第九章译出,署名佩韦,载《妇女杂志》第六卷第七号。

十五日 发表《巴比塞的小说〈复仇〉》,署名雁冰,载《解放与改造》第二卷第十四号。

二十五日　发表译作《和平会议》，署〔美〕佩克著，雁冰译，载《东方杂志》第十七卷第十四号。
三十日　发表译作《错》（署〔法〕H.Barbusse著，雁冰译）及前记，载《学艺》第二卷第四号。

七、八月间

应《时事新报》主编张东荪的邀请，代理两三个星期《时事新报》的主笔。

八月

一日　发表《评儿童公育问题——兼质恽、杨二君》，署名雁冰，载《解放与改造》第二卷第十五号。
五日　发表《妇女运动的意义和要求》，署名雁冰，载《妇女杂志》第六卷第八号。发表《艺术的人生观》，署名佩韦；发表译作《室内》（署M.Maeterlinck著，雁冰译）及前记和后记；发表《航空救命伞》，署名佩韦，均载《学生杂志》第七卷第八号。
二十五日　发表译作《遗帽》（署唐珊南著，雁冰译）及译者附识，载《东方杂志》第十七卷第十六号。

九月

五日　发表《文学上的古典主义、浪漫主义和写实主义》，署名雁冰；发表《猴语研究的现在和将来》，署名佩韦，均载《学生杂志》第七卷第九号。发表译作《妇女运动的造成》，署海尔夫人著，佩韦译，载《妇女杂志》第六卷第九号。
十日　发表《爱伦·凯的母性论》及附白，署名雁冰；发表译作《市虎》（署葛雷古夫人著，雁冰译）及前记，均载《东方杂志》第十七卷第十七号。

十五日 发表《为新文学研究者进一解》，署名雁冰，载《改造》第三卷第一号[1]。

二十五日 发表《〈欧美新文学最近之趋势〉书后》，署名雁冰；发表译作《心声》（署〔美〕亚伦·坡著，雁冰译）及前言，均载《东方杂志》第十七卷第十八号。

十月

一日 发表译作《游俄之感想》（署罗素著，雁冰译）及译者按，载《新青年》第八卷第二号。

五日 发表《火山——地球上的火山、月球上的火山和实验室里的火山》，署名佩韦，载《学生杂志》第七卷第十号。发表译作《家庭生活与男女社交的自由》（署纪尔曼夫人著，P.生译）及译者前记，载《妇女杂志》第六卷第十号。

十日 发表《意大利现代第一文学家邓南遮》，署名雁冰，载《东方杂志》第十七卷第十九号。

本月 发表童话《飞行鞋》，署名沈德鸿，收入由商务印书馆出版的《童话》第一集第八十九编。

由李汉俊、李达介绍，正式加入上海共产主义小组。

十一月

一日 发表译作《罗素论苏维埃俄罗斯》，署〔美〕哈德曼著，雁冰译，载《新青年》第八卷第二号。

五日 发表《精神主义与科学》，署名雁冰，载《学生杂志》第七卷第十一号。

---

1. 1920年9月起，《解放与改造》更名为《改造》。

七日 发表致P.R的信，署名雁冰，载《时事新报·学灯》。

十日 发表《译书的批评》，署名冰，载《时事新报·学灯》。

十二日 发表致黎锦熙的信，署名冰，载《时事新报·学灯》。

十四日 发表《说部、剧本、诗三者的杂谈》，署名冰，载《时事新报·学灯》。

下旬 商务印书馆编译所所长高梦旦约茅盾在会客室谈话，茅盾得知王莼农辞职。茅盾在回忆录中说："《小说月报》和《妇女杂志》都要换主编，馆方以为我这一年来帮助这两个杂志革新，写了不少文章，现在拟请我担任这两个杂志的主编。"但茅盾表示只同意担任《小说月报》主编，随即向馆方提出现存的"礼拜六派"的稿子都不能用，以及"馆方应给予全权办事的权力，不能干涉杂志主编的编辑方针"等三项条件。待馆方接受上述条件后，茅盾立刻着手安排新一期《小说月报》的稿件，同时致函王剑三（即王统照），"并请他写稿并约熟人写稿"。同月得郑振铎信，说与王剑三等愿供稿，并告知茅盾，文学研究会在筹备中。茅盾在回忆录中说："这封信给我极大鼓舞，我即拟写了《本月刊特别启事》五则。"

十二月

四日 郑振铎等人在北京万宝盖胡同耿济之家开会，讨论并通过了郑振铎撰写的《文学研究会简章》，并推周作人起草《文学研究会宣言》。宣言起草好后，便以周作人、朱希祖、蒋百里、郑振铎、耿济之、瞿世英、郭绍虞、孙伏园、沈雁冰、叶绍钧、许地山、王统照十二人的名义发起成立文学研究会。

七日 应《共产党》月刊主编李达之约，在该刊第二号上发表了一组译文：《共产主义是什么意思——美国共产党中央执行委员会宣言》《美国共产党党纲》《共产党国际联盟对美国IWW的恳请》《美国共产党宣言》,均署名P.生。

十五日 发表《托尔思泰的文学》,署名沈雁冰,载《改造》第三卷第四号。

中旬 收到郑振铎寄来的文学研究会宣言、简章、发起人名单。

二十五日 发表《本月刊特别启事》五则,未署名,载《小说月报》第十一卷第十二号。

本月 与李汉俊一起为陈独秀送行。陈系应广东陈炯明之邀赴粤办教育。

一九二一年(二十五岁)

一月

四日 文学研究会在北京中央公园来今雨轩成立,茅盾为十二位发起人之一,因在上海没有参加成立大会。

七日 作致郑振铎的信,署名沈雁冰,后载《小说月报》第十二卷第二号。

十日 主编并全面革新的《小说月报》第十二卷第一号出版。茅盾发表:《改革宣言》,未署名;《文学与人的关系及中国古来对于文学者身分的误认》,署名沈雁冰;《脑威写实主义前驱般生》,署名沈雁冰,译剧作《新结婚的一对》(署B.J.Bjornson著,冬芬译)及附白;叶绍钧《母》附注,署名雁冰,认为叶绍钧的小说《母》和《伊和他》很"动人",并具有"个性";"文艺丛谭"三则,署名雁冰;《邻人之爱》附记,署名雁冰。
自第十二卷第一号起,《小说月报》增加"海外文坛消息"栏目，均由茅盾编写。本期"海外文坛消息"计有：（一）脑威文豪哈姆生（Hamsun）获得一九二〇年的诺贝尔文学奖金；（二）安得列夫Andreyev最后的著作；（三）研究犹太新文学的三种新出英译本；（四）惠尔斯（H. G. Wells）的《人类史要》（*The Outline of History*）；（五）罗兰（Romain Rolland）的近作；（六）劳农俄国治下的文艺生活。署名沈雁冰。

十五日 发表《家庭改制的研究》及附白，署名雁冰，载《民铎》第二卷第四号。

三十一日 从《时事新报》拜读李石岑发表的《介绍〈小说月报〉并批评》一文后，"深感激先生提倡新文学的热情；而批评之警切独到，尤所佩服"。拟看完续篇后再作复信。

约同月 沈泽民与张闻天从日本返回上海，住南成都路新乐里177号，不久由沈雁冰介绍加入共产党。

革新后的《小说月报》第十二卷第一号深受社会欢迎，"印了五千册，马上销完，各处分馆纷纷来电要求下期多发"。

二月

三日 发表致石岑的信，署名沈雁冰，载《时事新报·学灯》。

十日 发表《讨论创作致郑振铎》，署名沈雁冰；发表论文《新文学研究者的责任与努力》，署名郎损；发表评论《波兰近代文学泰斗显克微支》，署名沈雁冰；发表《名节保全了》的附识，署名雁冰；发表关于"翻译文学书的讨论"周作人来信的回复，署名沈雁冰；发表《妇人镇》的附注，署名雁冰，均载《小说月报》第十二卷第二号。

本期《小说月报》载"海外文坛消息"计有：（七）又是一个斯干的那维亚的文学家得了诺贝尔文学奖金；（八）文学家与社会问题；（九）萧伯讷的近作；（十）巴西文学家的一本小说；

（十一）波兰剧场与"Kobiety"；（十二）克勒满沙的文学著作；（十三）脑威文学家将到美演讲；（十四）美国著名女著作家的新作；（十五）哈姆生（Hamsun）生平的馀闻；（十六）哈姆生的饿者；（十七）哈姆生的"Pan"；（十八）再志俄国的文艺生活。署名沈雁冰。

二十五日 发表《梅德林克评传》，署名孔常，载《东方杂志》第十八卷第四号。

约同月 在宝山路鸿兴坊找到房子，母与妻来上海同住。

本月 《小说月报》增印至七千册。

三月

十日 发表《西班牙写实主义的代表者伊本讷兹》，署名沈雁冰；发表译作《一个英雄的死》（署〔匈牙利〕Andreas Latzko著，雁冰译）及译后记；发表《新结婚的一对（续）》，署B. J. Björnson著，冬芬译，均载《小说月报》第十二卷第三号。本期《小说月报》载"海外文坛消息"计有：（十九）再志瑞士诗人斯劈脱尔；（二十）英文学家威尔士；（二十一）印度文家太戈尔的行踪；（二十二）巴比塞的社会主义谭；（二十三）俄文豪高尔该被逐的消息；（二十四）侨美波兰女著作家的近作；（二十五）丹麦作家奈苏的一本英译；（二十六）美国文艺学会的新会员；（二十七）最近在伦敦举行的文学辩论会；（二十八）脑威现代作家鲍其尔；（二十九）将有专研究诗的月刊出版；（三十）奥国义家梅勒（Hans Müller）的剧本；（三十一）惠特曼在法国；（三十二）日本文家之赴法热。署名沈雁冰。

十三日 发表《不仅仅是几个学生的事》，署名雁冰，载《民国日报·觉悟》。

下旬　与自京赴沪的郑振铎见面,商谈组稿及创作等事。

月底　第一次与赴沪的叶绍钧见面,同游半淞园。同游者尚有郑振铎、沈泽民,并合影留念。

本月　著名演员汪优游托《时事新报·青光》主编柯一岑与茅盾联系,商谈发起组织戏剧社事宜。

四月

七日　发表《自治运动与社会革命》,署名P.生;发表译文《共产党的出发点》,署Hodgson著,P.生译,均载《共产党》第三号。

上旬　致信鲁迅,约请鲁迅为《小说月报》撰稿。

十日　发表《春季创作坛漫评》,署名郎损;发表《译文学书方法的讨论》,署名沈雁冰;发表译作《人间世历史之一片》（署〔瑞典〕史特林褒格著,雁冰译）及译后记;发表《脑威现存的大文豪鲍具尔》,署名沈雁冰;发表冰心《超人》的附注,署名冬芬;发表子缨译《代替者》附白,署名芬,均载《小说月报》第十二卷第四号。

本期《小说月报》载"海外文坛消息"计有：（三十三）研究斯干的那维亚文学的一本自修书；（三十四）神秘剧的热心试验者；（三十五）罗兰的最近著作；（三十六）阿真廷文（Argentime）的剧本；（三十七）英文学家威尔士的戏本；（三十八）倍奈德的新作；（三十九）法人的史蒂芬孙评；（四十）俄国文学出版界在国外之活跃；（四十一）文学家对于劳农俄国的论调一束；（四十二）邓南遮将军劳乎；（四十三）梅莱（Murry）的文学批评；（四十四）美国的研究脑威文学热；（四十五）爱尔兰文学家唐珊南被捕的消息；（四十六）一本详论劳农俄国国内艺术的书；（四十七）高尔该被逐的消息不确；

（四十八）西班牙诗选。署名沈雁冰。

十一日 据鲁迅日记，是日起，鲁迅与茅盾开始通信。

发表译文《一封公开的信：给〈自由人〉月刊记者》，署勃拉克女士著，雁冰译，载《新青年》第八卷第六号。

中旬初 收悉鲁迅信。（鲁迅一九二一年四月十一日日记）

中旬中 收悉鲁迅信。（鲁迅一九二一年四月十三日日记）

中旬 致信鲁迅。（鲁迅一九二一年四月十八日日记）

二十日左右 收到鲁迅寄来的译稿《工人绥惠略夫》。

下旬初 收悉鲁迅信。（鲁迅一九二一年四月二十一日日记）

下旬 致信鲁迅。（鲁迅一九二一年四月二十九日日记）

本月 长女沈霞出生。

五月

月初 听说郭沫若四月初已到上海，便由郑振铎发请柬，与《时事新报·青光》主编柯一岑一起，请郭沫若在半淞园吃饭。

一日 发表《劳动节日联想到的妇女问题》，署名雁冰，载《民国日报·觉悟》。发表《哈姆生和斯劈脱尔》，署名雁冰；发表译作《西门的爸爸》，署莫泊三著，雁冰译，均载《新青年》第九卷第一号。

七日 发表从英文转译的列宁《国家与革命》第一章，署列宁著，P.生译；发表译作《劳农俄国的教育》，署P.生译，均载《共产党》第四号。

十日 《文学旬刊》创办，附在《时事新报》上出版。发表《中国文学不发达的因原》，署名玄珠；发表《文学界消息（一）》，署名玄珠，均载《时事新报·文学旬刊》第一号。

发表卷头辞《百年纪念祭的济慈》，署名沈雁冰；发表落华生《换巢鸾凤》的附注，署名慕之；发表启事《本社第一次特别征文》，无署名。征文分两类：一、对《超人》《命命鸟》《低能儿》三篇已刊载作品的评论；二、创作（新体）短篇小说或长诗（命题为《风雨之下》）。均载《小说月报》第十二卷第五号。

本期《小说月报》载"海外文坛消息"计有：（四十九）爱尔兰文坛现状之一斑；（五十）瑞典大诗人佛罗亭（Fröding）的十年忌；（五十一）到日本讲学的英国文学家之西洋文化批评；（五十二）征求威尔士大著《人类史要》的批评；（五十三）霍夫曼柴尔的裴多芬评；（五十四）梅德林旧情人的行踪和言论；（五十五）捷克斯拉夫对于脑贝尔奖金的热心；（五十六）哈姆生最近作的《井旁妇人》；（五十七）俄文豪古卜林的近作《苏罗芒的星》；（五十八）美国科学艺术协会给予一九二〇年份最好的短篇小说的奖金；（五十九）阿失西蒙思近刊的戏曲集；（六十）变态"性格"研究的剧本。署名沈雁冰。

上旬 介绍郑振铎进商务印书馆工作。

上旬初 收悉鲁迅信并鲁迅据德译本重译的阿尔志跋绥夫小说《医生》之译稿和译者附记，决定刊于《小说月报》第十二卷号外《俄国文学研究》。

寄鲁迅《工人绥惠略夫》译稿费一百二十元。

致信鲁迅。（鲁迅一九二一年五月六日日记）

十日前后 收悉鲁迅信。（鲁迅一九二一年五月八日日记）

约十一、十二日 致信鲁迅。（鲁迅一九二一年五月十三日日记）

中旬 收悉鲁迅寄来的周作人译稿一篇。（鲁迅一九二一年五月十五日日记）

致信鲁迅。（鲁迅一九二一年五月二十日日记）

二十日 发表《文学界消息（二）》，署名玄珠，载《时事新报·文学旬刊》第二号。

二十四日　发表《看了〈老了〉以后的感想》，署名Y.P，载《民国日报·觉悟》。

下旬　收悉鲁迅信。（鲁迅一九二一年五月二十五日日记）

月底　收悉鲁迅信及鲁迅寄来的"三弟遗稿一篇"。（鲁迅一九二一年五月二十八日日记）

本月　发表《罗曼·罗兰的宗教观》，署名雁冰，载《少年中国》第二卷第十一期。

民众戏剧社在上海正式成立，成员包括沈雁冰、柯一岑、陈大悲、徐半梅、张聿光、汪仲贤、沈冰血、滕若渠、熊佛西、张静庐、欧阳予倩、郑振铎等。民众戏剧社创办的《戏剧》月刊，是我国新文学运动中第一个戏剧专刊。

六月

四日　与郑振铎、沈泽民前往英国剧院，观看由中西女塾公演的英文剧《翠鸟》。

五日　发表《关于戏剧的说明》，署名雁冰；发表致勒生、惠修、其年的信，署名雁冰，均载《民国日报·觉悟》。

十日　发表《看了中西女塾的〈翠鸟〉以后》，署名雁冰，载《民国日报·觉悟》。发表《十九世纪及其后的匈牙利文学》，载《新青年》第九卷第二、第三号。发表致田寿昌的信，署名玄珠，载《时事新报·文学旬刊》第四号。

发表《呼吁？咒诅？》；发表《十九世纪末丹麦人文豪约柯伯生》，署名沈雁冰；发表李达译《现代的斯干底那维亚文学》的按语、注和再识，署名雁冰；发表《审定文学上名辞的提议》的附注，署名沈雁冰，均载《小说月报》第十二卷第六号。发表《语体文欧化之我观（一）》，署名雁冰，载《小说月报》第十二卷第六号。

本期《小说月报》载"海外文坛消息"计有：（六十一）神仙故事集汇志——捷克斯拉夫、波兰、印度、爱尔兰等处的神话；（六十二）西班牙的诗与散文；（六十三）哈姆生的《土之生长》；（六十四）萧伯讷又有新作；（六十五）西班牙文学家方布纳的作品；（六十六）德国文学家加尔·霍德曼逝世消息；（六十七）《推敲》的第一期；（六十八）伦敦举行济慈百年纪念展览会的盛况；（六十九）一九二〇年最好的短篇小说；（七十）英国三大文豪的一九二一年的希望；（七十一）新爱尔兰文坛上失一明星；（七十二）捷克斯拉夫短篇小说集；（七十三）英译的《五月花》；（七十四）安得列夫的最后剧本；（七十五）德国的无产阶级诗与剧本。署名沈雁冰。

上旬 致信鲁迅。（鲁迅一九二一年六月四日日记）

十一日前后 收悉鲁迅信。（鲁迅一九二一年六月九日日记）

中旬 致信鲁迅。（鲁迅一九二一年六月十六日日记）

十五日 发表《精神提不起了？》，署名雁冰，载《民国日报·芜湖》第三期。

二十日 发表《答西谛君》，署名沈雁冰，载《时事新报·文学旬刊》第五号。

二十四日 上海《民国日报·觉悟》上刊载了"新时代丛书"缘起，共列五位编辑人，其中有沈雁冰。

三十日 发表致矢二的信，署名沈雁冰，载《时事新报·文学旬刊》第六号。

下旬 收悉鲁迅信。（鲁迅一九二一年六月二十三日日记）

月底 致信鲁迅。（鲁迅一九二一年七月一日日记）

七月

五日 发表《无抵抗主义与"爱"》，署名冰，载《民国日报·觉悟》。

十日 发表致田汉的信,署名玄珠;发表《语体文欧化之我观》(一),署名雁冰,均载《时事新报·文学旬刊》第七号。

发表《社会背景与创作》,署名郎损;发表《创作的前途》,署名沈雁冰;发表译作《阿富汉的恋爱歌》,从 E. Rowys Mahero 英译本译出,署冯虚女士译;发表翻译小说《印第安墨水画》(署〔瑞典〕苏特尔褒格原著,沈雁冰译)及译后记;发表译作《禁食节》(署〔新犹太〕潘莱士著,沈雁冰译)及译后记;发表《生软,死软?》的附注;发表《犹太文学与宾斯奇》的按语,署名雁冰,均载《小说月报》第十二卷第七号。

本期《小说月报》"海外文坛消息"计有:(七十六)两本研究罗曼·罗兰的书;(七十七)新希腊诗人的新希腊主义;(七十八)爱尔兰的葛雷古夫人的新著;(七十九)战后德国文学的第一部杰作;(八十)俄国批评家对于威尔士(H. G. Wells)的俄事观的批评;(八十一)波兰文学家莱芒的沉痛话;(八十二)丹麦和奥国的两个文家的英译;(八十三)罗马尼亚的短篇小说集;(八十四)意大利戏曲家唐南遮的近作;(八十五)阿尔克斯·托尔斯泰的近作;(八十六)卡西尔的新作。署名沈雁冰。

上旬 收悉鲁迅信。

十一日 发表《文学批评的效力》,署名冰,载《民国日报·觉悟》。发表《活动的方向》,署冰,载《时事新报·学灯》。

十三日 发表《唯美》,署名冰,载《民国日报·觉悟》。

十六日 应商务印书馆之邀,胡适抵沪考察商务印书馆。

十八日 偕郑振铎、叶圣陶、李石岑等与胡适谈商务印书馆有关业务。

中旬 致信鲁迅。(鲁迅一九二一年七月十六日日记)

二十二日 与郑振铎一起和胡适谈编译所、《小说月报》有关事务。胡适认为创作方面要强调自然主义。

二十四日 发表《"人格"杂感》，署名冰，载《民国日报·觉悟》。

二十七日 晚上，高梦旦约胡适、沈雁冰、胡愈之、郑振铎、郑贞文等在家中就餐，并商谈商务印书馆改革的具体方案。

下旬 收悉鲁迅信并寄来的周作人文稿一篇。（鲁迅一九二一年七月二十六日日记）

发表《这也有功于世道么？》，署名玄；发表《棒与狗声》，署名玄，均载《时事新报·文学旬刊》第九号。

本月 中国共产党成立，茅盾成为中国共产党最早的党员之一。党中央指派茅盾为党中央联络员，利用在商务印书馆任职的有利条件，为党中央转交信件，并接待来上海汇报工作的外地同志。一直担任到1925年年底为止。

八月

约一日 致信鲁迅。（鲁迅一九二一年八月二日日记）

三日 发表《弱点》，署名冰；发表《女性的自觉》，署名冰，均载《民国日报·妇女评论》。

十日 发表《稳健？》，署名冰；发表《妇女要的是什么？》，署名雁冰，均载《民国日报·妇女评论》。发表《英国劳工运动史》，署名孔常，载《东方杂志》第十八卷第十五号。

发表译作《罗曼·罗兰评传》，署Anna Nusshaum著，孔常译；发表译作《美尼》（署〔犹太〕宾斯奇著，冬芬译）及译后记；发表译作《愚笨的裘纳》（署〔捷克斯拉夫〕南罗达著，沈雁冰译）及译后记；发表刘纲《两个乞丐》的附记，署名雁冰；发表六珈译《红蛋》的附注，署名记者；发表程裕青译《德国表现主义的戏曲》的注，署名记者；发表《评四、五、六月的创作》，署名郎损；发表关于"安那其主义者的声明"来信的回复，署名雁冰；发表关于"最近的法文学界"崧年来信的回复，署名沈雁冰；发表关于"批评创作"张维祺来信的回复，署名郎损，均载《小说月报》第十二卷第八号。

本期《小说月报》载"海外文坛消息"计有：（八十七）荷兰文坛之现状；（八十八）德国文坛之现状；（八十九）劳农俄国的诗坛之现状；（九十）爱尔兰文坛之现状。署名沈雁冰。

约十、十一日 收悉鲁迅信并附来的周作人译稿两篇、刘半农译稿一篇。（鲁迅一九二一年八月九日日记）

中旬 致信鲁迅。（鲁迅一九二一年八月十四日日记）

收悉鲁迅信。

致信鲁迅。（鲁迅一九二一年八月二十日日记）。

十一日 致信周作人，请周作人设法"通融"，让"没有毕业文凭"的沈泽民赴京入英文系；建议由周作人组织成立北京文学讲演会，普及"种种文学上的常识"，答应讲义由商务承印。

十六日 致信胡适。

十七日 发表《妇女经济独立讨论》，署名雁冰，载《民国日报·妇女评论》。

二十四日 发表《告浙江要求省宪加入三条件的女子》，署名冰；发表《青年的误会与老年的误会》，署名冰，均载《民国日报·妇女评论》。

二十日 发表《恋爱与贞操的关系》，署名佩韦，载《民国日报·妇女评论》。发表《中国旧戏改良我见》，署名雁冰，载《戏剧》第一卷第四期。发表译诗《一队骑马的人》及译后记，署名沈雁冰，载《新青年》第九卷第四号。

下旬 收悉鲁迅信。（鲁迅一九二一年八月二十四日日记）

收悉鲁迅信"并校正稿一帖"。（鲁迅一九二一年八月二十七日日记）

致信鲁迅。（鲁迅一九二一年八月三十一日日记）

九月

一日 发表译作《海青·赫佛》（署〔爱尔兰〕葛雷古夫人著，沈雁冰译）及译后记，载《新青年》第九卷第五号。

月初 收悉鲁迅信"并文二篇，又二弟文二篇"。

四日 发表《"中国式无政府主义"质疑》，署名冰；发表译文《海里的一口钟》（署檀曼尔著，沈雁冰译）及译后记，载《民国日报·觉悟》。

十日 发表译作《旅行到别一世界》，署〔匈牙利〕弥克柴斯著，沈雁冰译；发表译作《安琪立加》（署〔新希腊〕蔼夫达利·阿谛思著，孔常译）；发表译作《冬》（署〔犹太〕阿胥著，沈雁冰译）；发表关于"语体文欧化讨论"周作人、李宗武两封来信的按语和后记，署名记者，均载《小说月报》十二卷第九号。

本期《小说月报》载"海外文坛消息"计有：（九十一）第一期的"罗斯卡夷·克倪茄"；（九十二）几本斯干底那维亚的英译；（九十三）瑞士文坛近状之一斑；（九十四）德国女文学家中最有名的两个；（九十五）匈牙利戏曲家莫奈尔的新作。署名沈雁冰。

发表译作《失去的良心》（署〔俄〕薛特林著，冬芬译）；发表译作《看新娘》（署〔俄〕乌斯潘斯基著，冬芬译）及前记；发表译作《杀人者》（署〔俄〕库普林著，冬芬译）；发表译作《蠢人》（署〔俄〕列斯考夫著，冬芬译）；发表译作《伏尔加与村人的儿子米苦拉》（俄国叙事诗之一），署冬芬译；发表译作《孟罗的农民英雄以利亚和英雄斯维亚多哥尔》（俄国叙事诗之二），署冬芬译；发表《赤俄小说三篇》的附记，署名孔常；发表《俄罗斯文艺家录》，署名明心；发表《近代俄国文学家三十人合传》，署名沈雁冰，均载《小说月报》第十二卷号外《俄国文学研究》。

上旬　致信鲁迅两封，同时寄"校稿一帖"。（鲁迅一九二一年九月六日日记）

收悉鲁迅信并"史稿一篇，校稿一帖"。（鲁迅一九二一年九月七日日记）

致信鲁迅。（鲁迅一九二一年九月八日日记）

中旬　收悉鲁迅信"并稿一篇"。（鲁迅一九二一年九月十日日记）

致信鲁迅。（鲁迅一九二一年九月二十一日日记）

二十一日　发表译作《我寻过……了》及附记；发表《"男女社交"的赞成与反对》《男子给了女子的麻药》，署名冰，均载《民国日报·妇女评论》。

致信周作人，谈主编《小说月报》后八个月来的社会反响，表示意欲来年辞职，空出时间做自己计划中的事等。

二十八日　发表《不懂与不要懂》《再论男女社交问题》《不反抗便怎的？》，署名冰，载《民国日报·妇女评论》。

下旬　收悉鲁迅信。（鲁迅一九二一年九月二十二日日记）

本月　接连收到《小说月报》订户中两位"老先生"的信，一是"痛骂"革新后的《小说月报》是"废纸"，而把"滥调文字最多的""第十卷、第九卷"捧为"中学教科书"；二是来信表示"当今国家危亡之秋，那有心情看小说消遣……印小说已是不经济的，何况印这些看不懂的小说更不经济"。于是，向周作人写信诉苦，自《小说月报》全面改革后，劳心劳力唱独角戏，结果

"一点好影响也没有",反而受到"意外的反动""痛骂""攻击"和"嫉妒",本来就因担任主编后"没有充分时间念书,难过得很……对于现在手头的事件觉得很无意味,我这里已提出辞职,到年底为止,明年不管。从明年起,想空出身子,做四件事:(一)看点中国书,因为我有研究中国文学的痴心梦想;(二)收集各种专讲各国民情风俗的书看一点;(三)试再读一种外国语;(四)寻着我自己的白话文"。(九月二十一日致周作人的信)

十月

一日 发表译作《俄国的新经济政策》,署布哈林著,雁冰译,载《新青年》第九卷第六号。

五日 发表《这也是礼教的遗形》,署名冰;发表《不离婚而恋爱的问题》的按语,署名冰;发表《虚伪的人道主义》,署名冰,均载《民国日报·妇女评论》。

六日 发表《"全"或"无"》,署名冰,载《民国日报·妇女评论》。

七日 发表译作《夜夜》,署檀曼尔著,冯虚女士译,载《民国日报·觉悟》。

九日 发表《〈对于介绍外国文学的意见〉底我的批评》,署名冯虚,载《民国日报·觉悟》。

在此前后,茅盾向商务印书馆编译所高梦旦正式提出辞去《小说月报》主编一职。高找茅盾谈话,表示支持茅盾的改革,因而茅盾表示再干一年。

十日 发表译作《匈牙利国歌》及译后记,署名沈雁冰;发表译作《伧夫》(署〔阿真廷〕梅尔顿思著,冯虚女士译)及附记,均载《民国日报·觉悟》。

发表《被损害民族的文学号》的《引言》，署名记者；发表《被损害民族的文学背景的缩图》，未署名；发表《新犹太文学概观》，署名沈雁冰；发表译作《芬兰的文学》（署Hermione Ramsden著，沈雁冰译）及译后记；发表译作《贝诺思亥尔思来的人》（署〔新犹太〕拉比诺维奇著，沈雁冰译）及译后记；发表译作《茄具客》（署〔克罗西亚〕森陀卡尔斯基著，沈雁冰译）及译后记；发表译作《巴比伦的俘虏》（署〔乌克兰〕Lésya Ukráinka原著，沈雁冰译）及译后注；发表译作《杂译小民族诗》（包括《与死有关的》《无题》《春》《坑中做的工人》《今王……》《无限》《亡命者之歌》《狱中感想》《最大的喜悦》《梦》等到六个民族十位作家的诗）及译后记，署名沈雁冰；发表译作《旅程》（署〔捷克〕具克著，冬芬译）及译后记，均载《小说月报》第十二卷第十号。

十二日 致信周作人，告知明年仍担任《小说月报》主编事，并征求办刊意见。又向周商借《春醒》原版书，拟译后交李石岑主编的《教育杂志》发表。

发表译诗《莫扰乱了女郎的灵魂》（署〔芬兰〕罗纳褒格著，冯虚女士译）及附注；发表随感《笑》，署名冯虚女士；发表《侮辱女性的根性》，署名韦，均载《民国日报·妇女评论》。

二十五日 致信胡适。

二十六日 发表《所谓女性主义的两极端派》，署名冯虚女士；发表译诗《泪珠》，署〔芬兰〕罗纳褒格著，冯虚女士译；发表译作《假如我是一个诗人》（署〔瑞典〕巴士著，冯虚女士译）及译后记；发表《这是哪一种的觉悟》，署名佩韦，均载《民国日报·妇女评论》。

致信周作人，谈及革新《小说月报》的打算。

十一月

二日 发表《表示恋爱的方法》，署名佩韦；发表《两性互助》，署名希真；发表译作《乌克兰民歌》，署名冯虚女士，均载《民国日报·妇女评论》。

四日 发表译作《无聊的人生》，署〔法〕Jules Romains著，冯虚译，载《民国日报·妇女评论》。

六日 作通讯《爱伦·凯学说的讨论》，署名冯虚女士，载十一月九日《民国日报·妇女评论》。

十日 发表译作《女王玛勃的面网》（署〔尼加拉瓜〕达利哇原著，冯虚译）及译后附识；发表《离家的一年》的附注，署名菊农，均载《小说月报》第十二卷第十一号。

本期《小说月报》载"海外文坛消息"计有：（九十六）塞尔维亚文学批评家拉夫令的陀斯妥以夫斯基评；（九十七）澳洲的四个现代诗人；（九十八）介绍美国女作家辛克拉的新作——《威克的惠林顿先生》；（九十九）俄国文坛现状一斑——寓言小说之风行；（一百）略志匈牙利戏曲家莫尔纳的生平及其著作；（百〇一）高尔该的"童年"生活。署名沈雁冰。

十一日 发表译作《佛列息亚底歌唱》及附注，署冯虚译，载《民国日报·觉悟》。

十四日 发表通讯《文学研究会启事函》，载《时事新报·学灯》。

二十三日 发表《实行与空话主张》《弄清楚头脑》《一步不走的根本原因》，署名真，均载《民国日报·妇女评论》。

三十日 发表《塞尔维亚的情歌》，署名冯虚女士，连续载三十日、十二月十四日载《民国日报·妇女评论》；发表《专一与博习》，署名真；发表《万宝全书毒的心理》，署名真，均载《民国日报·妇女评论》。

下旬 致信鲁迅,并寄《工人绥惠略夫》校样稿。(鲁迅一九二一年十一月二十八日日记)

收悉鲁迅信并《工人绥惠略夫》作者阿尔志跋绥夫小像一枚。(鲁迅一九二一年十一月二十八日日记)

致信鲁迅,并寄爱罗先珂《世界的大笑》文稿一束。(鲁迅一九二一年十二月一日日记)

本月 发表《陀思妥以夫斯基带了些什么东西给俄国?》,署名冰,载《时事新报·文学旬刊》第十九号。

十二月

上旬 收悉鲁迅信并"爱罗先珂文稿及译文各一贴"。(鲁迅一九二一年十二月三日日记)

致信鲁迅。(鲁迅一九二一年十二月九日日记)

十日 发表《纪念佛罗贝尔的百年生日》,署名沈雁冰;发表《一年来的感想与明年的计划》,署名记者;发表关于"语体文欧化讨论"两封来信的按语,署名记者,均载《小说月报》第十二卷第十二号。

本期《小说月报》载"海外文坛消息"计有:(百〇二)俄国诗人布洛克死耗;(百〇三)意大利文坛近状;(百〇四)德国文坛近讯;(百〇五)雾飚诗人勃伦纳尔的"绝对诗";(百〇六)华波尔与高士华绥的同方面的新作;(百〇七)从来没有英译本的易卜生的二篇戏曲。署名沈雁冰。

十四日 发表《享乐主义的青年》,署名佩韦,载《民国口报·妇女评论》。

中旬 致信鲁迅,并寄去阿尔志跋绥夫像一枚。(鲁迅一九二一年十二月十六日日记)

约中旬 收悉鲁迅信。(鲁迅一九二一年十二月十七日日记)

下旬 收悉鲁迅寄来的校好的译文《一个青年之梦》。（鲁迅一九二一年十二月二十日日记）

收悉鲁迅信。（鲁迅一九二一年十二月二十二日日记）

致信鲁迅。（鲁迅一九二一年十二月二十二日日记）

本月 第十二卷第十二号《小说月报》印数增至一万册。

据茅盾回忆，"这年残冬，渔阳里二号被法捕房查抄"，陈独秀等人被捕，后来取保释放。年底，茅盾到李达兼任校长的平民女校义务教英文，时间约半年。有学生王剑虹、王一知、丁玲等。

本年 编辑《小说月报》十二卷号外《俄国文学研究》专号。著有《近代文学体系的研究》，与刘贞晦的《中国文学变迁史》合为一册，名为《中国文学变迁史》，由上海新文化书社出版。

一九二二年（二十六岁）

一月

一日 发表译作《让我们做和平的兄弟》（署〔罗马尼亚〕玛利亚王后著，雁冰译）及译者按，载《民国日报·妇女评论》。发表译诗《二部曲》，包括《神圣的前夕》《在教堂里》，署〔乌克兰〕繁特科微支著，沈雁冰译，载《诗》月刊第一卷第一号。

四日 发表《独创与因袭》，署名玄，载《时事新报·学灯》。

十日 发表《陀思妥以夫斯基的思想》，署名沈雁冰；发表《陀思妥以夫斯基在俄国文学史上的地位》，署名郎损；发表《关于陀思妥以夫斯基的英文书》，署名记者；发表译作《拉比阿契巴的诱惑》（署〔犹太〕宾斯奇著，希真译）及译后记；发表《世界的火灾》的附记，署名记者；发表译诗《永久》《季候鸟》《辞别我的七弦竖琴》（署〔瑞典〕泰伊纳著，希真译）及译后记；发表译诗《祈祷者》《少妇的梦》（署〔阿美尼亚〕西曼佗著，雁冰译）及译后记；发表译诗《假如我是个诗人》，署〔瑞典〕巴士著，冯虚译；发表关于"语体文欧化问题"梁绳祎、赵若耶两封来信的回复，署名记者雁冰；发表关于"英文译的俄文学书"朱湘、陈静观两封来信的回复，署名记者雁冰，均载《小说月报》第十三卷第一号。

本期《小说月报》载"海外文坛消息"计有：（百〇八）最近俄国文坛的各方面；（百〇九）再志布洛克；（百一〇）最近德国文坛杂讯。署名沈雁冰。

十一日 发表《女子现今的地位怎样》及按语，署名汉英、泽民、雁冰，载《民国日报·妇女评论》。

十二日 发表《享乐》，载《民国日报·觉悟》。

十七日 发表《介绍〈民铎〉的"柏格森号"》，署名佩韦，载《民国日报·觉悟》。

十八日 发表《复〈两个所谓疑问〉》，署名冰，载《民国日报·觉悟》。

二十日 发表《怎样才算是"有意义的"？》，署名冰，载《民国日报·妇女评论》。

本月 对十五日创刊的，由叶绍钧、刘延陵负责编辑的《诗》杂志表示支持，成为主要撰稿人之一。这是我国第一份专刊新诗和诗评的杂志。周作人、郑振铎、俞平伯、朱自清、王统照、郭绍虞等均为其主要撰稿人。

年初　徐梅坤持党中央介绍信到商务印书馆找茅盾，商量在印刷工人中建立工会、发展党员等事宜。

二月

十日　发表译诗《东方的梦》《什么东西的眼泪》《在上帝的手里》（署〔葡萄牙〕特·琨台尔著，希真译）及附注；发表译诗《浴的孩子》《你的忧悒是你自己的》（署〔瑞典〕廖特倍格著，希真译）及附注；发表《树林中的圣诞夜》的附志，署名记者；发表《天鹅梭鱼与螃蟹》和《箱子》的附注，署名记者；发表关于"语体文欧化问题"吕冕昭来信的回复，署名记者雁冰；发表关于"文学作品有主义与无主义的讨论"周赞襄来信的回复，署名记者雁冰；发表"对《沉沦》和《阿Q正传》的讨论"谭国棠来信的回复，署名记者雁冰，发表复蒗蕽的信，署名记者雁冰，均载《小说月报》第十三卷第二号。

本期《小说月报》载"海外文坛消息"计有：（一一一）哥萨克作家克拉斯诺夫；（一一二）保加利亚大诗人跋佐夫逝世消息；（一一三）去年（一九二一年）诺贝尔文学奖金的得者。署名沈雁冰。

十五日　发表《对于"女子地位"辩论底杂感》，署名冰，载《民国日报·妇女评论》。

二十一日　发表《评梅光迪之所评》，署名郎损，载《时事新报·文学旬刊》第二十九期。

三月

一日　发表《近代文明与近代文学》，署名郎损，载《时事新报·文学旬刊》第三十期。发表译作《旅行人》，署〔爱尔兰〕葛雷古夫人著，沈雁冰译，后连续载八日《民国日报·妇女评论》。

十日 发表《古埃及的传说》的附注，署名记者；发表关于"为什么中国今日没有好的小说出现"汪敬熙来信的回复，署名记者雁冰；发表关于"语体文欧化的讨论"吕一鸣、黄祖诉来信的回复，署名记者雁冰；发表关于"《小说月报》的名称"姚天寅来信的回复，署名记者雁冰；发表关于"反动力怎样帮忙"管毅甫来信的回复，署名记者雁冰；发表复冯蕴平的信，署名记者雁冰，均载《小说月报》第十三卷第三号。

本期《小说月报》载"海外文坛消息"计有：（一一四）俄国戏院的近状；（一一五）瑞典诗人卡尔佛尔脱与诺贝尔文学奖金；（一一六）意大利文坛最近之面面观；（一一七）波兰的戏剧；（一一八）斯罗伐克大诗人奥斯柴支之死。署名沈雁冰。

十一日 发表《驳反对白话诗者》，署名郎损，载《时事新报·文学旬刊》第三十一期。

二十日 发表译作《罗本舅舅》，署雁冰译，载《教育杂志》第十四卷第三号。

二十七日 发表《"惠特曼考据"的最近》，署名损，载《时事新报·学灯》。

二十九日 发表译作《乌鸦》，署〔爱尔兰〕葛雷古夫人著，沈雁冰译，后连续载《民国日报·妇女评论》四月五日、十二日、十九日，至六月七日载完。发表《解放与恋爱》，署名冰，载《民国日报·妇女评论》。

四月

一日 发表《一般的倾向——创作坛杂评》，署名玄珠；发表《答钱鹅湖君》，署名郎损，载《时事新报·文学旬刊》第三十三期。

五日 发表《离婚与道德问题》，署名沈雁冰，载《妇女杂志》第八卷第四号。发表《恋爱与贞洁》，署名冰，载《民国日报·妇女评论》。

七日 发表非宗教声中两封重要的信，署名独秀、雁冰，载《民国日报·觉悟》。

十日 发表《包以尔的人生观》，署名沈雁冰；发表译作《卡利·奥森在天上》（署〔脑威〕包以尔著，冬芬译）及译后记；发表关于"语体文欧化问题和文学主义问题的讨论"徐秋冲、王晋鑫、王强男来信的回复，均载《小说月报》第十三卷第四号。本期《小说月报》载"海外文坛消息"计有：（一一九）比利时文坛近况；（一二〇）最近的冰地文学家；（一二一）新犹太戏剧之发展；（一二二）荷兰诗坛近状。署名沈雁冰。

五月

一日 与徐梅坤、董亦湘在上海北四川路尚贤堂对面空地上组织召开纪念"五一"劳动节群众大会，预定由茅盾上台讲"五一"劳动节的由来及其意义。后遇租界的巡捕干涉，纪念会被冲散。

发表《杂谈——文学与常识》，署名玄，载《时事新报·文学旬刊》第三十六期。

三日 发表译文《生育节制底过去、现在和将来》，署桑格夫人著，佩韦译，连续载三日、十日、二十四日《民国日报·妇女评论》。

十日 发表《"生育节制"底正价》，署名冰，载《民国日报·妇女评论》。发表译诗《英雄包尔》（署〔匈牙利〕亚拉奈著，冬芬译）及译后记。发表关于"自然主义的论战"周赞襄、史子芬来信的回复，署名雁冰；发表汤在新、徐绳祖、黄祖诉、朱畏轩、周子光、刘晋芸等来信的复信，均署名雁冰，载《小说月报》第十三卷第五号。

本期《小说月报》载"海外文坛消息"计有：（一二三）黑族小说家得了一九二一年的龚古尔奖金（Prix Goncourt）；（一二四）美国文坛近状；（一二五）近代马来文学的一斑。署名沈雁冰。

十一日 发表《"创造"给我的印象》，署名损，连续载十一日、二十一日、六月一日《时事新报·文学旬刊》。发表《五四运动与青年们底思想》，署名沈雁冰，载《民国日报·觉悟》。

本月 发表《学术界生活独立问题》，署名沈雁冰、顾颉刚等，载《教育杂志》第十四卷第五号。

六月

十日 发表《霍普德曼传》，署名希真；发表《霍普德曼的自然主义作品》，署名希真；发表《霍普德曼的象征主义作品》，署名希真；发表译作《霍普德曼与尼采哲学》，署希真译；发表王锴鸣与谢六逸通信的附志，署名雁冰。发表关于"译名统一与整理旧籍" 陈德征来信的回复，署名雁冰；发表关于"自然主义的怀疑与解答" 周志伊、吕苹南来信的回复，署名雁冰；发表"批评创作的三封信"（黄绍衡、陈友荀、许美埙）的复信，署名雁冰；发表李秀贞、徐雉、谢立民等来信的复信，署名雁冰，均载《小说月报》第十三卷第六号。

本期《小说月报》载"海外文坛消息"计有：（一二六）捷克文坛最近状况；（一二七）法国艺术的新运动；（一二八）西班牙文坛近况；（一二九）芬兰的一个新进作家；（一三〇）纪念意大利的自然派作家浮尔茄。署名沈雁冰。

十一日 发表《谈〈小说月报〉第十三卷第六号》，署名真；发表《杂谈》，署名冰，均载《时事新报·文学旬刊》第四十期。

二十八日　发表《歧路》，署名冰，载《民国日报·妇女评论》。

七月

一日　发表《最近的出产——〈戏剧〉第四号》，署名玄，载《时事新报·文学旬刊》第四十二期。

七日　出席文学研究会在上海一品香召开的南方会员年会，讨论会务及其他重要问题，并欢送俞平伯赴美。

十日　发表译作《盛筵》（署〔匈牙利〕莫尔奈著，冬芬译）及译者附记；发表《自然主义与中国现代小说》，署名沈雁冰；发表汪敬熙、万良潛、齐鲁侗、阅者、啸云、吴溥、汤在新等来信的复信，署名雁冰，均载《小说月报》第十三卷第七号。

本期《小说月报》载"海外文坛消息"计有：（一三一）脑威现代文学的精神；（一三二）意大利的女小说家；（一三三）捷克三个作家的新著；（一三四）伊芙莱诺夫的新作。署名沈雁冰。

十一日　发表《评〈小说汇刊〉》，署名玄；发表《杂谈》，署名玄，均载《时事新报·文学旬刊》第四十三期。

十九日　发表《"我所见"与"我所忧"》，署名冰，载《民国日报·妇女评论》。

二十一日　发表《文艺界小新闻》五则，署名玄，载《时事新报·文学旬刊》第四十四期，分别报道了美国、法国、犹太、比利时、俄国等国的文学现状。

二十七日　阅《时事新报·学灯》，见郭沫若发表的《论文学的研究与介绍》一文。此文系郭沫若针对茅盾与郑振铎先后发表的翻译《浮士德》等书"不经济""不是现在切要的事"等观点进行的辩论。

三十日　与郑振铎乘"新宁绍"号抵宁波，下榻第四师范宿舍。当天前往孔庙明伦堂演讲。此次讲演活动系应宁波四教育、学术团体的联合邀请而参加。讲演题为"文学上各种新派兴起的原因"。演讲的同名文章《文学上各种新派兴起的原因》载八月十二日至十六日《时事公报》。

三十一日　下午一时半，与郑振铎出席四明暑期讲学会主持者召开的欢送会，并做即席发言。

本月　应江苏松江县私立景贤女子中学校长侯绍裘邀请，前往该校演讲，题为"文学与人生"。并发表《文学与人生》，署名沈雁冰，后收入松江暑期演讲会《学术演讲录》。

八月

一日　与郑振铎乘"新宁绍"号由宁波返回上海。

发表《介绍外国文学作品的目的》，署名雁冰，载《时事新报·文学旬刊》第四十五期，对郭沫若七月写的《论文学的研究与介绍》作了回应。

四日　阅《时事新报·学灯》，见郭沫若发表的《论国内的评坛及我对于创作上的态度》。文章中仍指责茅盾与郑振铎等人为"隐姓匿名，含沙射影"的批评家；并自认为"偏于主观""冲动"，愿"纠正与锻炼"。

约同日晚，获悉郭沫若偕郁达夫抵郑振铎家，邀请郑和文学研究会的同人出席第二日《女神》出版一周年纪念会。

五日　应约与郑振铎、谢六逸、庐隐等赴一品香旅社，出席创造社郁达夫发起的《女神》周年纪念会。会议结束后合影留念。

十日　发表《青年的疲倦》，署名雁冰；发表《"文学批评"管见一》，署名郎损；发表《直译与死译》，署名雁冰；发表译作《路意斯》，署〔荷兰〕斯宾霍夫著，冬芬译；发表译作《新德国文学》（署A.Filippov著，希真译）及译后记；发表关于"怎样提高民众的文学鉴赏力" 张侃、王砥之、王桂荣来信的回复，署名雁冰；发表"对于本刊的名称与体例的讨论"谷新农、张戴华、蒋用宏、周尚文等来信的按语，署名雁冰；发表关于"创作质疑"禹平、程代新二人来信的回复，署名雁冰，均载《小说月报》第十三卷第八号。

本期《小说月报》载"海外文坛消息"计有：（一三五）希伯来文译本的世界文学名著；（一三六）陀思妥以夫斯基的新研究；（一三七）英国文坛近况；（一三八）卡斯胡善在丹麦的言论。署名沈雁冰。

十六日 发表《一个女校给我的印象》，署名雁冰，载《民国日报·妇女评论》。

二十一日 发表致林取的信，署名玄，载《时事新报·文学旬刊》第四十七期。

二十九日 发表《"个人自由"底解释》，署名Y.P，载《民国日报·觉悟》。

九月

一日 发表《"半斤"VS"八两"》，署名损，载《时事新报·文学旬刊》第四十八期。

十日 发表《文学与政治社会》，署名雁冰；发表《自由创作与尊重个性》，署名雁冰；发表《主义……》，署名雁冰；发表译作《波兰——一九一九年》（署宾斯奇著，希真译）及译者附志；发表译作《却绮》，署〔亚美尼加〕阿哈洛垠著，沈雁冰译；发表邵立人、吴溥、顾效梁来信的复信，均载《小说月报》第十三卷第九号。

本期《小说月报》载"海外文坛消息"计有：（一三九）保加利

亚杂讯；（一四〇）英文坛与美文坛；（一四一）法国的文学奖金风潮。署名沈雁冰。

二十一日 发表《"曹拉主义"的危险性》，署名郎损，载《时事新报·文学旬刊》第五十期。

十月

一日 发表《杂谈》，署名玄，载《时事新报·文学旬刊》第五十一期。

十日 发表《未来派文学之现势》，署名沈雁冰；发表《现代捷克文学概略》，署名佩韦；发表《英国戏曲家汉更》（《常恋》附注），署名记者；发表朱畏轩、查士骧、允明、李抡元、冯瑾、汤逸庐、张友鹤来信的复信，均载《小说月报》第十三卷第十号。

本期《小说月报》载"海外文坛消息"计有：（一四二）古巴现代文学的一斑；（一四三）捷贝克的《虫豸的生活》；（一四四）荷兰作家蔼丹的宗教观；（一四五）日本未来派诗人逝世。署名沈雁冰。

发表《偶然记下来的》，署名玄珠；发表《译诗的一些意见》，署名玄珠，均载《时事新报·文学旬刊》第五十二期。

二十一日 发表《杂谈》，署名冰，《时事新报·文学旬刊》第五十三期。

十一月

一日 发表《"写实小说之流弊"？》，署名冰；发表《杂谈》二则，署名冰，均载《时事新报·文学旬刊》第五十四期。发表译作《狱门》，署〔爱尔兰〕葛雷古夫人著，沈雁冰译，连续载一日、八日《民国日报·妇女评论》。

八日 发表《恋爱蠡测》，署名沈雁冰，载《民国日报·妇女评论》。

十日 发表"创作批评"栏前言，署名记者；发表《真有代表旧文化旧文艺的作品么？》，署名雁冰；发表《文学家的环境》，署名雁冰。发表《反动？》，署名雁冰；发表译作《爸爸和妈妈》（署〔智利〕巴僚斯著、冬芬译）及译后记；发表译作《欧战给与匈牙利文学的影响》（署Béla Zolnai著，元枚译）及译者附注；发表译作《脑威现代文学》（署Johan Bojer著，佩韦译）及译后记；发表译作《赤俄的诗坛》（署D.C.Mirski著，玄珠译）及译后记；发表陈介侯、吕兆棠、谢采江、关芷萍、王志刚、黄绍衡、马静观、马鸿轩、张蓬洲、姚天寅、胡鉴伦、徐爱蝶等来信的复信，均载《小说月报》第十三卷第十一号。

本期《小说月报》载"海外文坛消息"计有：（一四六）英文坛与美文坛（二）；（一四七）南美杂讯；（一四八）罗马尼亚的两大作家；（一四九）犹太文学家逝世。署名沈雁冰。

十一日 发表致汪馥泉的信，署名雁冰；发表《"中国文学史研究会"底提议》的按语，署名冰，均载《时事新报·文学旬刊》第五十五期。

十二日 阅《民国日报·觉悟》，陈望道发表致沈雁冰的《讨论文学的一封信——整理中国文学和普及文学常识》。

十九日 发表《介绍西洋文艺诗潮底重要》，署名冰，载《民国日报·觉悟》。

十二月

一日 发表《乐观的文学》，署名玄珠；发表《文学的力》，署名玄珠，均载《时事新报·文学旬刊》第五十七期。

十日 发表译作《巴西文坛最近的新趋势》（署Issac Goldberg

著，佩韦译）及译后记；发表《今年纪念的几个文学家》，署名佩韦，文中纪念的文学家包括莫利哀、雪莱、霍夫曼、格利古洛维支、大龚古尔和安诺尔特；发表《欧战与意大利文学》，署名洪丹；发表译作《新德国文学的新倾向》（署Gerhart Hauptmann著，元枚译）及前记；发表林文渊、CMC来信的复信，署名雁冰，均载《小说月报》第十三卷第十二号。

本期《小说月报》载"海外文坛消息"计有：（一五〇）意大利杂讯；（一五一）一九二二年的诺贝尔文学奖金；（一五二）智利的小说。署名沈雁冰。

本期《小说月报》上发表《最后一页》（含雁冰启事），其中云"本刊自明年起，改由郑振铎君编辑"。

茅盾主编《小说月报》两年，劳心劳力，终因商务印书馆当局违背当初不干涉编辑方针的承诺，加上一直支持革新刊物的高梦旦先生于年初卸任，在第十三卷出齐后辞去主编职务，自主编注古典文学作品。但仍担任"海外文坛消息"专栏撰稿人。

一九二三年（二十七岁）

一月

一日 发表《妇女教育运动概略》及附志，署名沈雁冰，载《妇女杂志》第九卷第一号。

五日 发表译作《私奔》（署〔匈牙利〕裴都菲著，沈雁冰译）及后记，载《小说世界》第一卷第一期。

十日 发表《匈牙利爱国诗人裴都菲百年纪念》，署名沈雁冰；

发表《心理上的障碍》，署名玄珠，均载《小说月报》第十四卷第一号。

本期《小说月报》载"海外文坛消息"计有：（一五三）北欧杂讯；（一五四）法国文坛杂讯；（一五五）奥国的女青年作家乌尔本涅格。署名沈雁冰。

十五日 发表《我的说明》，署名沈雁冰，载《时事新报·学灯》。

十九日 发表译作《皇帝的衣服》（署〔匈牙利〕密克柴斯著，沈雁冰译）及后记，载《小说世界》第一卷第三期。

二十二日 孙毓修先生病逝，享年五十二岁。

二十四日 发表《闻韩女士噩耗后的感想》，署名沈雁冰，载《民国日报·妇女评论》。

本月 发表童话《十二个月》，署名沈德鸿，与叶圣陶《花园之外》、沈裴成《鸟兽赛球》、吴立模《阿迷的失踪》同收入由商务印书馆出版的《童话》第三集第二编，以《鸟兽赛球》作书名。

因不满资本家的剥削，"生计不能自己作主"，与编译所中几位朋友自行组织出版社，定名为"朴社"，与周予同、胡愈之、郑振铎、王伯祥、叶圣陶、顾颉刚、俞平伯等人议定，每月每人出十元钱，集资出版书籍。一九二五年"五卅"后解体。

二月

一日 发表译作《他来了么？》（署〔保加利亚〕跋佐夫著，雁冰译）及作者小传，载《妇女杂志》第九卷第二号。

七日 发表《"母亲学校"底建设》，署名冰，载《民国日报·妇女评论》。

十日 发表译作《太子的旅行》，署〔西班牙〕倍那文德著，冬芬译；发表《倍那文德的作风》，署名沈雁冰；发表《标准译名问题》，署名沈雁冰；发表《欧美主要文学杂志介绍》，署名沈雁冰，均载《小说月报》第十四卷第二号。

本期《小说月报》载"海外文坛消息"计有：（一五六）芬兰近讯；（一五七）阿真廷现代的大诗人；（一五八）比利时文坛近状；（一五九）新死的两个法国小说家；（一六〇）爱尔文的近作《船》。署名沈雁冰。

二十一日 发表《杂谈》，署名冰，载《时事新报·文学旬刊》第六十五期。

约同月 从英文本翻译了新获诺贝尔文学奖的西班牙著名戏剧家倍那文德的《太子的旅行》，适逢张闻天在美国也翻译了倍那文德的《情之花》和《伪善者》，于是将三个剧本的译文合成《倍那文德戏曲集》，于一九二五年由商务印书馆列入"文学研究会丛书"之一出版。

在上海大学的教务会上结识瞿秋白。一九二三年春，邓中夏到上海大学任总务长，决定设立社会学系、中国文学系、英国文学系和俄国文学系。瞿秋白担任教务长兼社会学系主任。茅盾在中国文学系讲小说研究，在英国文学系讲希腊神话。

三月

十日 本期《小说月报》载"海外文坛消息"计有：（一六一）斯干底那维亚文坛杂讯；（一六二）德国近讯；（一六三）英国文坛杂讯；（一六四）最近法国文学奖金的消息。署名沈雁冰。
本期《小说月报》获彭新民和杨鸣杰信。

十一日 作《戏曲家的萧伯纳》，署名沈雁冰，载商务印书馆一九三五年五月出版的《华伦夫人之职业》。

四月

约上旬 曾与郑振铎、胡愈之、谢六逸、费鸿年等筹划合作翻译英国约翰·特林瓦透与威廉·俄彭合著的《文学艺术大纲》。（见《小说月报》第十四卷第四号"国内文坛消息"）但后来这一计划未能实现。

十日 发表译作《南斯拉夫的近代文学》，署Milivoy S.Stanoyevich著，佩韦译；发表译作《奥国的现代文学》，署John E.Jacoby著，署名韦兴，均载《小说月报》第十四卷第四号。

本期《小说月报》载"海外文坛消息"计有：（一六五）曼殊斐儿；（一六六）西班牙文坛近况；（一六七）爱尔兰文学的新机运；（一六八）捷克杂讯。署名沈雁冰。

十一日 发表《杂感》，署名雁冰，载《时事新报·文学旬刊》第七十期。

十八日 发表《替杨朗垣抱不平》，署名雁冰，载《民国日报·妇女评论》。

二十五日 发表《读〈对于郑振壎君婚姻史的批评〉以后》，署名雁冰，载《民国日报·妇女评论》。

五月

二日 发表《自动文艺刊物的需要》，署名雁冰，载《时事新报·文学旬刊》第七十二期。

九日 发表《补救成年失学妇女的教育方法与材料》，署名雁冰，载《民国日报·妇女评论》。

十日 发表《西班牙现代小说家巴洛伽》及附注，署名沈雁冰；发表译文《现代的希伯莱诗》（署Joseph T.Shipley著，赤城译）；发表译作《最后一掷》（署〔巴西〕阿赛凡度著，沈雁冰译）及后记，均载《小说月报》第十四卷第五号。

本期《小说月报》载"海外文坛消息"计有：（一六九）南欧杂讯；（一七〇）斯干的那维亚杂讯；（一七一）哈立孙；（一七二）威尔斯的新作《天神一般的人》。署名沈雁冰。

十二日 发表《杂谈》，署名雁冰，载《时事新报·文学旬刊》第七十三期。

为了加强《文学旬刊》的力量，自本日出版的七十三期起，与王伯祥、余伯祥、郑振铎、周予同、俞平伯、胡哲谋、胡愈之、叶绍钧、谢六逸、严既澄、顾颉刚等成为《文学旬刊》的编辑成员。

十五日 发表译诗《南斯拉夫民间恋歌四首》（含《离别》《新妹丽花》《织女》《幽会》），署雁冰译，载《诗》第二卷第二号。

十六日 发表《评郑振壎君所主张的"逃婚"》，署名沈雁冰，载《民国日报·妇女评论》。

二十二日 发表《杂感》，署名雁冰；发表《各国文学史》，署名雁冰；发表《诗》第二卷第二号出版预告，署名雁冰，均载《时事新报·文学旬刊》第七十四期。

六月

一日 发表《妇女自立希望的好消息》，署名冰，载《妇女杂志》第九卷第六号。

二日 发表《杂感》，署名雁冰，载《时事新报·文学旬刊》第七十五期。

十日 发表译作《葡萄的近代文学》，署名玄珠，载《小说月报》第十四卷第六号。

本期《小说月报》载"海外文坛消息"计有：（一七三）俄国革命的小说；（一七四）两部美国小说；（一七五）一九二二年最

好的短篇小说。署名沈雁冰。

十二日 发表《杂感》，署名雁冰，载《时事新报·文学旬刊》第七十六期。

十七日 发表译作《阿拉伯季伯伦的小品文字》及后记，载《努力周报》。

二十二日 发表《华伦夫人之职业》的评论，署名雁冰，载《时事新报·文学旬刊》第七十七期。本期《时事新报·文学旬刊》，得谷凤田信。

七月

八日 出席上海党员全体大会。会上传达了中共第三次全国代表大会所通过的各项决议。并成立上海地方兼区执行委员会，扩大上海地方执行委员会的原有职权，除上海外，兼管江苏、浙江两省的党员发展工作和工人运动等事务。会上选出执行委员五人：徐梅坤、沈雁冰、邓中夏、甄南山、王振翼。候补委员三人：张特立（国焘）、顾作之、郭景仁。

九日 新选的中共上海地方兼区执行委员会召开首次会议，中央委员王荷波、李德隆（李立三）、罗章龙代表中央出席指导，社会主义青年代表彭雪梅列席。在此次会上茅盾被选为国民运动委员会负责人，其任务是与国民党合作，发动社会各阶层的进步力量参加革命工作等。

十日 本期《小说月报》载"海外文坛消息"计有：（一七六）法国杂讯；（一七七）美国的短篇小说；（一七八）西班牙戏曲家Sierra。署名沈雁冰。

十二日 发表《杂感》，署名Y.P，载《时事新报·文学旬刊》第七十九期。

三十日 发表《研究近代剧的一个简略书目》，署名沈雁冰，载

《文学》[1]第八十一、第八十二期。

七、八月间

应侯绍裘之邀,到松江参加暑期讲演会,这一次的演讲题目是"什么是文学——我对于现文坛的感想"。后收入松江暑期演讲会《学术演讲录》。

八月

五日 上海地方兼区执行委员会举行第六次会议,中央委员毛泽东代表中央出席指导。茅盾第一次会见毛泽东。会议作出决议,由茅盾联系上海工商界知名人士保释在狱同志;劳委会与劳动组合书记部合并,沈雁冰以国民运动委员会委员长的身份加入该机构。同时,会议决定,由茅盾向陈望道、邵力子、沈玄庐解释,请他们不要出党。

二十日 发表《几个消息》,署名玄珠,载《文学》第八十四期。

二十七日 发表《两个西班牙文人》,署名雁冰,载《文学》第八十五期。

下旬 出席中共上海地方兼区执行委员会的第八次会议,这次会议徐梅坤病假,王振翼辞职,甄南山未到会,实际参会的只有茅盾与邓中夏。因为邓中夏要以上海社会主义青年团代表的身份出席在南京召开的中国社会主义青年团第二次全国代表大会,故出茅盾代理委员长。

---

1. 《文学旬刊》自1923年7月第八十一期起,更名《文学》,改为周刊,仍然附在《时事新报》发行。1925年5月第一七二期起,更名《文学周报》,脱离《时事新报》独立发行。

九月

二日　出席中共上海地方兼区执行委员会的全体大会，会上进行了改选，选出王荷波、徐白民、顾作之为执行委员。

三日　发表译作《圣的愚者》，署〔阿拉伯〕Kablil Gibran著，雁冰译，载《文学》第八十六期。

四日　新当选的中共上海地方兼区执行委员会作了新的分工，王荷波任委员长，沈雁冰任秘书兼会计。

五日　发表《〈妇女周报〉社评（一）》，署名玄珠，载《民国日报·妇女周报》[1]第三期。

十日　发表译作《"歧路"选译》，署沈雁冰、郑振铎译，载《小说月报》第十四卷第九号。本期《小说月报》为"太戈尔号（上）"。本期《小说月报》载"海外文坛消息"计有：（一七八）希腊文坛近状；（一七九）英国近讯；（一八〇）捷克剧坛近讯；（一八一）法德杂讯。署名沈雁冰。[2]

十二日　发表《〈妇女周报〉社评（二）》，署名玄珠，载《民国日报·妇女周报》第四期。

十九日　发表译作《阿剌伯K.Gibran的小品文字》，署雁冰译，载《文学》第八十八期。

二十四日　发表译作《乌克兰的结婚歌》，署雁冰译；发表致徐奎的信，署名玄珠，均载《文学》第八十九期。

二十七日　出席中共上海地方兼区执行委员会第十五次会议，会上改组国民运动委员会。茅盾被指定与向警予一起专管妇女方面的工作。在这次会议上，茅盾第一次见到恽代英。

---

1. 1923年8月23日创刊，由《民国日报》副刊《妇女评论》与《现代妇女》合并而成。
2. 《小说月报》第十四卷第六号载"海外文坛消息"至第一七八条，本期应从第一七九条开始，序号有误。

十月

一日 发表《杂感》，署名玄；发表致鑫龄九的信，署名玄珠，均载《文学》第九十期。

八日 发表《读〈呐喊〉》，署名雁冰，载《文学》第九十一期。

十日 与瞿秋白、周建人等参加郑振铎、高君箴的结婚仪式。
发表致鸣涛、朱立人的信，署名雁冰，载《小说月报》第十四卷第十号。

本期《小说月报》载"海外文坛消息"计有：（一八二）西班牙近讯；（一八三）奥国现代作家；（一八四）巴必尼的"野蛮人的字典"；（一八五）José M. del Hogar；（一八六）两本英国书；（一八七）新死的南北欧两文学家。署名沈雁冰。

二十二日 发表答谷凤田的信，署名沈雁冰，载《文学》第九十三期。

本月 作《郑译〈灰色马〉序》，署名沈雁冰，后载十一月五日《时事新报·学灯》；又以《〈灰色马〉序》为题，载《文学》第九十五期。

十一月

十日 发表译作《巨敌》，署高尔该著，雁冰译，载《中国青年》第四期。本期《小说月报》载"海外文坛消息"计有：（一八八）美国的小说；（一八九）法国的Pacifism（反对侵略式的战争）文学，（一九〇）斯拉夫族新失两个义人。署名沈雁冰。

获悉《文学与人生》《未来派文学之现势》《陀思妥以夫斯基》《霍普德曼的自然主义作品》《梅德林克评传》均收入佽工编《新文艺评论》，由上海民智书局出版。

十二日　发表译作《俄国文学与革命》及附注，署沈雁冰译，载《文学》第九十六期。

十四日　发表《〈妇女周报〉社评（三）》，署名玄珠，载《民国日报·妇女周报》第十三期。

本月　出版《近代俄国文学家论》，署名雁冰，列入"东方文库"第六十四种，由商务印书馆出版。

十二月

三日　发表《杂感》，署名雁冰，载《文学》第九十九期。

十日　发表《杂感》，署名雁冰，载《文学》第一〇〇期。

本期《小说月报》载"海外文坛消息"计有：（一九一）苏俄的三个小说家；（一九二）泛系主义与意大利现代文学。署名沈雁冰。

十七日　发表《杂感——读代英的〈八股〉》，署名雁冰，载《文学》第一〇一期。

三十一日　发表《"大转变时期"何时来呢？》，署名雁冰，载《文学》第一〇三期。

本月　发表译作《家庭与婚姻》（〔俄〕考伦特著），载"东方文库"，由商务印书馆出版。

儿子沈霜出生。

一九二四年（二十八岁）

一月

一日　发表《给未识面的女青年》，署名玄珠，载《民国日报·妇女周报》第二十期。

五日 发表《青年与恋爱》，署名沈雁冰，载《学生杂志》第十一卷第一号。

十日 发表《现代世界文学者略传（一）》，署名沈雁冰、郑振铎，载《小说月报》第十五卷第一号。

本期《小说月报》载"海外文坛消息"计有：（一九三）最近的儿童文学；（一九四）德国近讯；（一九五）考泼洛斯的绝笔；（一九六）现代四个冰地的作家。署名沈雁冰。

十三日 参加中共上海地方兼区执行委员会召开的上海党员大会，此次大会改选上海兼区执行委员会，选出沈雁冰、沈泽民、施存统、徐白民、向警予五人为执行委员，沈雁冰任秘书兼会计。

十四日 发表《杂感——美不美》，署名雁冰，载《文学》第一〇五期。

二月

一日 发表译作《南美的妇女运动》，署〔美国〕甲德夫人著，沈雁冰译，载《妇女杂志》第十卷第二号。

十日 发表《莫泊三逸事》，署名雁冰；发表《现代世界文学者略传（二）》；署名沈雁冰、郑振铎，均载《小说月报》第十五卷第二号。

本期《小说月报》载"海外文坛消息"计有：（一九七）斯干底那维亚近讯；（一九八）三个德国小说家。署名沈雁冰。

十八日 发表《杂感——谈占义》，署名雁冰，载《文学》第一〇九期。

三月

十日 发表《现代世界文学者略传（三）》，署名沈雁冰、郑振铎，载《小说月报》第十五卷第三号。

本期《小说月报》载"海外文坛消息"计有：（一九九）波兰文坛近况；（二〇〇）奥国文坛近况；（二〇一）法国的得奖小说。署名沈雁冰。

二十六日　因工作繁忙，向上海地方兼区执委会提出辞职。

二十八日　发表《参观日舰的感想》，署名冰，载《民国日报·社会写真》。

二十九日　发表《有害的发展》，署名冰，载《民国日报·社会写真》。

三十一日　发表《讨论婚姻问题的妙文》，署名冰，载《民国日报·社会写真》。

本月　发表《司各德评传》，同时将《司各德重要著作解题》《司各德著作编年表》《司各德著作的版本》作为附录，收入〔英〕司各德著，林纾、魏易译《撒克逊劫后英雄略》，由上海商务印书馆出版。

四月

月初　应邵子力之请接编《民国日报》副刊《社会写真》，至七月底。

七日　发表《〈红楼梦〉〈水浒〉〈儒林外史〉的奇辱！》，署名沈雁冰，载《文学》第一一六期。

十日　发表《拜伦百年纪念》，署名沈雁冰；发表《现代世界文学者略传（四）》，署名沈雁冰、郑振铎，载《小说月报》第十五卷第四号。

本期《小说月报》载"海外文坛消息"计有：（二〇二）希腊新文学；（二〇三）俄国的新写实主义及其他；（二〇四）意大利小说家亚伯泰齐。署名沈雁冰。

十四日　发表《对于太戈尔的希望》，署名雁冰，载《民国日报·觉悟》。

十六日　发表《洋钱底说话》，载《民国日报·觉悟》。

二十八日　发表《匈牙利文学史略》，署名玄珠，载《文学》第一一九、第一二〇、第一二一期。

本月　与郑振铎共同主编的《法国文学研究》由商务印书馆出版发行，列为《小说月报》第十五卷号外。

发表《法国文学对于欧洲文学的影响》，署名郑振铎、沈雁冰；发表《佛罗贝尔》，署名雁冰，均载《小说月报》第十五卷号外。

发表短文《买卖》《哭与笑》《湘匪》《寿……病……》《清明中的黑暗》《严禁奇装女生的怀疑》按语、《绑票》《代表》《群猪种树》《实事求是》《要不得》《擒……纵……》《学校严》《名不符实》《太不自然了》《教育界的人格》《皇会复活》《去留》《罪人与诗人》《孙胡子的可怜语》《勤与惰》《欢迎儿子》《何妨游美洲》，署名冰，载《民国日报·社会写真》（一日、二日、三日、四日、五日、六日、七日、八日、九日、十日、十一日、十二日、十六日、十七日、十九日、二十日、二十二日、二十四日、二十五日、二十六日、二十七日、二十九日、三十日）。

五月

三日　发表《读〈智识〉二期后所感——并答曹君恭蕃》，署名雁冰，载《民国日报·觉悟》。

四日　应洪深之约，观看由洪深翻译、导演，欧阳予倩、应云卫等组织上海戏剧协社演出的话剧《少奶奶的扇子》。

十日　发表《现代世界文学者略传（五）》，署名沈雁冰、郑振铎，载《小说月报》第十五卷第五号。

十二日 发表《文学界的反动运动》，署名雁冰，载《文学》第一二一期。

十六日 发表《太戈尔与东方文化——读太氏京沪两次讲演后的感想》，署名雁冰，载《民国日报·觉悟》。

本月 发表短文《不劳而获》《今天的希望》《人肉馒头》《吃饭问题》《保存四库全书》《在家办公》《"社会写真"要改头换面了》《国家主义》《猪仔与妓女》，署名冰，载《民国日报·社会写真》（一日、四日、五日、六日、七日、八日、九日、十日、十一日）。

发表短文《"杭育"的意义》《挂名公使罢》《辞职的性质》《顾全面子》《同乡的意味》《特别绑票》《谣言如何挽回》《阅者自决》《恢复科举罢》《送礼》《绑死票》《航空的比较》《欢迎会》《小学界的离奇案》《是否应映自杀影片》《中国的睡病》《根本之策》《溥仪的忠臣》《返老还童说》，署名冰，载《民国日报·杭育》（十二日、十三日、十四日、十五日、十六日、十七日、十八日、十九日、二十日、二十一日、二十二日、二十三日、二十四日、二十五日、二十六日、二十八日、二十九日、三十日、三十一日）。

六月

二日 发表《杂感》，署名玄珠，载《文学》第一二四期。

十日 本期《小说月报》载"海外文坛消息"有：（二〇五）匈牙利小说；（二〇六）加拿大文学。署名沈雁冰。

二十三日 发表《四面八方的反对白话声》，署名玄珠，载《文学》第一二七期。

本月 发表短文《防盗之方》《乡民的精神》《皖女学生自杀》

《北方的戏》《冯玉祥的扑蝇队》《制毒费》《飞机进步》《空中自由》《山东的女匪》《易钗而弁》《请看半截人》《办公与营私》《何妨时髦点》《班乐卫的态度》《法国式的接吻》《孙王斗法》《功狗变节》《二老中间的杨森》《风……雨》《小学校奇案之悲观》《土皇帝的筹费》《一幅好影戏》《秀才之妻》《小学校奇案的裁判》，署名冰，载《民国日报·杭育》（一日、二日、三日、四日、五日、六日、七日、八日、十日、十一日、十二日、十三日、十五日、十六日、十七日、十九日、二十日、二十一日、二十二日、二十四日、二十六日、二十八日、二十九日、三十日）。

七月

九日　发表《〈妇女周报〉社评（四）》，署名韦；发表《打破烦闷之网的利器》，署名韦，载《民国日报·妇女周报》第四十三期。

十四日　发表《苏维埃俄罗斯的革命诗人》，署名玄珠，载《时事新报·学灯》，又以《苏维埃俄罗斯的革命诗人——玛霞考夫斯基》为题，载《文学》第一三〇期。

十六日　发表《〈妇女周报〉社评（五）》，署名韦，载《民国日报·妇女周报》第四十四期。

二十一日　发表答郭沫若的信，载《文学》第一三一期。

二十三日　发表《〈妇女周报〉社评（六）》，署名韦，载《民国日报·妇女周报》第四十五期。

本月　发表短文《辟鬼话》《外交官与交际官》《北京的两母》《冷热》《做梦》《孙胡应该出洋》《气之分析》《淴浴》《求雨的笑话》《防盗》《康有为频送秋波》《久不闻此声了》《秀才筹赈》《倪嗣冲死了》《成绩卓著》《顾夫人的威风》《做官

秘诀》《黄鹤楼的火》《黄包车缺乏》《猪兔之争》《取缔猪仔打架的我见》《"社会写真"的来路》《康圣人修孔庙》《乞丐会议》《审定的准则》《万牲园的新牲口》《办赈人才》，署名冰，载《民国日报·杭育》（一日、二日、三日、五日、六日、七日、八日、九日、十日、十一日、十二日、十三日、十四日、十五日、十六日、十七日、十八日、十九日、二十一日、二十二日、二十三日、二十四日、二十五日、二十六日、二十七日、二十九日、三十日）。

八月

四日 发表《欧战十年纪念》，署名雁冰，载《文学》第一三三期。

五日 发表《远东与近东的妇女运动》，署名沈雁冰，载《妇女杂志》第十卷第八号。

十日 发表《欧洲大战与文学——为欧战十年纪念而作》，署名沈雁冰，载《小说月报》第十五卷第八号。

二十五日 发表《非战文学杂谭》，署名雁冰，载《文学》第一三六、第一三七期。

本月 发表短文《诒与媚》《奇》《故警之碑》《打破忌讳》《偶然的雨》《政客之行径》《不值一顾》《救灾》《褒奖倪嗣冲》《奇怪的称呼》《昨天所见的事》《同是幻术》《空气作用》《媚鬼》《秀才的新议论》《真战欤假战欤》《殷鉴不远》《"打"与"不打"的打》《忘了自己的地位》《拉夫与拉长》《避难》《移军驻苏》，署名冰，载《民国日报·杭育》（一日、二日、三日、四日、五日、七日、八日、十一日、十二日、十五日、十六日、十八日、十九日、二十日、二十一日、二十二日、二十三日、二十四日、二十七日、二十八日、二十九日、三十一日）。

九月

七日 发表《少年国际运动》，署名赤诚，载《民国日报·觉悟》。

十日 发表《现代世界文学者略传（六）》，署名沈雁冰、郑振铎，载《小说月报》第十五卷第九号。

十七日 发表《〈妇女周报〉社论（七）》，署名韦，载《民国日报·妇女周报》。

二十四日 发表《〈妇女周报〉社评（八）》，署名韦，载《民国日报·妇女周报》。

二十九日 发表译作《复归故乡》，署〔匈牙利〕拉兹古著，玄译，载《文学》第一四一、第一五三期。

本月至一九二五年一月 在《儿童世界》发表希腊神话，均署名沈雁冰。计有：《普洛末修偷火的故事》（九月十三日），《何以这世界上有烦恼》（十月十一日），《洪水》（十月十八日），《春的复归》（十月二十五日），《迷达斯的长耳朵》（十一月八日），《番松和太阳神的车子》（十一月十日），《卡特牟司和毒龙》（十一月十五日），《勃莱洛封和他的神马》（一九二五年一月十日）、《骄傲的阿拉克纳怎样被罚》（一九二五年一月二十四日），《耶松与金羊毛》（一九二五年一月三十日）。

十月

十日 发表《法朗士逝矣！》，署名雁冰，载《小说月报》第十五卷第十号。又改题为《法朗士逝了》，载《文学》第一四三期。

二十五日　发表《呜呼，研究系之〈时事新报〉！》，署名赤城，载《民国日报·觉悟》。

十一月

与孔德沚参加瞿秋白与杨之华的婚礼。后，从鸿兴坊迁居闸北顺泰里十一号，瞿秋白夫妇住隔壁顺泰里十二号，过往甚密。

本月　桐乡青年社因故停止活动。

十二月

十一日　作《中国神话的研究》，署名沈雁冰，后载《小说月报》第十六卷第一号。

一九二五年（二十九岁）

一月

月初　开始编选《淮南子》，选注了《淮南子》中的八篇。

五日　发表《波兰的伟大农民小说家莱芒忒》，署名雁冰，载《时事新报·学灯》。发表《新性道德的唯物史观》，署名雁冰，载《妇女杂志》第十一卷第一号。

十日　发表《现代德奥文学者略传（一）》，署名沈雁冰；发表《中国神话的研究》，署名沈雁冰，均载《小说月报》第十六卷第一号。

十九日　发表《文学瞭望台》，署名沈鸿，载《文学》第一五七期。

发表《安德列夫略传》，署名沈德鸿，附于由商务印书馆出版的《邻人之爱》。

本月　与郑振铎介绍顾仲起到广东黄浦陆军教导团参加北伐战争。

二月

二日　发表《杂感》，署名玄，载《文学》第一五八号。

九日　发表《杂感》，署名玄；发表《文学瞭望台》，署名沈鸿，载《文学》第一五九号。

十六日　发表《文学瞭望台》，署名沈鸿，载《文学》第一六〇期。

二十三日　发表《最近法兰西的战争文学》，署名玄珠，载《文学》第一六一期。

二十八日　发表北欧神话《喜芙的金黄头发》，署名雁冰，载《儿童世界》第十三卷第九期。

三月

七日　发表北欧神话《菽耳的冒险》，署名雁冰，载《儿童世界》第十三卷第十期。

九日　发表《打弹弓》，署名玄珠，载《文学》第一六三期。

十日　发表《人物的研究——小说研究之一》，署名沈雁冰，载《小说月报》第十六卷第二号。

十四日　发表《亚麻的发见》，署名沈雁冰，载《儿童世界》第十三卷第十一期。

十六日　发表《现成的希望》，署名玄珠；发表《文学瞭望台》，署名德鸿，均载《文学》第一六四期。

十七日　作《淮南子》绪言，署名沈雁冰。

二十一日　发表北欧神话《芬利思被擒》，署名雁冰，载《儿童世界》第十三卷第十二期。

二十三日　发表《一个青年的信札》，署名玄珠，载《文学》第一六五期。

二十八日　发表北欧神话《青春的苹果》，署名雁冰，载《儿童世界》第三卷第十三期。

三十日　收到鲁迅寄赠的《苦闷的象征》。（鲁迅一九二五年三月二十八日日记）

四月

十一日　发表北欧神话《为何海水味咸》，署名沈雁冰，载《儿童世界》第十四卷第二期。

二十七日　发表译作《玛鲁森珈的婚礼》，署名玄珠，载《文学》第一七〇期。

五月

二日　应邀为上海艺术师范学校师生作报告，谈及无产阶级艺术的特征、形成和发展，以及苏联的文艺现状。

十日　发表《论无产阶级艺术》，署名沈雁冰，连续载于《文学周报》第一七二、第一七三、第一七五、第一七六期。

十四日　作《庄子》绪言，署名沈雁冰。

二十四日　发表《软性读物与硬性读物》，署名沈雁冰；发表译作《花冠——乌克兰结婚歌》，署名雁冰，均载《文学周报》第一七四期。

二十五日夜，作《谭谭〈傀儡之家〉》，署名沈雁冰，后载六月七日《文学周报》第一七六期。

作《五月三十日的下午》，署名沈雁冰，后载六月十四日《文学周报》第一七七期。

三十一日　得到"齐集南京路"的通知，遂与孔德沚、杨之华到南京路。

本月　与张闻天合译的《倍那文德戏曲集》出版。《倍那文德的作风》作为序言，附在该戏曲集中。

六月

二日　与郑振铎、胡愈之、叶圣陶等通宵撰编《公理日报》。

三日　《公理日报》创刊，与郑振铎、叶圣陶、王伯祥、徐调孚等任编辑，编辑部就设在郑振铎家里。该报实际的编辑工作都由文学研究会在沪会员负责。《公理日报》揭露各报不敢报道"五卅"惨案的真相，代表群众公开提出反帝爱国的要求。

四日　与韩觉民、侯绍裘、沈联璧、周越然、丁晓先、杨贤江、董亦湘、刘薰宇等三十余人，发起上海教职工救国同志会筹备会，并发表宣言。

六日　与杨贤江、侯绍裘发表对外谈话。发表《注意段政府的外交政策》，署名玄珠，载《公理日报》第四号。

七日　参加上海教职员救国同志会在立达中学召开的会议。

发表《谭谭〈傀儡之家〉》，署名沈雁冰，载《文学周报》第一七六期。

八日　发表《我们对美国的态度》，署名玄珠，载《公理日报》第六号。

九日　救国同志会决定由茅盾与沈联璧二人负责起草宣言。

十日　发表译作《马额的羽饰》，署〔匈牙利〕莫尔奈著，沈雁冰译，载《小说月报》第十六卷第六号。

十五日　负责起草的上海教职员救国同志会宣言，载《民国日报》。

十六日 参加教职员救国同志会组织的讲演团。

十九日 为中华职业学校师生作"'五卅'事件的外交背景"的演讲。

中旬 为"艺校"和"职校"师生作"五卅事件之负责者"的演讲。

二十一日 参加商务印书馆工会成立会,会场借虬江路广舞台。

二十四日 《公理日报》停刊。

开始选注《楚辞》。

本月 作《楚辞》绪言,署名沈雁冰,收入一九二八年九月由商务印书馆出版的"学生国学丛书"之一《楚辞》。

七月

五日 发表《"暴风雨"——五月三十一日》,署名沈雁冰,载《文学周报》第一八〇期。发表《告有志研究文学者》,署名沈雁冰,载《学生杂志》第十二卷第七号。

十日 发表《现代德奥文学者略传(二)》,署名沈雁冰,载《小说月报》第十六卷第七号。

十九日 发表《街角的一幕》,署名沈雁冰,载《文学周报》第一八二期。

八月

九日 发表译作《乌克兰结婚歌》二首,署名沈雁冰。载《文学周报》第一八五期。

十六日 发表译作《文艺的新生命》(布兰特斯《安徒生论》中的一节),署名沈雁冰,载《文学周报》第一八六期。

二十二日 商务印书馆罢工开始。由发行所开始,下午印刷所响应。

二十四日　商务印书馆编译所也宣布罢工,要求资方满足增加工资、缩短工作时间等要求。下午,劳资双方在总务处会客室进行谈判,茅盾与郑振铎、丁晓先作为编译所的劳方代表出席了谈判,但谈判未果。

二十五日　罢工代表在俱乐部弹子房开会,茅盾被推为罢工中央执行委员会十三位委员之一。并决定,以后罢工消息由罢工中央执行委员会写定后送各报馆,拒绝各报记者采访,由茅盾担任撰稿和新闻发言人。

二十六日　商务印书馆的劳资双方继续谈判,谈判中,忽有淞沪镇守使派来的一个营长及几个士兵闯入,强令明日复工,使谈判中断。下午,部分罢工职工在弹子房开会,茅盾在会上以罢工中央执行委员会委员的资格,报告了上午发生的事,并说明劳资双方条件的差距很大,较难接近。

二十七日　商务印书馆资方让步,双方经过一整天的讨价还价,终于在晚上九时达成协议。

二十八日　上午,商务印书馆全体职工在东方图书馆前的广场召开大会。茅盾代表罢工中央执行委员会报告了谈判的经过,解释了协议的内容,指出复工条件的主要项目,包括增加工资、承认工会有代表工人之权利、改良待遇、优待女工等。到会职工一致欢呼。

九月

十三日　发表《文学者的新使命》,署名沈雁冰,载《文学周报》第一九〇期。

二十日　发表《疲倦》,署名沈雁冰,载《文学周报》第一九一期。

二十七日　发表《复活后的土拨鼠》,署名沈雁冰,载《文学周报》第一九二期。

本月 与恽代英、张闻天、沈泽民、杨贤江、郭沫若等人联合发起的中国济难会在上海成立。总会设在上海，全国各重要城市设有分会，旨在保护和营救受迫害的革命者及革命烈士家属。

十月

四日 作《大时代中的一个无名小卒的杂记》，署名沈雁冰，后载十一日《文学周报》第一九四期。

十八日 发表译作《关于"烈夫"的》（《一篇通讯》的节译）及前言和后记，署名沈雁冰，载《文学周报》第一九五期。

二十四日 续作《论无产阶级艺术》第五节，署名沈雁冰，后载《文学周报》第一九六期。

二十五日 弟媳张琴秋与张闻天等百余人秘密起程赴莫斯科中山大学深造。

二十八日 胞弟沈泽民作为李立三同志的英文翻译秘密离开上海赴莫斯科。

十一月

十五日 发表译作《古代埃及的〈幻异记〉》及前言，署名沈雁冰，载《文学周报》第一九九、第二〇一期。

十二月

十三日 发表译作《恋爱——一个恋人的日记》（署〔丹麦〕维特著，沈雁冰译）及译后记，载《文学周报》第二〇四期。

约二十日 获悉上海总工会副委员长、中华全国工会执行委员、五卅运动领导人之一刘华被反动军阀孙传芳秘密杀害，遂与郑振铎、胡愈之、叶圣陶等商量采取抗议行动。

月底　在上海市党员大会上，与恽代英、张廷灏、吴开先等五人被选为赴广州出席国民党第二次全国代表大会的代表。

本年　参加编译"小说月报丛刊"。

一九二六年（三十岁）

一月
一日　发表《中国济难会宣言》，载《济难月刊》创刊号。
七日　乘"醒狮"号前往广州，出席国民党第二次全国代表大会。
八日　于浙闽洋面之交，作《南行通信（一）》，署名玄珠，后载三十一日《文学周报》第二一〇期。
中旬　国民党"二大"期间，约见了广州文学研究会的刘思慕等同人。
与恽代英一起，访问广东区委书记陈延年。
十九日　国民党第二次全国代表大会闭幕。
二十七日　发表《自杀案与环境》，署名珠；发表《南京路上》，署名珠，均载《民国日报·妇女周报》。
下旬　根据广东区委书记陈延年的指示，留下来担任国民党中央宣传部秘书，国民党宣传部部长由汪精卫兼任，因为忙，改由毛泽东代理宣传部部长。随后，茅盾被安排到东山庙前西街三十八号，与毛泽东、杨开慧夫妇同住一幢楼房。并与萧楚女同住一室。
毛泽东因忙于筹备第六届农民运动讲习所，就将国民党政治委员会机关报《政治周报》的编辑任务交给了茅盾。茅盾从第五期开始接手编辑《政治周报》，直到三月下旬。

本月 发表《各民族的开辟神话》，署名雁冰，载《民铎》第七卷第一号。

发表《苏俄十月革命纪念日》，署名雁冰。

茅盾选注的《庄子》作为"学生国学丛书"之一，由商务印书馆出版。

二月

月初 到国民党中央宣传部办公。

约中旬 应萧楚女的约请，为政治讲习班的学员讲革命文学。

二十六日 毛泽东因病请假两星期，由茅盾代理宣传部部务。同日，应陈其瑗的邀请，给广州市的中学生作了一次演讲。

约下旬 应汪精卫邀请，赴其家宴。同席的有缪斌、甘乃光等。

三月

七日 发表《国家主义者的"左排"与"右排"》，署名雁冰；发表《国家主义——帝国主义最新式的工具》，署名雁冰；发表《国家主义与假革命、不革命》，署名雁冰，均载《政治周报》第五期。

十日 发表译作《首领的威信》（署〔西班牙〕巴列—因克兰著，沈雁冰译）及译后记，载《小说月报》第十七卷第三号。

中旬 发生"中山舰事件"，形势急转。

二十日 到宣传部办杂事，看文件。

二十二日 见陈延年，陈延年告诉说上海来电让茅盾回上海。晚，向毛泽东谈及此事，毛泽东让从上海来的张秋人接编《政治周报》。

二十三日 乘邓演达的小汽艇同邓去黄埔军校看望了恽代英，后一同返回广州。

二十四日 上午，向毛泽东辞行。毛泽东说："到上海后赶紧设法办个党报。"

三十一日 回沪后第二天，郑振铎来访。获悉自己离沪期间已被当局列入"赤化分子"的名单。反动军阀已多次到商务印书馆追查，遂表示辞去商务印书馆的职务，并托郑振铎办理离职手续。

本月 茅盾选注的《淮南子》作为"学生国学丛书"之一，由商务印书馆出版。

四月

一日 收到郑振铎带来的商务印书馆九百元退职金和百元股票。

三日至四日 参加国民党上海特别市代表大会，在会上作了关于国民党第二次全国代表大会情况的报告。

六日 出席中共上海地方兼区执行委员会主席团会议，就市民运动、区委组织等问题进行了讨论。

十二日 正式辞去商务印书馆编辑职务。自此，茅盾离开了生活、工作和战斗十年的商务印书馆。

主要参考书目

曹伯言整理：《胡适日记全编》
安徽教育出版社2001年10月版。

陈福康：《郑振铎年谱》
书目文献出版社1988年3月版。

陈光辉主编：《李达画传》
人民出版社2010年11月版。

程中原：《张闻天传》
当代中国出版社1993年7月版。

［法］戴仁：《上海商务印书馆（1897—1949）》
李桐实译，商务印书馆1996年版。

邓明以：《陈望道传》
复旦大学出版社1995年3月版。

郭太风：《王云五评传》
上海书店出版社1999年9月版。

胡愈之：《我的回忆》
江苏人民出版社1990年7月版。

《回忆张闻天》编辑组编：《回忆张闻天》
湖南人民出版社1985年7月版。

贾植芳等编：《文学研究会资料》（上中下）
河南人民出版社1985年10月版。

李频：《编辑家茅盾评传》
河南大学出版社1995年2月版。

柳和城：《孙毓修评传》
上海人民出版社2011年10月版。

柳和城：《张元济传》
南京大学出版社1996年9月版。

路海江：《张国焘传记和年谱》
中共党史出版社2003年8月版。

茅盾：《我走过的道路》（上）
人民文学出版社1981年10月版。

《缅怀陈云》编辑组编：《缅怀陈云》
中央文献出版社2000年6月版。

南湖革命纪念馆等编：《中共"一大"南湖会议》
浙江大学出版社1989年10月版。

倪兴祥、陆米强编著：《此间曾著星星火——中共创建及中共中央在上海》
人民出版社2006年6月版。

任淑坤：《五四时期外国文学翻译研究》
人民出版社2009年5月版。

芮和师等编：《鸳鸯蝴蝶派文学资料》（上下）
福建人民出版社1984年8月版。

商务印书馆百年大事记编写组编：《商务印书馆百年大事记》
商务印书馆1997年4月版。

商务印书馆编：《商务印书馆大事记》
商务印书馆1987年1月版。

商务印书馆编辑部编：《商务印书馆九十年——我和商务印书馆》
商务印书馆1987年1月版。

商务印书馆编辑部编：《商务印书馆一百年》
商务印书馆1998年5月版。

沈卫威：《胡适传》
河南大学出版社1988年10月版。

沈卫威：《胡适周围》
中国工人出版社 2003年1月版。

沈文泉编著：《湖州名人志》
杭州出版社2009年11月版。

［美］斯图尔特·施拉姆：《毛泽东》
中共中央文献研究室《国外研究毛泽东思想资料选辑》编辑组编译，红旗出版社1987年12月版。

唐金海、刘长鼎主编：《茅盾年谱》
山西高校联合出版社1996年版。

王建辉：《文化的商务》
商务印书馆2000年7月版。

王学哲、方鹏程：《商务印书馆百年经营史》
华中师范大学出版社2010年6月版。

王云五：《谈往事》
传记文学出版社1981年5月版。

王云五：《王云五回忆录》
九州出版社2012年1月版。

王云五：《我怎样读书》
辽宁教育出版社2005年1月版。

王云五：《岫庐八十自述》
上海人民出版社2007年9月版。

韦韬主编：《茅盾译文全集》
知识产权出版社2005年10月版。

文化艺术出版社编：《忆茅公》
文化艺术出版社1982年12月版。

谢德铣：《周建人评传》
重庆出版社1991年1月版。

徐有守：《出版家王云五》
台湾商务印书馆2004年7月版。

姚金果、苏杭：《张国焘传》
陕西人民出版社2000年6月版。

张国焘：《我的回忆》
现代史料编刊社1989年3月版。

张树年、张人凤编：《张元济书札（增订本）》
商务印书馆1997年12月版。

张树年：《我的父亲张元济》
东方出版中心1997年4月版。

张元济：《张元济全集》
商务印书馆2008年12月版。

中共上海市委党史研究室、上海市总工会编：《上海商务印书馆职工运动史》
中共党史出版社1991年6月版。

中共中央文献研究室编：《陈云年谱》
中央文献出版社2000年6月版。

中共中央文献研究室编：《建国以来周恩来文稿》
中央文献出版社2008年2月版。

钟桂松：《茅盾传》
东方出版社1996年7月版。

钟桂松：《人间茅盾——茅盾和他同时代的人》
河南人民出版社1993年11月版。

钟桂松：《沈泽民传》
中央文献出版社2003年12月版。

钟桂松：《悠悠岁月——茅盾与共和国领袖交往实录》
人民出版社2009年12月版。

钟桂松主编：《茅盾全集》
黄山书社2014年3月版。

周作人：《周作人日记（影印本）》
大象出版社1996年12月版。

朱顺佐：《邵力子传》
浙江大学出版社1988年11月版。

后记

茅盾与商务印书馆的关系，是我几十年来一直在思考的课题。

记得上世纪 80 年代初，张元济的家乡海盐县筹建张元济图书馆，开工庆典大会时，我代表桐乡县专程去参加盛会。那时，我还年轻，不认识大会的诸位来宾，也不认识海盐县的各位领导，所以用不着应酬，只是静静地坐在会场里，倾听来自北京、上海等地的商务印书馆领导及出版界前辈们的慷慨激昂、热情洋溢的讲话。我记得，当时同济大学的陈从周先生讲话时，说起张元济先生十分激动。这样热烈的场面，对当时的我来说，还是第一次经历，觉得商务印书馆是个博大精深的文化机构。那时，茅盾的《我走过的道路》恰好刚出版，他就是从进商务印书馆开始写起的。茅盾写商务印书馆的故人往事，写得活灵活现，更加激发了我探究茅盾与商务印书馆关系的热情。从此，我开始探究茅盾在商务印书馆的这段历史。期间发现，关于茅盾在商务印书馆的往事，点点滴滴的史料极为新鲜，也极为诱人。我凭直觉感到这一课题是茅盾研究的一个富矿，值得去努力。所以，五四运动前后商务印书馆的生产生活状况、思想学术氛围以及茅盾在商务印书馆期间的人事故事等等，都成为我业余研究的兴趣所在。

几十年来，有关茅盾在商务印书馆期间的史料，哪怕零星点滴，包括商务人物的年谱传记、搜集得到的内部资料，都是我所要阅读和研究的。有时出国考察，常常去国外的唐人街书店，看看有没有台湾出版的商务印书馆史料，偶尔也有收获。几十年来，茅盾先生的儿子韦韬先生一直关心和支持我的茅盾研究。他生前多次给我讲起他和姐姐沈霞在商务印书馆幼稚园时候的事，说父亲当时非常忙，瞿秋白常常帮助茅盾接送他们。他们虽然在家里，也见不到父亲的身影——父亲早上走的时候，他们还没有起床；晚上父亲回来时，他们已经睡了。通过几十年的积累和探究，我对茅盾在商务印书馆时的往事逐渐有所了解。商务印书馆百年大庆的时候，应约写过一篇《茅盾与商务印书馆》的短文，收在商务印书馆百年纪念文集里。后来写《人间茅盾——茅盾和他同时代的人》的时候，专门写了茅盾在商务印书馆时最亲密的朋友郑振铎和叶圣陶，也写了茅盾与郭沫若等的交往。写茅盾传记，无法绕开茅盾在商务印书馆的这段经历，而且随着时间的推移和研究的深入，越来越觉得茅盾在商务印书馆的十年，对茅盾一生的意义非同一般。

近年来，我利用业余时间集中力量将《起步的十年——茅盾在商务印书馆》写了出来。这本书的内容结构，根据茅盾在商务印书馆时的经历和工作实绩分成几个专题，旨在通过史料带读者回到历史现场，全面立体地展示茅盾在商务印书馆时的风采。同时，对已经写过的，如茅盾与郑振铎、叶圣陶等朋友的交往故事，不再列专题展开。

写作期间，得到上海褚钰泉先生、徐坚忠先生、吴晓平先生、柳和城先生、齐晓鸽女士以及桐乡档案局副局长王佶先生、乌镇茅盾故居陈杰先生的大力支持和帮助。尤其让人感动的是，商务印书馆于殿利总经理在收到我寄去的提纲和主要内容后，立刻让馆史部门的张稷主任与我联系，表示愿意出版本书，以纪念茅盾入职商务印书馆一百年。这让我非常感动。我深知现在出版社的市场压力都很大，况且我们素昧平生，所以这本书的出版，我真要深深感谢于殿利先生！在书稿形成过程中，张稷主任提供了不少好的意见和建议，责任编辑韩芳同志对书稿做了精细周到的编辑，使这本书得以以现在的面目与大家相见，共同缅怀一代文学巨匠青年时代为民族的解放、新文化的发展所做出的卓越贡献。